언어와 금기

아시아금기문화연구총서 2

언어와 금기

조선대학교 BK21+ 아시아금기문화전문인력양성사업팀

역락

아시아금기문화연구총서 발간에 부쳐

현대 사회는 자본의 요구에 따라 국경을 넘는 인구의 이동이 가장 활발한 시대에 속한다. 국경조차도 자본의 흐름을 막을 수 없는 이 시대에 인구의 이동은 인종 문제를 다시 전면에 등장시키는 배경이 된다. 국경을 넘는 인구의 이동에 따라 하나의 국가에 여러 인종이 공존하는 현상은 이제 흔한 일이 되었다. 우리 시대는 그러한 현상을 다문화주의라는 개념으로 설명하고 있다. 순수 혈통, 단일 문화를 자랑하던 한국도 이른바 다문화사회로 접어든 지는 충분히 오래되었다. 현재 전체 인구의 10% 이상이 해외 이주민으로 채워진 한국의 다문화 현상은 향후 더욱 가속화될 전망이다.

잘 알다시피 결혼과 노동, 그리고 유학 등의 이유로 한국 사회로 이주한 세계 시민 중에서는 아시아권이 단연 압도적이다. 한국이 다문화 사회로 진입할 수 있었던 것도 아시아에서 유입된 인구를 배경으로 한다. 이제 한국 사회는 그들의 도움을 받지 않으면 사회 체제를 유지하지 못할 수준에 도달해 있다. 가족, 노동시장, 그리고 교육현장에 이르기까지 아시아 시민들이 활약하지 않는 곳은 찾아보기 어려울 정도이다. 이런 상황에서 아시아를 테마로 하는 학문적 연구가 활성화되는 것은 당연한 일이다.

조선대학교 국어국문학과에서 진행하고 있는 아시아금기문화연구 또한 그 연장선상에서 이해할 수 있다. 광주전남 지역은 다문화 가정의 비율이 높을 뿐 아니라 아시아 유학생의 숫자도 적지 않다. 그런 의미에서 광주전남은 이제 지역(locality)과 세계(global)가 연결되어 있는 글로컬 문화를 구성할 단계에 이르렀다. 그것은 문화적 혼종을 의미하는 것인데, 거기에는 화해와 친화만 있는 것이 아니라 갈등과 반목도 배제할 수 없는 현상으로 포함되어 있다. 서로 다른 문화권의 사람들이 한 국가에서 공존하다 보면 자연스럽게 발생하는 현상이기도 하다. 하지만 작은 갈등이 자칫 배타적 인종주의로 확산될 가능성도 배제하기 어렵다. 그래서 인종과 인종 사이에 문화적 차이에 대한 충분한 이해가 동반되어야 하는 것이다. 아시아 각국의 금기문화를 이해하려는 우리의 노력은 문화적 차이에 대한 상호 이해를 뒷받침하려는 이론적 작업에 해당한다.

이 책은 그동안의 연구 성과를 모아서 결산하고, 향후 연구의 방향을 새롭게 모색하기 위한 중간점검의 의미가 크다. 이 책을 시작으로 우리 연구팀은 아시아금기문화에 대한 연구 성과를 축적하고, 이를 단행본 형식으로 출간하는 작업을 지속할 예정이다. 우리 연구팀에는 현대문학, 고전문학, 언어학 등 전공별로 소규모 연구팀이 구성되어 있는데, 각 전공별 교수님을 중심으로 BK연구교수, 박사과정생, 그리고 석사과정생이 한 팀을 이루어 연구를 진행하고 있다. 사업 시작 초기에는 다문화적 상황을 포함하여 금기문화 자체에 대한 종합적 이해를 목적으로 연구를 진행하면서, 각 전공별 연구 주제를 모색하는 데에 시간을 충분히 투자하였다. 향후에는 이러한 기초적 연구를 중심으로 국내뿐 아니라 아시아로 연구의 범위를 점차 확산할 예정이다.

한국 사회의 다문화적 상황은 이후에도 더욱 심화될 것인데, 문화적 차이에 대한 몰이해로 인한 사회적 갈등을 사전에 예방할 수 있는 연구도 필요하다. 우리 연구팀에서는 미래 한국 사회에서 발생할 것으로 예상되는 다문화적 갈등 상황에 대비하는 연구를 진행하고 있는 것이다. 이것은 다문화 현상이 가장 활발하게 진행되고 있는 광주전남을 중심으로 지역학문의 세계화를 달성하고자 하는 의지에 연결되어 있다. 지역의 문제가 곧 세계의 문제라는 인식을 강조하면서, 글로컬리티(glocality)에 기반한 지역 학문의 독자성을 천명할 기회도 여기에 연결되어 있다. 이 논문들은 그 가능성의 중심을 엿보는 작업이라 할 수 있다.

2015. 6.
조선대학교 BK21+ 아시아금기문화전문인력양성사업팀
팀장 오문석

머리말

　　<아시아금기문화연구총서> 제2권은 『언어와 금기』라는 제목으로 금기 현상을 언어학적으로 접근한 11편의 논문을 묶은 것이다. 기존 학술지에 실린 논문이 8편, 기존 논문이 아닌 새로운 연구 성과물이 3편으로, 후자에 속하는 3편은 본 학과의 BK사업단 참여 교수와 대학원생들이 사업단 연구 주제인 '아시아 금기 문화'를 언어학적으로 접근한 결과이다.

　　11편의 논문은 주된 내용이 무엇인지에 따라 모두 3부로 구성하였다. 제1부 '금기어와 금기담의 이해', 제2부 '한국어의 금기어와 금기담', 제3부 '아시아 언어의 금기어와 금기담의 양상'이 그것이다. 이와 같이 구성된 논문들의 서지 사항을 게재 순으로 제시하면 다음과 같다.

〈제1부 '금기어와 금기담의 이해'〉

(1) 심재기(1970), 「금기 및 금기담의 의미론적 고찰」, 『논문집』 2, 서울대학교 교양과정부, pp.1~30.

(2) 남기심(1982), 「금기어와 언어의 변화」, 『언어와 언어학』 8, 한국외국어대학교 외국어 종합연구센터 언어연구소, pp.75~79.

(3) 허재영(2001), 금기어의 구조 및 발생 요인」, 『사회언어학』 9, 사회언어학회, pp.193~217.

(4) 연호택(2014), 「이름과 금기 : 기휘와 친휘」, 『사회언어학』 22, 사회언어학회, pp.161~180.

〈제2부 '한국어의 금기어와 금기담'〉

(1) 박영준(2004), 「한국어 금기어 연구 : 유형과 실현 양상을 중심으로」, 『우리말연구』 15, 우리말학회, pp.79~105.

(2) 최상진 외(2002), 「여성 관련 금기어(禁忌語)의 타당성 및 수용성 지각 : 성차를 중심으로」, 『한국심리학회지 : 여성』 7-1, 한국심리학회, pp.47~62.

(3) 강희숙(2015), 「한국어 금기담에 대한 언어의식 변화」(신규)

〈제3부 '아시아 언어의 금기어와 금기담의 양상'〉

(1) 왕뢰(2015), 「금기어에 나타난 죽음에 대한 중국인들의 공포 의식」(신규)

(2) 장웨이(2015), 「한국인과 중국인의 색채 감정 비교 연구 ─ 기본 색채어에 대한 감정을 중심으로 ─」(신규)

(3) 가와무라 마치코(2003), 「일본 금기담 연구」, 『한국의 민속과 문화』 7, 경희대학교 민속학연구소, pp.7~31.

(4) 장장식(2000), 「몽골 금기어의 원리와 몇 가지 특징」, 『몽골학』 1, 한국몽골학회, pp.1~17.

이러한 내용 구성과 관련하여 전제해야 할 것이 있다면 '금기어(禁忌語)'와 '금기담(禁忌談)'을 엄격히 구별해야 한다는 것이다. J. G. Frager(1922)에서는 금기의 유형을 의식주와 관련된 일정한 행위를 비롯하여 인물이나 사물, 언어 등으로 구분하고 있는바, 이러한 유형 가운데 금기된 언어를 가리켜 '금기어'라고 할 수 있다. 이는 주로 어휘적 차원의 것으로서 일정한 언어 공동체에서 사용하기를 꺼려하는 언어 표현에 해당하는 것이다. 이와는 달리 '금기담'은 금기의 대상과 행위를 지시하는 일종의 관용문구로서 통사적 차원, 곧 문장 형식으로 존재하는 금기 표현이다. 이러한 성격의 금기담은 비단 한국에서뿐만 아니라 다른 언어에서도 보편적으로 나타나는 현상이라고 할 수 있는바, 아시아의 언어들이 어떠한 금기담을 가지고 있으며, 그러한 금기담에서 나타나는 공통점과 차이점은 무엇인지를 비교·연구할 만한 가치가 있다고 하겠다.

이와 같은 전제하에 묶인 이 논문들은 언어적 금기 현상을 이론적으로 또는 한국어를 비롯한 중국어, 일본어, 몽골어 등 개별 언어에서의 양상을 이해하는 데, 특히 서로 다른 언어문화의 전통을 이해함으로써 문화 간의 차이로 인한 갈등을 해소하는 데 좋은 길잡이가 될 수 있을 것으로 기대한다.

기왕에 발표된 논문들 가운데는 더 좋은 논문도 얼마든지 있을 수 있으나 지면상의 한계로 다 담지 못한 것에 대해서는 아쉬움이 많이 남는다. 연구자 및 독자 제현의 양해를 바란다.

끝으로 이 자리를 빌려 오래된 논문들을 일일이 컴퓨터로 입력하느라 수고한 제자들, 특히 중국 유학생들에게 고마움을 전한다. 또한 별

이득도 없는 작업을 흔쾌히 수락해 주신 역락출판사의 이대현 사장님
과 편집부의 이소희 대리님의 수고에 대해서는 특별한 감사를 드리는
바이다.

2015. 7.
2권의 저자를 대표하여
강희숙 씀

차 례

제3부 아시아 언어의 금기어와 금기담의 양상

제1부
금기어와 금기담의 이해

금기 및 금기담의 의미론적 고찰

심 재 기

Ⅰ. 緒言

1.1 어느 民族이거나 그들 나름의 文化를 形成하고 歷史를 創造하여 온 始點에는 반드시 커다란 象徵의 峻峰이 도사리고 있다. 그리고 峻峰의 어느 한 곳으로부터 "神話"라고 불리는 샘물이 흘러내린다. 그 샘물은 文化와 歷史의 展開를 따라 多樣한 沼澤과 支流를 만들면서 現代에 이르기까지 우리의 心琴을 울리는 精神的 故鄕이 되어 주기도 하고 그 文化와 歷史를 理解하는 데 없어서는 안 될 秘密한 길목으로 引導하기도 한다.

우리 韓民族은 "神市"의 峻峰에 檀君神話라는 샘물을 가지고 있다. 民族의 祖上으로 받들어지는 檀君이 어떻게 人間으로 誕生하였는가를 昭詳하게 알려주는 이야기이다. 거기에는 하느님(桓因)의 아들 桓雄과, 地上의 英傑스런 짐승들인 곰과 호랑이가 登場한다. 桓雄을 가운데 두고 곰과 호랑이는 서로 그의 配匹이 되고자, 人間으로 還生하기 爲한 어려운 試鍊을 거치지 않으면 안 된다. 그 試鍊을 克服하기 위하여 곰과 호랑이

는 必死의 努力을 기울인다. 그것은 하나의 타부(taboo)를 履行하여야 되
는 것이었다. "쑥과 마늘을 먹으면서 百日동안 햇빛을 보지 말라!"고 하
는 禁忌的 命令은 한 民族의 歷史를 出發시키는 데 重要한 障碍物이었던
것이다.[1]

그리하여 韓民族은, 大部分의 다른 民族과 마찬가지로, 歷史의 黎明에
서부터 "타부"를 遵行하였다. 이 타부는 어떻게 現代社會에까지 脈絡을
維持하고 있는가, 現代에는 어떤 樣相으로 存續하고 있는가, 이 글은 이
러한 問題에 關心을 두면서 특히 言語現象에 反映된 모습들을 살펴보려
고 한다.

1.2 원래 "타부"(taboo)란 用語는 폴리네시아 單語로서 "神聖" 또는
"不淨"을 뜻하는 말이었다. 이 두 가지 槪念이 共有하는 特性은 一定한
事物에 對한 接近 또는 接觸의 "禁忌"나 "忌諱"를 나타내게 되었으므로
우리말로는 흔히 "禁忌"라고 하였다(이 글에서도 以後의 論述은 "禁忌"라는 用
語를 使用함). 이러한 禁忌의 基本 槪念은 漸次로 適用 範圍를 擴大하여 人
間의 多樣하고 無數한 行動의 制止, 抑壓, 忌避를 通稱하는 뜻으로 變하
였다.

神話를 일컬어 "嚴正한 現實의 投寫"라고 말한 리차즈(I. A. Richard)의
말에 共感한다면 "禁忌"에 對하여서는 "天然한 人間心性의 投寫"라는
表現이 可能함직하다. 실상 禁忌는 非合理的이고 터무니없는 要素가 많

---

1) 三國遺史卷一 古朝鮮條 參照
　「時有一熊一虎, 同穴而居, 常祈于神雄, 願化爲人. 時神遺靈艾一炷蒜二十枚曰, 爾輩食之, 不
見白光百日, 便得人形, 熊虎得而食之忌三七日. 熊得女身, 虎不能忌, 而不得人身. 熊女者無與
爲婚, 故每於檀樹下, 呪願有孕 雄乃假化而婚之. 孕生子, 號曰檀君王儉」

은 채로 法律보다도 때로는 强하게 社會的 習慣을 規制하여 왔다는 점
에서 많은 學者들의 關心을 모았었다. 主로 未開民族에 對한 民族學的
研究로부터 發端한 이 方面의 研究는 프레이저(J. G Frazer), 분트(W.
Wundt), 프로이드(S. Freud) 等에 이르러 相當한 進步를 보였다.2)

이 글도 저들의 業績을 바탕으로 하여 禁忌의 韓國的 樣相을 밝혀보
고자 하는 데 目的이 있다. 따라서 이 글의 前半部에서는 禁忌의 一般論
을 簡略하게 整理하고 後半部에서는 禁忌가 우리 韓國에서 發生·棲息
하는 諸般 모습을 考察하려고 한다.

Ⅱ. 禁忌의 特性

2.1 禁忌가 發生하는 根源은 어디에 있는가? 이러한 물음에 對한 解答
은 첫째로 人間의 心性은 두려움을 어떻게 對處하는가 하는 反問에서
發見할 수 있다. 人間의 가장 原初的이고 持續的인 本性 가운데는 不可
知·不可解한 힘, 곧 魔術·魔力에 對한 恐怖라고 할 수 있다.

그러므로 禁忌는 原始民族이나 未開民族에게는 廣範圍하게 나타날 수
밖에 없는 것이고, 低級의 精神文化를 가지고 있는 어떠한 人種이나 社
會나 集團에도 禁忌는 存在하게 되는 것이다. 귀신이나 도깨비를 認定
하는 社會나 集團은 禁忌現象이 避할 수 없는 拘束力을 가지게 되며, 宗

---

2) 이 글을 執筆하는 데 基本的인 刺戟을 준 것으로 다음의 몇 著書를 들 수 있겠다.
   Frazer ; Golden Bough, London 1963, (First published 1922)
   Wundt, Mythus und Relizion, Leipzig 1906.
   Freud ; Totem and Taboo, New York 1950 (trans by James Strachey)
   Levy Bruhl ; Les fonctions mentals dans les societes inferieuse, (山田吉彦譯 未開會社の思惟
   1939)

教를 가지고 있는 社會에서는 神이나 信仰의 對象에 對하여 禁忌가 發生한다. 勿論, 宗敎以前의 狀態에서는 敬畏의 的이 되는 對象(主로 人間 또는 토템)에게 禁忌가 作用했을 것이다. 이와 같이 애초에는 宗敎的 原因에 依해서 禁忌가 發生하였으나 그것이 漸次 社會的 人間關係에까지 擴大되면서 社會的 論理的인 理由에 依하여서도 發生하게 되었다.

2.2 그러면 宗敎的, 論理的 理由로 發生한 禁忌를 持續시켜 나가는 人間의 思考方式, 다시 말하면 認識論的 根據는 무엇인가? 프레이저는 이것을 共感的 魔術, 또는 共感律(sympathetic magic, law of sympathy)이라는 用語로 풀이하고 있다. 즉 未開民族이나 强迫 症勢에 있는 精神病患者들은 自身(의 存在)에 關하여 어떠한 感情的 意味를 가지고 있는 것은 모두 魔術을 가진 것으로 생각한다. 더구나 그 魔術을 所有한 物體의 部分과 全體, 또는 그 本體나 附屬物은 모두 同一한 것으로 認識되며 原型과 模型에 對한 分別조차 하지 않는다. 즉 模型은 原型과 同一한 作用을 하는 것으로 생각된다. 그야말로 魔術은 그에 關聯된 어떤 것에도 移入, 流動이 可能한 自由自在한 힘으로 생각되는 것이다. 錯綜思惟의 典型이라고 생각되는 이 共感律은 다시 두 가지로 갈라진다. 그 하나는 類似魔術 또는 類似律(homeopathic magic, law of similarity)이요, 또 하나는 接觸 魔術 또는 接觸律(contagious magic, law of contact)이다.3) 前者는 相異한 두 物體 間

---

3) Frazer, op. cit., chap. Ⅲ, Sympathetic magic pp. 14~63.
  프레이저의 "共感律"에 對한 見解와 비슷한 理論을 내세운 사람은 얼마든지 例擧할 수 있다. K. Beth는 Religion und Magic에서 totemism의 基礎的 槪念으로 共生感(Symbiose)을 내세웠는데, 共生感이란 人間이 心理的으로 人間以外의 事物, 特히 動物 및 植物과 共通의 生命을 갖는다고 느끼는 생각 또는 觀念으로서 그는 이것이 未開人들이 人間과 自然을 區別하지 않는 心理에서 생긴 것이라고 하였다. Herbert Read에 依하면 呪術을 믿는 者에게

의 類似性을 同質的으로 생각하는 것으로 까마귀 고기를 먹으면 記憶力
이 衰微하여져서 모든 생각을 까맣게 잊어 먹는다는 따위이고 後者는
돌잔치 날에 돌된 어린아이가 돌床에 차려 놓은 物件 중에서 무엇을 집
느냐에 따라 그 아이가 어떤 系統으로 成長할 것인가를 豫見한다고 생
각하는 따위를 가리킨다. 돈을 쥐면 治財에 能하리라 하고, 연필을 쥐면
學者가 되며, 실을 쥐면 長壽할 것이라고 흔히 말한다. 대개 類似律과
接觸律은 하나의 事實에 함께 作用하는 것이 普通인데 이와 같은 思考
方式은 時代를 거슬러 올라가면 갈수록 人間의 生活을 廣範하게 支配하
였을 것이다.

우리나라 古代人들도 盟誓의 場所로 岩磐을 취하였다고 하는, 다음
같이 興味 있는 誓約觀念의 面貌를 發見할 수 있다.

고인의 盟誓는 實로 사랑스러운 點을 느낀다. 新羅人의 盟誓뿐만 아니
라 우리는 百濟人의 맹세의 모습을 찾아 볼 수도 있는데, 그것은 우리나
라의 史書에서가 아니라 日本에 남겨진 日本書記 속에서 볼 수 있는 것
이다. 日本書記의 神功皇后攝攻四十九年條에는 倭國과 百濟王과의 맹서
한 記事가 있는데 그 內容에 대한 복잡한 考證은 여기서 피할 것이나 단
지 그 盟誓의 形式에 對해서만 注意하겠다. 要는 百濟의 近肖古王과 倭將
이 辟支山(지금 碧骨)에 올라서 盟誓하고 또 古沙山(지금 古阜郡의 古名)
에 올라서 磐石 위에서 盟約을 하였다는 것이다. 그 本文에 曰

• 復登古沙山 居盤石山. 時百濟王盟之曰 若數草爲坐, 恐見火燒, 且取木

있어서 한 事件은 다른 事件과 符合해서 일어난다. 모든 事件은 一種의 同一한 法則, 卽
서로 떨어져 있어도 한 個의 秘密의 環을 通하여 서로 똑같이 作用하는 것이니 이 根據는
그들 事物 間에 同一性이 存在한다든가, 혹은 그것이 한때에는 서로 接觸한 것이 있었다
든가, 서로 部分的으로 나뉘어져 있다는 事實 속에 있는 것이다. (金文燉, 토테미즘 藝術
考, 文理大學報 13권 1967, pp. 257~258 參照)

爲坐, 恐爲水流 故居盤石而盟者, 示長遠之不朽者也.

여기서 우리가 興味를 느끼는 것은 古代人이 盟誓할 때 그 盟誓가 永遠히 변함이 없을 것을 表徵하기 爲하여 바위 위에서 하였다는 점이다[4]

이러한 觀點에서 본다면 아니미즘(animism, 物活論; 精靈思想)도 共感律의 原理에 依해 古代人들에게 作用했을 것이고 그것이 토테미즘이나 禁忌에 관계하게 되었을 것이다. 그러나 한편 自然에 順應하고 自然의 一部로서 人間을 意識하는 것이 東洋社會 特히 古來韓國社會의 特徵일 뿐 아니라 自然이나 事物에 대해 生命性, 靈魂性을 賦與하는 것이 커다란 하나의 習慣的 思考이었음을 看過하여서는 안 될 줄 안다. 여기에는 무언가 西歐社會의 理性的 分析的 思考와는 다른 次元의 世界가 存在한다고 생각된다.

3.1 神秘的인 힘(魔術)에 對하여 人間이 취하는 普遍的인 行動은 接近乃至 接觸을 두려워하는 것으로 나타난다. 이른바 接觸 恐怖症(touching phobia, délire du toucher)은 가장 基本的인 禁忌方法이다.[5] 그 다음 段階로 言述禁忌, 逃避禁忌 等 여러 가지 方法이 있을 수 있겠는데, 프레이저는 禁忌의 種類를 行爲, 人物, 事物, 言語의 對象으로 大別하고 그것을 다시 다음과 같이 細分하고 있다.[6]

---

4) 李弘稙, 古代人의 思考 方式－誓約觀念과 그 形式에 對하여－(韓國思想史 古代篇下篇 서울 1966, pp. 192~193).
5) Freud; op. cit., p 27.
6) Frazer; op. cit., pp 256~345.

1) 禁忌된 行爲
     ⅰ) 外邦人과의 交合, ⅱ) 食飮, ⅲ) 顔面 表出, ⅳ) 家屋 退出, ⅴ) 飮食 남기기(殘餘 行爲)
2) 禁忌된 人物
     ⅰ) 酋長과 임금, ⅱ) 喪中人物, 弔客, 會葬者, 屍體取扱人, ⅲ) 月經 中의 女人 및 出産한 女人, ⅳ) 武士(歷戰의 勇士), ⅴ) 사냥꾼과 漁夫
3) 禁忌된 事物
     ⅰ) 쇠, ⅱ) 武器, ⅲ) 피, ⅳ) 머리, ⅴ) 머리털(頭髮), ⅵ) 침(針), ⅶ) 飮食, ⅷ) 매듭(knots)과 고리(ring)
4) 禁忌 言語
     ⅰ) 特定人物의 이름, ⅱ) 禁忌된 事物과 關聯이 있는 이름, ⅲ) 死者의 이름, ⅳ) 임금 또는 神聖視되는 사람의 이름 ⅴ) 神의 이름.

以上과 같은 分類 外에도 說話 硏究家 톰슨(S. Thompson)은 說話의 主旨(motif)를 分類할 때 禁忌를 近 千餘 項目에 이르도록 細分하였다.7)

3.2 이렇듯 많은 方法으로 禁忌하여야 하는 對象들은 도대체 어떤 것이며 그 特性은 무엇일까?

冒瀆할 수 없이 神聖視되는 사람이나 事物, 또는 그와 反對로 가장 醜

---

7) 이 글에서는 번거로움을 避하기 위하여 Thompson의 禁忌 分類의 紹介를 省略한다. 그 가운데서 가장 代表的인 것으로 Looking tabu, Speaking tabu, Hearing tabu, Touching tabu, Eating & Drinking tabu, Food tabu 等을 꼽고 있고 Thompson의 方法을 適用하여 韓國說話를 整理하고 있는 曺喜雄 氏도 그의 "韓國說話의 硏究"에서 Direction tabu, Opening tabu, Peeping tabu, Hearing tabu, Midnight tabu, Eating tabu, Touching tabu, Digging tabu 等에 根據한 韓國說話를 例證하고 있다.
(cf. S Thompson, The Folktale, New York 1946. Motif index 曺喜雄, 韓國說話의 硏究, 國文學硏究 11輯, pp 64~69)

惡視되는 사람이나 事物은 禁忌의 第一次 對象이 된다. 그리고 神聖이나 醜惡의 感情을 불러일으키는 사람이나 事物에 關聯되어 있는 附隨的인 것 — 特히 禁忌된 사람이나 事物의 名稱— 에 對하여도 그것이 지닌 神祕的인 힘을 認定하는 限, 禁忌 對象이 됨은 勿論이다. 原始社會에서는 祭政을 主管하는 司祭나 酋長이 禁忌의 對象이 되었고, 信仰의 對象이 되는 一切의 自然과 自然現象, 그리고 토템(totem) 및 그에 關聯된 動植物이 이에 包含되었다.

그 外에도 時代와 種族에 따라 無數한 對象이 禁忌되어 왔는데 未開人들은 여러 方法으로 여러 對象을 禁忌함으로써 그들의 生活에 어떤 安定을 얻으려고 했던 것 같다. 프로이드는 그것을 ① 直接的으로, 重要한 人物을 여러 가지 被害로부터 防止하고 保護하자는 것과, ② 財産을 도둑이나 侵入者에게 빼앗기지 않고 保全하자는 多分히 功利的인 意圖下에 이루어진 것이라고 分類하였다. 이를 細分하면 다음과 같다.8)

1) 重要人物을 社會的인 여러 被害로부터 保護하기 위한 것.
2) 弱者(女人이나 幼兒)를 酋長이나 司祭의 힘, 또는 呪術的인 영향으로부터 保護하기 위한 것.
3) 死體를 取扱하기 위한 準備로 行하는 것.
4) 人生의 重要行事(出生·割禮·結婚 等)에 對한 秩序를 維持하기 위한 것.
5) 神이나 亡靈의 激怒로부터 人間의 安全을 圖謀하기 위한 것.
6) 胎兒나 幼兒를 飮食物의 危險에서 保護하려는 것.
7) 個人의 財産을 탐내지 않게 하여 保護하려는 것.

---

8) Freud, op. cit., p.19.

이러한 功利的 意圖가 成功하려면 禁忌를 犯했을 때의 人間에게 加해지는 報復이 苛酷하지 않으면 안 된다. 그런데 그 苛酷한 報復은 精神的 拘束이나 不安을 助成하려는 微溫的인 것이 아니라 所屬된 社會集團에서 疏外되어 버림을 받게 되는 極端의 狀態로까지 몰고 간다. 屍體를 만진 사람이 不淨한 사람의 으뜸으로 손꼽힐 뿐 아니라, 親舊와의 交際도 禁止되고 全혀 無用之物로 取扱되어 廢人視되는 마오리族(Maoris)의 例는 禁忌를 犯했을 때의 報復이 얼마나 무서운 것인가를 暗示해 준다.9)

4.1 禁忌가 非合理的이면서도 未開한 社會에서 法律以上의 强制的 命令性을 띠게 되는 까닭은 前節에서 밝힌 바와 같이 生活에 安定을 얻어 社會秩序를 確立하려는 人間欲求로 解釋될 수 있거니와 禁忌를 通하여 社會秩序를 새우려는 心理的 要素는 어떻게 解釋해야 할 것인가? 이 問題는 일찍이 프로이드가 禁忌를 發生시키는 가장 重要한 感情, 곧 恐怖에 對한 精神分析學的 解釋을 함으로써 풀리기 시작하였다. 그 部分을 簡單히 要約하면 다음과 같다.

強迫症勢와 禁忌 間에는 ① 禁制的 行動에 뚜렷한 動機가 없고, ② 精神的 安定을 爲해서 維持되며 ③ 쉽게 置換될 수도 있고 禁制된 對象으로부터 쉽게 感化될 수가 있으며 ④ 儀式行事를 하는 데 强制性이 있다는 點에서 相互 間의 一致를 發見한다. 대부분의 사람들은 豫期치 않은 狀況에 對하여 愛憎 並存의 葛藤을 일으키고 그 속에서 異常하고 危險스런 힘을 意識한다.

또한 禁忌는 外部로부터 强하게 注入된 原始的 禁制에 바탕을 두고, 대개는 人間이 가장 憧憬해 마지않는 對象을 向하고 있으므로 이것에 對

---

9) Frazer, op cit. p.270. & Freud, op. cit., p.51.

抗하고 犯하겠다는 慾望이 無意識 속에 남게 된다. 그리하여 順從과 憎
惡가 相剋的으로 作用한다. 그러나 禁忌에 歸屬된 呪術的인 힘을 두려워
하고 그 힘은 同一集團에 繼續的으로 傳染, 傳播되고 萬一에 禁忌를 犯하
면 내버림을 받는 것으로 報償된다 그러므로 禁忌는 順從해야 한다. 이
것이 禁忌의 本性이다.10)

이와 같이 그는 恐怖가 하나의 强迫 觀念(노이로제 neuroses)을 形成하고
그것을 解消하려는 努力이 愛憎 並存(ambivalence)의 狀態로 展開되었을
때, "禁忌"라는 脫出口로 빠지는 것이라고 보았다. 이와 같은 愛憎 並存
의 禁忌 現象은 精神病 患者나 幼兒와 같이 精神的으로 缺陷이 있는 사
람에게만 나타나는 것이 아니라, 大部分의 사람들이 例外的인 狀況, 事
件, 對象을 만났을 때에도 愛憎 並存의 葛藤을 일으키는 것이 事實이므
로 文化水準의 高下를 莫論하고 어느 社會, 어느 集團에나 禁忌는 하나
의 普遍性을 가지는 것임에 틀림없다.

4.2 한편 一部의 社會人類學者들은 禁忌는 基本的인 特質로서 社會的
傳統이나 慣習으로 내려오는 制約에 對하여 사람들로 하여금 順從하게
하는 性質이 있음을 생각한다면 禁忌를 반드시 노이로제라는 觀點에만
固定시킬 수는 없다고 생각한다. 特히 禁忌가 無意識的 要因에만 머물러
있지 않은 點을 考慮하여야 한다고 强調한다.11)

프로이드의 생각이 지나치게 心理的 側面만 强調한 나머지 社會的 因
襲的 要因을 除去하려고한 欠이 있기는 하나, 대체로 그의 理論은 一貫

---

10) Freud, op. cit., pp.28~35.
11) Cf Encyclopaedia Britanica. tabu

性이 있다는 점에서 오늘날까지 가장 共感되는 것으로 影響을 주고 있
다. 프로이드에 依하면 노이로제(neuroses)는 現實에 滿足하지 못하는 것
을 보다 즐거운 幻像의 世界에서 成就하려고 하는 가장 基本的인 目的
을 가지고 있다고 말한다. 그리하여 노이로제를 通하여 回避하려는 現
實世界에 들어와 있다는 意識을 가진 限, 그 사람은 그가 속한 社會人으
로 움직이는 것이고 이런 現實에서 한 발만 벗어나면 즉시 人間社會에
서 영원히 벗어나게 된다. 禁忌를 遵守하는 사람도 多分히 그가 속한 社
會 內의 一員이기를 바라는 心情이 크게 作用할 것이므로 실상 노이로
제와 禁忌는 이런 점에서 많은 共通點이 있다. 要컨대 禁忌는 心理的 要
素와 社會的 要素가 結合되어 發生한다고 볼 수 있다.

Ⅲ. 禁忌와 言語

5.1 禁忌를 論議할 때에 言語가 恒常 곁들여 問題된 까닭은 禁忌의 對
象이 되는 人物이나 事物의 名稱이 바로 그 人物이나 事物 自體로 認識
되기 때문이었다. 그리하여 오래 전부터 言語學者들은 人類學者나 民俗
學者들과는 다른 觀點에서 禁忌와 言語와의 關係를 생각하지 않을 수
없었다.

그 觀點은 크게 두 가지로 類別될 수 있다. 하나는 禁忌가 通時的으로
보아 言語變化의 要因이 되기 때문이고 또 하나는 主로 共時的 見地에
서 表現技巧의 問題 즉 修辭學的 對象이 되기 때문이다. 前者는 다시 語
形의 變化(morphic change)와 意味의 變化(semantic change)로 나누어 생각할
수 있는데 이것만이 純粹한 言語學의 問題로 다루어 질 수 있다고 말한
다.12) 그러나 表現技巧의 問題도 亦是 어떤 契機로든지 言語變化를 招來

할 可能性을 內包하고 있는 것이기 때문에 言語學者는 늘 이 方面에 注
目하였던 것이다.

5.2 울만(S.Ullmann)은 言語禁忌를 意味論的 見地에서 다음과 같이 세
가지로 分類하였다.13)

첫째, 恐怖 또는 畏敬의 뜻으로 神, 死者 또는 惡靈의 이름을 부르지
못하는 宗敎的 禁制行爲(이것이 擴大되어 動物名에까지 適用된 것이 있음).

둘째, 優雅한 뜻으로 表現하려는 禁忌形式으로 疾病, 죽음, 肉體的 精
神的 缺陷, 그리고 不正行爲, 도둑질, 殺人 等 犯罪行爲를 말하려 할 때
그 不愉快한 表現을 避하여 이른바 婉曲語法을 使用하게 된 것. (그 例
로 울만은 "低能의, 愚鈍한"을 뜻하는 英語單語 "imbecile"은 라틴語의
"軟弱한, 虛弱한"이란 單語 "imbecillus", "imbecillis"에서 轉用된 것이라
고 例證하고 있다.)

셋째, 禮節 바르고 鄭重한 表現을 하기 爲하여 性器 等 身體의 特殊部
分을 가리키는 名稱, 盟誓의 말(誓言을 함부로 말할 수 없다는 意味에서)을 부
드럽게 表現하는 경우.

以上의 세 가지는 社會的, 文化的 要因이기 때문에 個別 言語에 따라
樣相을 달리함은 勿論이다. 특히 위에 言及한 둘째와 셋째는 원래 17世
紀 불란서에서 고운말 쓰기(précieuses) 運動의 一環으로 振作되었던 것인
데 어떤 單語에 對해서는 쑥스러운 僞善이라 하여 많이 없어진 것이 事
實이다.

---

12) 南基心, tabu와 言語變化(童山申泰植博士頌壽紀念論叢 啓明大學出版部 1969, pp.131~
137.
13) S. Ullmann; Language and Style. Oxford, 1966, pp.89~90.

그러므로 禁忌와 言語의 關聯은 크게 두 가지 觀點으로 整理될 수 있다. 그 하나는 文化水準이 낮은 社會에서 禁忌 本來의 發生要因이 되고 있는 恐怖的 對象에 對한 呼稱禁忌이고, 또 한 가지는 婉曲語法에 一括하여 생각할 수 있는 것으로 優雅한 表現, 禮儀 바른 表現을 爲하여 使用하는 禁忌이다. 그런데 優雅한 表現은 社會 全般에 걸쳐 共通的으로 遵守되는 傾向이 있는 反面에 禮儀 바른 表現은 多分히 衒學的 要素가 있으며, 또 社會的으로 強制性을 띤 禁忌의 性格과는 距離가 있는 것이다.

Ⅳ. 禁忌의 韓國的 樣相

6.1 지금까지 우리는 禁忌에 關한 基本知識을 整理하여 왔다. 그러면 이제 그 禁忌가 韓國에서 어떤 樣相을 가지고 있는가를 살펴보기로 하자. 一般的으로 高度의 文化水準을 가지고 合理的 思考가 支配하는 社會에는 原始社會나 未開社會에서 通用하는 幼稚한 禁忌가 存在하지 않는다고 말한다. 그러나 人類文化라는 것은 恒常 劃一的으로 發展하는 것도 아니며, 人間의 心性이 온전히 合理的, 理性的 思考에 바탕을 두고 움직이지 않는다는 것은 自明한 일이다. 다시 말하면, 우리가 사는 韓國의 現代에도 毅然히 前近代的인 사람으로부터 近代人에 이르는 모든 時代의 사람이 共存하고 있다는 말이다.[14] 따라서 現代의 韓國社會를 一部分

---

14) Freud, op. cit., chap. I. The Horror of Incest의 序論 參照.
　　이 글은 人類 全體를 하나의 單位로 생각하는 말이지만, 우리 民族의 경우는 적어도 朝鮮王朝 後半期인 18, 19 世紀 및 20世紀가 共存한다는 생각에서 이 글을 意味심장하게 받아들일 수 있을 것 같다.
　　Prehistoric man, in the various stages of his development, is known to us through the inanimate monuments and implements which he has left behind, through the information

이나마 올바르게 把握해 본다는 若干 외람된 慾心이 이 글에 作用하고 있다.

6.2 우리나라에서 禁忌에 對해 진작부터 關心을 기울인 분은 여럿이 있다. 그들은 民俗學의 觀點에서 出發하거나 혹은 言語禁忌의 部面만을 考察하려는 두 가지 系列로 나누어 볼 수 있겠는데, 그 全貌를 한데 體系를 세워 아우르려고 한 것 같지는 않다.15)

6.3 그런데 우리는 우리나라 禁忌의 全貌가 어떻게 遍在하고 있느냐를 생각하기 전에 또 한 가지 미리 밝혀야 할 것이 있다. 즉 모든 文化的 行爲는 文化社會의 獨自性에 따라 一定한 類型으로 區別되며 따라서 모든 言語行爲도 一定한 類型으로 區別된다는 事實이다.16) 그런데 禁忌에 對한 韓國人의 行爲에는 매우 特記할 만한 類型이 存在한다. 그것은

---

about his art, his religion and his attitude towards life which has come to us either directly or by way of tradition handed down in legends, myths and fairytiles, and through the relics of his mode of thought which survive in our own manner and customs But apart from this, in a certain sense he is still our contemporary

15) 這間에, 禁忌에 關하여 發表된 글 等을 一瞥하면 다음과 같다.
   ① 金聖培, 韓國禁忌語考 上·下 (國語國文學 25號 1962, 26號 1963)
   ② 文孝根, 韓國의 禁忌語 上·下 (人文科學 8輯 1962, 9輯 1963)
   ③ 金碩浩, 타부와 韓國의 逐鬼思想 (現代文學 通卷 130號 1965)
   ④ 拙稿, 禁忌語文章에 關한 考察 (우리文化 第2輯 1967)
   ⑤ 南基心, tabu와 言語變化 (童山申泰植博士頌壽紀念論叢 1965)
   그리고 意味論을 研究하는 분에 依해서 다음 같은 論文이 나왔다.
   ⑥ 李庸周, 婉曲語法攷 (國語教育 2輯 1960)
   ⑦ 樸甲洙; 國語의 感化的 表現攷 (韓國國語教育研究會論文集 제1輯 1969)
   이 글의 資料는 筆者가 蒐集한 것 外에 主로 ①, ②의 論文을 土臺로 하였다.
16) Cf. Norman A. MeQuown; Analysis of the cultural Content of Language Materials (Language in culture ed. Harry Hoijer, pp.20~31.)

禁忌의 對象이나 種類를 莫論하고 禁忌行爲(方法)를 指示하는 一種의 慣
用文句를 가지고 있는 것으로 지금까지의 禁忌 研究는 모두 이 "禁忌
談"[17]을 蒐集分析한 것이었다.

6.4 이들 禁忌談은 대체로 明白한 複文을 構成한다. 形式論理學에서
말하는 假言判斷의 文型을 취하는 것으로 그 基本文型을 다음과 같이
公式化할 수 있다. 즉,

　　　[A가 B하면 C가 D한다.]

이때에 從屬節의 主語 A나 主節의 主語 C는 國語文章의 特徵인 主語
省略에 依해 그 意味를 內包할 뿐, 外見上으로는 「B하면 D하다」와 같은
簡單한 單文으로 表現되는 수도 있다. 그렇지만 아무리 簡單한 禁忌談이
라 할지라도 반드시 公式的인 基本文型 「A가 B하면 C가 D한다.」와 같
은 文章으로 還元될 수 있음은 勿論이다.[18]

　　　「새색시 방에는 촛불을 켜야 한다.」

이 禁忌談이 內包한 意味를 分明하게 하려면 다음과 같이 바꿔야 할
것이다.

---

17) 대체로 하나의 文章을 構成하기 때문에 "禁忌談"이란 用語를 創案해 보았다. 一般的으로
　　禁忌語라는 用語가 通用되어 왔으나 "語"라고 할 때에, 單語라는 뜻이 强하게 느껴지므
　　로 禁忌語는 "禁忌된 單語"의 뜻으로, 禁忌談은 禁忌의 對象과 行爲를 指示하는 慣用文
　　句의 뜻으로 制限하고자 한다.
18) 拙稿, 禁忌語 文章에 關한 考察 IV. 參照.

「(누구든지) 색시 방에 촛불을 켜지 않으면 (혼인 생활이) 불길하다.」

다시 다음의 禁忌談을 놓고 보자.

「말띠 여자는 不幸하다.」

이것 亦是 明快한 單文이다. 그런데 이 文章도 「女子가 말띠에 태어나면 그 여자는 불행하게 된다.」와 같이 바꿀 수 있다. 그러므로 禁忌談은 다음의 몇 가지 文型을 假定할 수 있다.

1) B하면 D한다. (A, C는 特定人이 아님)
2) A가 B하면 D한다. (A=C 또는 A≠C)
3) B하면 C가 D한다. (A=C 또는 A≠C)
4) A가 B하면 C가 D한다. (基本文型)

이것들을 다시 內容面에서 본다면 禁忌談의 構成要素는

첫째, 禁忌의 對象이 明示되어야 하고,
둘째, 禁忌의 方法이 提示되어야 한다.

위의 2.3.4 文章은 대체로 禁忌의 對象과 方法이 모두 밝혀져 있는 것이 普通이지만 1은 단지 어떤 行動의 禁忌 方法만을 强調하고 禁忌의 對象이 없는 경우가 있으므로 이것은 嚴格한 意味에서 禁忌談이라고 할 수 없다. 그러나 禁忌가 반드시 宗敎的 特性만 가진 것이 아니고, 社會的, 倫理的 意圖下에서 副次的으로도 發生한다는 점을 考慮하여 이 글에서는 對象과 方法이 갖추어져 있는 것을 起源的 禁忌談, 어떤 行爲의 論

理性을 强調하여 方法만 提示된 것은 副次的 禁忌談으로 區分하여 그 全部를 檢討의 資料로 삼았다.

禁忌談은 假言判斷의 形式을 취한 評價的 發言이요, 同時에 倫理判斷의 性格을 갖는다. 따라서 우리는 이 禁忌談을 意味論的으로 分析할 때에 얻을 수 있는 興味 있는 結果에 對해 緊張하지 않을 수 없다. 사피어 워프의 假說(Sapir-Whorf Hypothesis)[19]을 번거롭게 引用하지 않더라도 禁忌談의 分析을 通해서 韓國人의 心的 態度와 그 趨移 過程, 그리고 禁忌談이 하나의 倫理的 判斷이 되는 限 그 속에 들어 있는 感情的 意味와 規範的 意味를 캐 낼 수 있으리라는 것은 분명한 일이다. 두말할 必要도 없이 禁忌는 歷史的 事實로서 오늘날까지 傳承되어 내려왔고 現在에도 拒否할 수 없는 힘으로 社會的 支持를 받으며 사람들의 마음을 끌어당긴다는 事實에 依해 꾸준히 正常化(justified)되어 오고 있기 때문이다.

6.5 다음으로 問題되는 것은 禁忌談과 文章形式에 있어서 類似性을 보여주는 禁忌談이 아닌 文章을 識別하는 일이다.

---

19) 이 假說은 어떤 言語가 그 言語를 使用하는 社會의 眞實性(reality)을 알려주고 그 眞實性에로 引導하는 열쇠라는 것이다. 즉, 各其 相異한 社會의 言語는 同一한 實在에 對하여 同一한 意味의 表現을 만들어 내지는 않는다. 어떤 言語의 使用者가 그에게 提示된 普遍的인 論理를 表現했을 경우 그는 단지 그가 屬한 文化傳統과 그가 지닌 文法構造에 相應한 程度로밖에 表現하지 못했다는 事實을 아는 사람은 極히 드물다. 그의 言語는 必然的으로 制限을 받으며 그가 所有한 意味 世界 內에 屈折된다. 그가 아무리 自由롭게 思考한다고 할지라도 그에게 隷屬된 意味의 色眼鏡을 벗어나지는 못한다. 그러나 비록 言語가 同一한 實在에 對하여 同一한 意味內容으로 記述되지는 못한다 할지라도 이 사피어·워프의 假說에 따르면, 言語는 그 言語를 使用하는 사람들의 文化와 思考方式을 硏究하는 데는 없어서는 안 될 重要한 道具이다.

(Cf Harry Hoijer; Language in Culture, Chicago 1954)

(Cf. B. L. Whorf; Language, thought and Reality, New York 1959)

첫째, 吉凶談과의 混同이다.

- 아침에 까치가 울면 반가운 손님이 온다.
- 담배꽁초를 버렸을 때, 불붙은 쪽이 자기 쪽으로 향하면 재수가 좋다.
- 겨울에 꽃이 피면 나라에 祥瑞로운 일이 생긴다.
- 봄에 호랑나비를 처음 보면 그 해에 運이 트인다.
- 강변에서 멧새가 울면 사람이 죽는다.
- 태양 주위에 별이 나타나면 國變이 일어난다.
- 端午날에 비가 오면 凶年이 든다.

이런 文章은 吉凶을 豫言한다는 점은 있으나 禁忌의 對象이나 方法이 나타나 있지는 않다 吉兆를 豫言할 경우에는 禁忌라는 것은 勿論 있을 수 없는 것이고 凶兆를 豫言할 경우에 凶兆가 될 事件을 사람들이 忌諱하기는 하겠으나 그 事件은 어디까지나 不可抗力으로 人間에게 나타나는 것이므로 이런 것을 禁忌談에 包含시킬 수는 없다. 그 中에서 간혹 禁忌의 對象을 發見할 수는 있다.

둘째, 當然한 事實의 敍述이 禁忌談으로 誤解되는 점이다.

- 주머니가 비면 자기 아내 배 곯린다.
- 남자가 바가지에 밥을 담아 먹으면 가난해 진다.
- 덧문을 닫고 자면 밤이 길어진다.
- 머리에 이가 많으면 궁하다.
- 여자가 젊어서 출가 못하면 함박쪽박을 다 깨뜨린다.

이런 文章은 主節과 從屬節이 緊密한 因果關係를 보여주고 있어서 單純한 敍事에 不過하므로 禁忌와는 아무런 關聯도 없다.

셋째, 解夢에 關한 文章이다. 꿈이 精神分析學에서 關心을 두고 硏究되어 온 結果, 意識 世界에 對한 反映으로 綿密하게 分析되고 解析되어 온 것은 事實이지만 꿈이 人間의 作爲的 所産이 아니고 또 꿈이 禁忌의 對象이나 方法이 될 수 없으므로 傳統的 解夢談이라고 할 다음 文章은 亦是 禁忌談과는 關係가 없는 것들이다.

- 꿈에 어린애를 안으면 재수 없다.
- 꿈에 흰 옷을 입으면 근심이 생긴다.
- 꿈에 돈을 얻으면 재수가 없다.
- 꿈에 송장을 보거나 피를 보면 돈이 생긴다.
- 꿈이 돼지를 집안으로 들이면 재수가 트인다.
- 꿈에 똥을 만지면 운이 트인다.

이런 文章들은 "꿈에"라는 말을 빼면 吉凶談과 文章 形式上 아무 差異가 없다. 크게 보면 吉凶談의 範疇에 넣어도 無妨할 것이다.

7.0 그러면 이제부터 韓國에 널리 流布되어 있는 起源的 禁忌談 가운데서 禁忌의 對象을 찾아보기로 하자. 물론 이때에 禁忌談이 地域에 따라 差異도 있고 어떤 것은 全혀 쓰이지 않는 것도 있을 것이나 韓國文化를 單一한 文化單位로 假定하여 地域差를 考慮에 넣지 않았다(그러므로 例示되는 禁忌談이 使用되는 地域을 일일이 밝히지 않았다.).

7.1 먼저 다음과 같은 禁忌談을 읽어 보기로 하자.

- 大門에 靑松枝나 東桃枝를 달아 놓으면 집안에 災厄이 없다.
- 몸에 符作을 지니고 있으면 災禍가 따르지 않는다.

- 동짓날 팥죽을 먹지 않으면 다음해에 질병이 많다.
- 내버린 제웅(草俑)을 가지고 놀면 病이 생긴다.
- 사람 죽은 집에 집을 가시지 않으면 害롭다.
- 告祀 지내던 집에서 告祀를 안 지내면 집안 망한다.

以上의 禁忌談들은 모두가 邪神, 亡靈, 雜鬼 等 鬼神과의 關係를 가지고 있는 점에서 共通性이 있다. 어떤 분은 이것을 行動이나 表示로만 傳承되어 왔다고 하여 禁忌談으로 成立되지 않는 듯이 말하고 있으나[20] 禁忌하도록 規制하는 모든 行動이나 表示가 일단 禁忌談으로 表現된다는 것은 韓國的 禁忌의 特色임을 앞에서도 指摘한 바와 같다.(6.3. 參照)

그리고 禁忌라고 하면 人間이 어떤 對象에 對하여 禁忌하는 것임에 反해서 위의 例들은 鬼神들이 人間에게 接近하지 않도록 規制하고 나아가 辟邪 進慶으로 이끌려 하는 心性이 作用하고 있다.[21] 붉은 符作(符籍)을 붙이거나 靑松, 엄나무를 大門 위에 매달아 두어 人間에게 災難과 病害를 가져주는 雜鬼가 人間周圍에 犯接하지 못하도록 하려는 習俗의 根源은 매우 멀고 오래다. 가령 지붕 四隅에 鬼瓦를 세우거나 寺院이나 宮殿에 鬼面塼, 獅子面塼을 붙이는 일이 있었는데 이러한 物像은 雜鬼들이 두려워하는 것으로 생각되었기 때문에 使用되었던 것이다. 卽 佛舍에서 四天王像을 두는 것이나 金剛力士의 험상궂은 彫像을 佛像 앞에 세우는 것과 비슷한 作用을 했으리라 짐작된다. 다만 "집을 지을 때는 鬼面塼을 붙이지 않으면 害롭다." 따위의 禁忌談이 없는 것은 이미 그러한 辟邪나 逐鬼의 方式이 建築樣式과 調和를 이룰 수 있는 時代가 지나갔음

20) 金聖培, 韓國禁忌語考(上) (國語國文學 25輯 p.220)
21) 金碩浩, 타부와 韓國의 逐鬼思想 (現代文學 通卷 130號, 1965) 參照.

을 보여주는 것이라고 생각하여야 할 것이다. 또 한 가지 逐鬼의 方法
은 色彩에 의한 것으로 팥죽, 팥떡, 黃土, 고추 等이 使用되었다. 冬至날
팥죽을 쑤어 놓고 먹기 전에 집 안팎에 뿌리는 일, 十月 상달에 告祀떡
은 반드시 팥떡이어야 하는 것, 産苦 時에 門前에 黃土를 뿌리는 일 따
위가 모두 좋지 못한 鬼神이 接近하지 못하게 하는 豫防이요, 鬼神으로
하여금 接近禁忌를 하도록 規制하는 것이다. 요즈음에도 조금 窮僻한 農
村에서는 陰曆 正月 望日 前夜에 제웅[草俑]을 만들어 울긋불긋한 끈을
달고 그 속에 紙錢이나 銅錢을 넣어 洞口 밖이나 으슥한 산길 가에 내
버린다. 이때에 그 제웅은 惡鬼·雜神의 假象으로 象徵되는 것이고 그
것이 집안에서 멀러 떠남으로써 집안에 災厄이 없기를 빌고 또 그 鬼神
이 接近치 못하도록 防衛하는 儀式이 된다. 그런데 그 제웅이 "人形"을
취하고 있다는 점은 古來로 人間과 鬼神을 우리 先代人들이 同一視했다
는 좋은 例가 된다.

喪家門前에 사재밥(使者밥)을 지어 놓고 짚신을 놓으며, 臨終을 기다리
는 사람이 저승에서 쓸 路資를 가지고 있는 점은 모두 死後 亡靈의 世
界가 現實的인 人間의 世界와 조금도 差異를 두고 있지 않다는 證據다.
이러한 人鬼 同一觀은 必然的으로 鬼神이 人間世界의 어느 對象에 禁忌
를 느끼어 接近을 피하도록 하는 方法을 생각해 내게 되었고 나아가 그
들을 慰撫하여 人間을 害하지 않도록 달래는 行事, 곧 집가심이나 告祀
를 지내는 習俗이 생기게 되었다.22)

위에 言及한 逐鬼의 方法을 要約하면 다음 세 가지다.

---

22) 辟邪進慶과 鬼神慰撫의 行事로서 "굿"의 意味는 보다 重要視해야 할 것이다 이 글의 性
質上 그러한 巫俗儀式 一般에 對하여는 言及하지 않았다. 這間 崔吉城 氏는 이 方面의
좋은 業蹟들을 보여 주고 있다.

1) 形容 (鬼瓦 鬼面塼 엄나무가시‥)
2) 色彩 (朱符 靑松 팥죽 黃土‥)
3) 文字 (朱符)
(여기에 또 한 가지 重要한 方法은 言語 곧 呪術에 依한 것인데 對하
여는 後述하겠다.)

그러나 人間이 鬼神에 對하여서도 禁忌하지 않는 것은 아니다. 民俗
信仰의 對象이 되고 있는 無數한 鬼神들에 對하여 人間 스스로가 接近
하기를 두려워하기도 하고 그들 神名을 함부로 입에 올리지 않기도 한
다. 特히 巫神圖가 神堂壁에 固定이 되어 있고 그 神堂이 「굿 당」이 되
지 않는 경우에도 巫神圖를 움직이는 것은 絶對 禁忌로 되어 있다.[23]

7.2 다음은 祖上과 關聯 있는 禁忌談이다.

• 祖上의 陵墓에서는 子孫되는 이가 封墳에 오르거나 그 머리맡에 서
  지 못한다.
• 집안 어른의 이름을 直接 부르면 가난해 진다.
  (집안 어른의 이름은 반드시 풀어 말한다.)
• 임금이나 祖上과 이름이 같으면 그 이름을 바꿔야 한다.
• 집안 어른이 아끼던 물건을 함부로 버리거나 치우면 집안 망한다.
• 제삿날 바느질하면 조상의 영혼이 오지 않는다.
• 제사 때에 집안이 시끄러우면 不吉하다.
• 같은 姓을 가진 사람끼리 結婚하면 害롭다.

儒敎的 思考方式이 오늘날까지 類型化되고 있는 우리 社會에서 郡王

---

23) 崔吉城, 韓國巫俗의 硏究(陸士論文集 第Ⅴ輯 1969), p.12.

이나 祖上에 對한 尊崇의 念은 當然한 하나의 常識일는지 모른다. 祖上
의 陵墓에서 몸을 敵虔히 하면 祖上을 追遠하는 祭祀날에 집안을 淨潔
히 하고 生存하였거나 아니 하였거나 父祖는 이름을 解字하여 부르는
것은 禁忌로 생각되기보다는 禮儀요 또한 지키지 않으면 안 될 不文律
이었을 것이다. 同姓 間(特히 同姓 同本 間)에 結婚을 하지 못한다는 것은
親族相姦을 排除하려는 倫理的 意圖보다도 오히려 祖上에 對한 尊敬感
을 高潮시킨 것으로 보인다. 더 나아가 祖上에 속한 모든 것, 즉 그들의
이름, 使用하던 器物, 심지어 思考方式까지도 保存하여야 한다는 强한
社會的 規範이 그 必然性을 認識하지 못하는 後代 사람에게 내려오면서
或은 兩班의 地位에 오르려는 平民들이 兩班意識의 鼓吹方法에 依해 禁
忌化된 것이 아닌가 싶다. 이미 現代的 感覺으로는 不必要한 虛飾이라고
생각할 「基本 第入納」 따위의 皮封書法은 分明히 家父長的 社會制度에
서 祖上과 祖上의 이름에 對한 禁忌의 한 方法을 보여 준다. 高麗와 朝
鮮王朝를 通해 모든 古文書에서 「皇天上帝, 天帝, 上帝, 天, 天地, 社稷,
宗廟, 宗社, 太上王, 上王, 上, 祖父母, 父母, 家翁, 侍養 祖父母, 侍養父母
等」을 쓸 때에 行을 바꾸고 한 段을 높여 썼던 慣例 暗暗裡에 이들이 禁
忌의 對象이었음을 示唆한다.

7.3 鬼神과 宗廟 祖上의 다음으로 두려운 存在는 무엇이었을까? 그것
은 人間이 自己 存在의 有限性을 即刻的으로 느끼게 해 주는 屍體이었
을 것이다. 다음은 屍體를 禁忌의 對象으로 삼은 例들이다.

- 송장(屍體) 앞에서 냄새 난다 하면 시체에서 냄새가 더 난다.
- 송장 앞에서 "깨끗하다"거나 "곱다"하면 그 시체가 금방 부풀어 오

르고 진물이 난다.
- 喪輿를 메고 가면서 "무겁다"는 말을 하면 상여는 점점 무거워진다.
- 喪輿가 나가는데 우물을 열어두면 우물물이 흐려진다.
- 시체를 보고 나서 장독을 열면 장맛이 변한다.
- 수박 참외밭에서 "송장이야기"를 하면 수박 참외가 썩는다.

屍體가 禁忌의 對象이 되는 理由는 앞에 言及한 두 가지 對象 ― 鬼神 (靈魂을 包含한) 및 祖上 ― 과의 關聯下에 있다. 人間을 靈魂과 肉身으로 分離하여 생각할 경우에 屍體는 靈魂이 떠나버린 肉身을 意味하게 되는데, 죽음 直後에 靈魂은 肉身으로부터 곧장 멀리 떠나는 것이 아니라 대개는 肉身의 周圍에 머물러 있으면서 肉身에게서 떠나는 것을 哀惜히 여기며 彷徨한다고 생각된다. 따라서 屍體는 靈魂의 一部分이 되는 肢體로 意識하게 되고 죽음을 敬遠하는 살아 있는 人間의 心性과 마찬가지로 그 屍體, 그 靈魂은 죽음을 서글퍼 하며 살아 있는 人間에게 怨望이나 遺憾이 있는 것으로 看做된다.[24] 한편 尸者는 대개의 경우 年老한 사람이므로 生存한 사람의 父母이거나 長老인 것이 보통이니까 그들에 對한 生存者의 感情은 敬畏의 情으로 一貫되기 쉽다. 그러므로 屍體에 對한 禁忌는 祖上崇拜의 觀念과 死靈이 生存者에게 危害를 주리라는 恐怖 乃至 疑懼가 複合되어 發生하는 것이 아닌가 싶다.[25] 이렇게 尊敬과 恐怖가 複合되었을 때 그 對象에 對한 禁忌의 方法이 評言中止 (no-comment)와 生存者의 生命을 爲한 飮食物 保護로 나타나게 된 점은 當然한 歸結이다.

---

24) 張秉吉, 韓國民間信仰 (서울大論文集 8輯 p.125, p.127) 參照.
25) 韓相福, 全京秀, 二重葬制와 人間의 精神性(文化人類學 2輯 1969), p.83 參照.

7.4 지금까지 우리는 鬼神·祖上·屍體 人格的 存在에 對해 觀察하였다. 그러나 民俗學的으로 信仰의 對象이 되는 모든 非人格的 自然과 自然現象은 禁忌의 對象이 되지 않는가? 다음 例를 보자.

- 하늘에 대고 주먹질하면 벼락 맞는다.
- 하늘을 향해 빈 가위질하면 해롭다.
- 궂은 날에 호미 씻으면 장마가 진다.
- 서쪽에 무지개가 뜨면 냇가에 소를 매지 않는다.
- 무지개에 손가락질하면 생손 앓는다.

하늘은 卑賤하고 有限한 人間의 입장에서 볼 때에는 그 廣漠함이여 幽玄함이 無限한 神密을 감춘 不可思議한 他界요, 人間을 支配할 수 있고 人間으로 하여금 人間일 수밖에 없는 人間的 存在로 規定한 根源的 世界다. 더구나 가장 素朴한 思考方式으로는 모든 宗敎의 主宰者인 神이 居處하는 諸神의 安住處이기도 하다. 한마디로 天神이 있는 곳이다. 이들 天神은 人間界를 支配하고 掌管하는 意志的 活動을 하늘의 變化로써 나타낸다. 따라서 하늘은 「玉皇大帝, 太乙老君, 天主, 太元天上之君, 無極」 等의 이름을 가진 天神을 敬拜하는 것과 마찬가지로 그 自體가 두렵고 조심스러운 恭敬의 對象이요, 欽崇의 的이 되어 그에 對한 一切의 不遜한 行動은 禁忌가 되기에 이르렀다. 그와 마찬가지로 하늘에 隷屬된 모든 變化 — 비, 구름 바람, 눈, 무지개 —가 禁忌의 對象으로 擴大되었다.

7.5 다음은 아니미즘(animism 精靈信仰的)인 思考로 理解되는 禁忌의 例들이다. 自然을 두려워하는 人間의 心性은 暴風을 몰아오는 바다, 洪水를 이끌어 오는 강, 불까지도 禁忌의 對象으로 삼는다.

- 바다에 가는 사람에게 잘 다녀오라고 하면 해롭다.
- 바다나 강에게 "물 좋다"는 말을 하면 물귀신이 "네 애비 에미를 잡아 넣어라" 한다.
- 불이 잘 타오를 때 "불 좋다"는 말을 하면 불귀신이 "네 애비 에미를 구워 먹어라" 한다.
- 밤에 우는 아이에게 등불을 보고 "불 봐라"라고 달래면 그 아이가 단(丹毒)이란 病을 앓는다.

이때에 물귀신, 불귀신이란 말이 쓰이는 까닭은 물이나 불 속에 存在한다고 믿어지는 鬼神이라는 "물, 불"에 對한 禁忌를 强調하려는 表現效果에 依해 덧붙여진 말로 解釋된다. 물론 물불을 지키는 鬼神이 있다고 보아도 좋다.

- 깊은 山中에서 猛獸의 이름을 부르면 정말 그 짐승이 나타난다.
- 고양이가 棺을 넘어가면 관이 일어난다.(송장이 일어난다)
- 개보고 집을 잘 지킨다고 하면 도둑을 맞는다.
- 航海中에 "큰 물고기"를 보고 그 고기 크다고 하면 배가 뒤집힌다.
- 家禽을 잡아 藥에 쓰려고 할 때, 불쌍하다는 말을 하면 藥效가 없어진다.
- 그리마가 방에 들어오면 재수가 없다.(※)
- 까마귀가 울면 그 동네에 초상이 난다.(※)
- 밤 거미가 방에 들어오면 도둑이 든다.(근심이 생긴다)(※)
- 여우가 조상의 묘를 파면 자손에게 害가 된다.(※)
- 집에 살던 제비가 집을 옮기면 복이 나간다.(※)

(※는 吉凶談에 속하는 것으로 凶兆를 말하는 것인데 그 動物自體에 對한 禁忌的 要素가 認定되므로 여기에 넣었음. 6.5 參照).

호랑이는 우리 民族이 오랫동안 두려워하고 아껴오고 信仰해 온 動物

이다. 山中에서 "호랑이"를 두려워하여 사냥꾼들은 "꽃"이니 "산신령"이니 혹은 "사또"니 "영감"이니 하는 말로 부른다. 그 까닭은 호랑이가 猛獸이기도 하지만 호랑이가 지닌 一種의 精神力을 認定하고 그것을 두려워하기 때문인 것으로 보인다. 山中에서 "물을 먹고 싶다"는 말을 하면 호랑이가 그 소리를 듣고 물소리를 내어 목마른 사람을 誘引하여 잡아먹는다는 얘기는 호랑이를 하나의 人格體로까지 올려 주고 있다. 그 外에 뱀, 고양이, 까마귀, 그리마, 거미, 여우 같은 動物은 그들에게서 풍기는 不快한 느낌이 그 動物에 對한 禁忌를 誘發하고 그것을 擴大해 간 것이다. 제비는 益鳥라는 점에서 保護하고 사랑하지만 오히려 그렇기 때문에 집에서 밖으로 나갈 경우에 그것이 利益의 飛散으로 誤解되어 禁忌로 發展한 것 같다.

「복숭아나무를 울안에 두면 害롭다」 따위의 植物 禁忌도 그것이 禁忌가 되는 理由는 動物의 경우와 마찬가지로 解釋된다.」

7.6 다음에는 우리 民族의 오랜 生活觀이 되어온 運命論과 風水地理說이 어떤 禁忌의 對象을 만들었는지 살펴보기로 하자.

- 말띠의 女子가 結婚하면 不幸하다.
- 용띠는 큰 일이 있을 적마다 비가 온다.
- 정초에 장님에게 무꾸리하면 나쁘다.
- 손 있는 날, 일을 하거나 移徙하면 害롭다.
- 아침에 어깨를 짚거나 발등을 밟히면 재수 없다.
- 산소를 잘못 쓰면 子孫이 繁昌하지 못한다.
- 집터가 나쁘면 家運이 衰한다.

時間과 方向과 地理가 人間生活에 影響하는 바는 말할 수 없이 至大하다. 그것을 合理的으로 運用하여야 할 것임에도 不拘하고 우리 民族은 오랜 歲月에 걸쳐 하나의 禁忌的인 原則에 빠져서 無條件 忌諱하고 두려워하는 弊習을 가지게 되었다. 六甲은 曆算의 方法이었던 것인데 그것이 陰陽五行說의 相生槪念에 便乘되어 吉凶判斷의 基準이 되고 그릇된 固定觀念으로 퍼진 것이라 생각된다.[26] 「손」있는 날의 行事와 明堂觀念도 말띠에 對한 禁忌와 마찬가지로 東洋 哲學思想의 誤導된 殘滓로 우리 文化 속에 뿌리 깊이 서려 있다. 「손」은 날 수에 따라 四方位로 移動하면서 사람의 活動을 妨害하는 鬼神이라고 하는데, 이것도 물불에 對한 人間의 感情과 마찬가지로 그 鬼神에 對한 두려움보다는 方位에 對하여 가지는 두려운 感情이 禁忌로 變形된 것으로 보인다. 普通 「손」은 東(1, 2일) 南(3, 4일) 西(5, 6일) 北(7, 8일)의 順으로 移動하면서 나타나며 「손」 없는 날은 9, 10일이다. 陰曆으로 9, 10일 되는 날의 서울거리는 移徙를 爲한 날인 듯, 요즈음에도 이삿짐을 特別히 많이 發見할 수 있다. 우리는 禁忌가 社會的 慣例에 依해 傳襲되어 내려오는 端的인 例를 그 이삿짐에서 찾게 되는 것이다. 아침 正初 每月 초하루 等 時間的 單位의 始初 또는 人間活動의 出發이 되는 때를 敬虔하게 가지고자 하는 心情이 이런 때를 亦是 禁忌의 對象으로 만들었다. 「처음부터 재수 없게…」라는 말은 사람들이 不快한 일을 당했을 때 吐露하는 極히 自然스러운 表現의 하나가 되고 있다.

이 외에도 數字 가운데 "四"가 "死"와 音相似하다는 理由로 禁忌의 對象이 되고 있다.

---

26) 文孝根, 韓國의 禁忌語 下(人文科學 9輯 p.48) 參照.

7.7 끝으로 가장 功利的 目的이 表面으로 露出되는 禁忌의 對象에 대하여 생각하자.

- 아들을 낳았을 때 "아들 낳았다"하면 그 아이의 命이 짧다.
- 남의 자식을 흉보면 제 자식도 그 아이를 닮는다.
- 말 못하는 어린 아이들끼리 서로 입 맞추게 하면 그 아이들이 벙어리가 된다.
- 어린 아이한테 죽은 형제를 닮았다고 하면 그 아이가 먼저 앓아 죽게 된다.
- 어린 아이한테 "손 하다, 잘 생겼다, 살쪘다"는 말을 하면 그 反對로 된다.
- 産後 三七日 안에 外部 사람이 들어오면 不淨이 낀다.
- 姙娠한 여자 앞에서 사람 죽는 얘기를 하지 않는다.

위의 例들은 모두 保護해야 할 사람, 곧 「어린아이」 「아들」 「자식」 「姙娠婦」들이다. 아들을 貴重하게 여기는 思考方式이 아들 낳은 것조차 속이는 風習을 만들었고, 어린 아이가 훌륭하게 成熟하기를 바라는 心情이 어린아이에 對한 禁忌를 만들게 하였다. 恐怖와 畏敬과 慣習뿐 아니라 希望과 期待도 禁忌를 만들게 하는 主要한 原因임을 알 수 있다.

또 保護해야 할 對象은 幼兒나 産母 等 人間에 局限되는 것이 아니라 사람들이 一般的으로 貴重하게 여기는 事物에까지 擴大된다. 다음에 「신발」과 「밥그릇」 「재산」의 例를 보인다. 生活 必需品으로서 이 事物에 對한 庶民의 心情을 理解하게 된다.

- 신발을 거꾸로 신거나 잃어버리면 害롭다.
- 밥그릇을 엎어 놓으면 재앙이 온다.
- 남의 광문을 열면 그 집의 福이 달아난다.

7.8 以上에 言及된 禁忌의 對象을 整理하면 다음과 같다.

危懼의 對象　　人格的인 것 鬼神, 祖上, 屍體
　　　　　　　　非人格的인 것 自然 및 自然現象 精靈, 時間, 空間

保護의 對象　　人間, 아들, 어린아이, 妊娠婦
　　　　　　　　事物, 여러 가지, 生活必需品.

危懼의 對象에서는 神聖性 또는 不淨性이라는 宗敎的 特性이 强하게 作用하고 保護의 對象에서는 貴重性 또는 要緊性이라고 할 社會的 特性이 作用하여 二大別되는 이 禁忌의 對象은 各己 다른 特徵을 보여 준다. 그러나 對象을 指示하고 있기 때문에 起源的 禁忌談으로 表現되는 共通點을 갖고 있다.

8.0 禁忌談의 內容에서 一見하여 느낄 수 있는 것은 그것이 起源的 禁忌談이거나 副次的 禁談忌이거나 간에 主節 部分에 나타난 否定的 言述이다. 그 內容은 人間이 지닌 ― 좀 더 정확하게 말하여 禁忌談을 使用하는 우리의 先代人 및 現代의 言衆들이 지닌― 庶民的 欲求와 渴望을 遮斷시키고 威脅한다는 間接的이고 否定的인 言述을 固定 形態로 삼고 있다. 이 否定的 言述이야말로 果然 우리 民族이(특히 庶民이) 지금껏 무엇을 願했으며 어떻게 살기를 바랐느냐하는 最高의 理想과 理念을 集約시키고 있는 것이라고는 할 수 없을까? 만일 그 主節部가 庶民的 理想의 公約數를 代辯하는 것으로 본다면 그 前提가 되는 從屬節은 이와 같은 理想을 實現하기 爲한 細部的인 條目이요, 準則임에 틀림없다. 後半部의 前提를 爲해 前半部의 條件이 提示되었다는 말이다. 즉 「C가 D하

지 않기」를 바란다는 念頭下에서 「A가 B하지 말라」는 細目의 合理化
이룩하려는 것이다. 그러니까 「C, D」는 곧 庶民生活의 理想의 中心을
이루는 主要素임을 감출 수가 없다. 그러면 그것은 무엇인가? 이제 禁忌
談의 主節部를 이루는 것 중에서 가장 頻度數가 많은 것 몇 개를 추려
서 그 理想的 生活 乃至 人生觀의 正體의 一部를 찾아보고자 한다.

8.1 ……하면 財數없다.

- 거꾸로 자면 재수 없다.
- 발등을 밟히면 재수 없다.
- 남자의 몸을 女子가 타고 넘으면 재수 없다.

우리는 처음부터 이 禁忌談을 通하여 가난에 對한 짙은 印象을 받는
다. 人間의 經濟的 欲求에 對히여는 새삼 苟且스럽게 論할 必要도 없는
것이지만 이 禁忌談에서 풍기는 意味는 그러한 基本的인 欲求 以前에 存
在하는 것처럼 보일 程度다. 이렇게 財物을 얻고자하는 先代와 現代庶民
의 心理的 姿勢는 말할 수 없이 근엄한 것이었다. 그래서 그들은 스스
로 여러 가지 生活, 行動, 思考를 制約하고 그 잡히지 않는 財貨의 獲得
을 爲해 꾸준히 기다리고 바랐던 것이다. 이것에 비슷한 類型으로 「…
하면 가난해진다」, 「…하면 빌어먹는다.」 「…하면 밥을 굶는다.」 등이
있다.

- 아침에 노래 부르면 가난해진다.
- 엎드려 자면 빌어먹는다.
- 숟가락으로 턱을 치면 밥을 굶는다.

8.2 …하면 命이 짧다.

- 아버지를 너무 따르는 아이는 命이 짧다.
- 猜忌가 많으면 短命하다.
- 바늘에 실을 짧게 꿰면 命이 짧다.

여기서도 人間의 基本 慾望의 하나를 發見한다. 壽命을 많이 누린다는 것은 人生이 아무리 괴롭고 힘들고 서글픈 記錄의 點綴이라 할지라도 亦是 人生을 肯定的으로 살아보겠다는 간절한 바람이 아닐 수 없다. 困苦와 貧窮에 쪼들린 農夫가 가뭄으로 타죽어 가는 農作物에 물을 길어 부면서 하늘을 바라보는 것 같은 그 꾸준히 強靭性을 여기에서 찾게 된다. 더구나 醫藥施術이 現代化하지 않았던 前近代的 時代 狀況下에서는 참으로 人間의 壽命이 짧고 虛無한 것이었다. 이를 克服하고자 하는 庶民들의 不斷한 意圖는 이러한 禁忌談의 實踐을 通해서라도 完遂하고자 애썼던 것으로 보인다. 이런 것과 비슷한 類型에 「…하면 일찍 죽는다.」 「…하면 몸에 해롭다.」 등을 들 수 있다.

- 어린애의 윗니가 먼저 나면 몸에 害롭다.
- 참나무로 얻어맞으면 말라서 죽는다.
- 화를 잘 내면 일찍 죽는다.

8.3 …하면 福이 나간다.

- 손을 까불면 복이 나간다.
- 뒤통수를 때리면 복 달아난다.
- 손님이 간 후에 곧 바느질하면 손님이 복을 가지고 간다.

이것은 가장 普通的인 文型으로, 前述한 두 가지의 人生理想 곧 財貨
와 長壽를 한 마디로 要約한 統合觀念이라고 생각된다. 福은 古來로 五
福이라 하여 다음과 같은 몇 개의 分類가 一般에게 認識되고 있었다.

1) 壽, 富, 康寧, 攸好德, 考終命.
2) 長壽, 富裕, 無病, 息災, 道德.
3) 壽, 富, 貴, 多男子, 考終命.
4) 壽, 富, 貴, 康寧, 多男.

위의 네 가지 分類에서 逐字的 意味까지 共通되는 것은 壽富의 두 개
項目이며 康寧과 無病을 대체로 同一한 것으로 생각한다면 身體的 精神
的 健康과 安寧을 또 하나 添加하여 세 가지를 共通되는 것으로 取扱할
수 있겠다. 그러나 無病과 長壽는 결국 하나의 觀念에 統合되니까 壽와
富 두 가지가 福의 根幹이 된다. 그런데 禁忌談에서 壽와 富에 對한 希
求가 懇切한 것으로 나타난 反面「貴」에 對한 欲求가 全無하다시피 되
어 있음은 매우 興味있는 現象이다. 원래 禁忌談이 上流 兩班社會에서
形成된 것이 아니고 一般 庶民 특히 婦女層에만 通用되었다는 反證으로
보여주며 또 朝鮮王朝의 封建的인 社會 體裁內에서는 運命的으로 身分
이 確定되었다는 身分制度의 反映으로도 아울러 생각할 수 있다.

8.4 …하면 팔자가 세다.
- 자다가 이를 갈면 팔자가 세다.
- 여자가 휘파람을 불면 팔자가 세다.
- 平常時에 한숨을 쉬면 팔자가 세다.

庶民層의 無分別한 屈從의 態度를 이런 類의 禁忌談에서 뽑아낸다는 것은 좀 지나친 解釋이라는 느낌이 없지 않다. 그러나 적어도 禁忌談을 生活의 金科玉條로 삼았던 農民이나 婦女子가 自己 身分이나 運命에 對해 積極的인 懷疑나 挑戰의 기미가 보이지 않았다는 것은 역시 그 社會 全般에 關한 前近代的 特性을 못 박아 주는 것이라 아니할 수 없다. 그리하여 身體의 생김새를 놓고 소위 「觀相」的인 禁忌談까지 발생하게 되었다. 그러므로 觀相이란 現實的 不運이나 不幸을 正當化, 合理化하는 구실도 하는 同時에 稚氣에 가까운 慰勞나 希望을 걸어보는 心理的 카다르시스의 役割을 하였던 것이다.

- 칼귀는 팔자가 세다.
- 눈이 치째지면 성미가 사납다.
- 머리에 가마가 둘이면 두 번 結婚한다.
- 젖꼭지가 작으면 男便 덕이 없다.

이것에 關聯된 類型으로 「…하면 運數가 사납다」「…하면 害롭다」 등이 있다.

- 아침에 장님을 보면 그날 運數가 사납다.
- 이가 앞으로 뻗어 다면 身上에 害롭다.

8.5 …하면 집안 망한다.

- 나무가 쓰러지는 쪽으로 집을 지으면 집안 망한다.
- 저녁에 암탉이 울면 집안 망한다.
- 동생이 형보다 먼저 장가들면 집안 망한다.

이것은 지금까지 우리 民族 가운데 가장 뿌리 깊게 들어 있는 家族意識의 反映이다. 朝鮮王朝 政治史의 全部를 支配해 온 것이 國家 民族에 앞서서 氏族이요, 家族이었음은 너무도 分明한 史實이다. 個人的 業績이 그 個人의 榮達을 意味하기에 앞서서 家族과 門中의 名譽로 돌려지는 狀況속에서 家族의 各 構成員은 오히려 大我인 家族과 家門을 爲해 손쉽게 犧牲이 되기도 하였다. 더구나 그것이 賤民이요 婦女子일 경우에는 집안을 위해 하나의 財産처럼 去來되었음을 想起할 必要가 있다.

8.6 …하면 子息이 貴하다.

- 짐승을 너무 귀여워하면 子息이 귀하다.
- 너무 淸潔한 사람은 자식이 귀하다.
- 高利貸金을 하면 子孫이 끊긴다.

이것을 上記의 家族 家門意識과 五福의 하나로 치는 多男과 結付시켜 생각할 수 있다. 種族繁殖이라는 本能的인 欲求로서 이는 매우 自然스러운 人間的 慾望이라고 할 수 있으나 그래도 極度의 個人主義的 思考方式이 膨脹하는 現代的 觀念에서 보면 낡은 觀念이랄 수밖에 없다. 그러나 「…하면 孫이 없다」, 「…하면 딸을 낳는다.」 「…하면 子孫에게 害롭다」 같은 一連의 禁忌談이 아직까지 言衆의 思考領域에서 차지하는 範圍는 실로 莫重한 바 있다.

- 結婚式 때 新郞이 웃으면 첫딸을 낳는다.
- 남의 못할 노릇을 많이 하면 子孫에게 害롭다.
- 울 안에 해바라기를 심으면 손이 논다.

8.7 …하면 父母가 돌아가신다.

- 밥상 앞에서 울면 父母가 돌아가신다.
- 손을 머리에 올려 놓으면 父母가 죽는다.
- 손톱을 입으로 깎으면 어머니가 돌아가신다.

앞서 言及한 家門意識과 "孝"라는 儒敎的 德目에 根據한 것이다. 朝鮮 王朝 社會를 支配해온 가장 核心的인 道德律은 三綱五倫이었다. 그 가운데서 가장 많은 사람에게 普遍的으로 要求되는 德을 「孝」라고 할 수 있다. 그 孝를 遂行하는 方法 가운데 하나가 父母를 오래 사시도록 — 勿論 健康하신 채 平安하게 사시도록 — 하는 일이었다. 父母가 돌아가신다는 것은 實로 엄청난 不孝를 犯하는 것이었다.

그런데 특히 興味있는 事實은 「忠孝別信序」의 五倫에서 「忠」을 나타내는 禁忌談이 있을 법한데 全혀 보이지 않는 점이다. 이것은 五福에서 「貴」를 希求하는 禁忌談이 없는 것과 아울러 이 禁忌談을 愛用하였던 主人公이 어떤 사람들이었는가를 端的으로 나타내는 것이다.

禁忌談이 그 效果를 發生할 程度의 사람들에게는 아마도 國家觀을 注入시킬 必要가 없었음을 짐작케 한다.

8.8 以上의 몇 가지 代表的인 文型들을 살펴 본 結果, 우리는 다음과 같은 庶民들의 人生觀을 導出해 낼 수 있겠다.

첫째, 그들은 五福 가운데서 長壽와 富裕를 가장 큰 人生 目標로 삼고 있다.

둘째, 그들은 諦念化된 運命觀에 사로잡혀 있다.

셋째, 그들은 幸福을 家族 單位로 追求한다.

이것을 圖式化하면 다음과 같다.

人生을 決定하는 三大要素	福	長壽	富裕
	運命	運數	骨相
	家門	多男	孝行

9.0 大部分의 副次的 禁忌談은 前述한 바와 같이(6.4. 參照) 禁忌의 方法만을 指示하는 社會的 規範 內容의 解說的 價値를 갖고 있다. 一言하여 「B하지 말라」, 「A가 B하는 狀態에서 벗어나도록 留意하라」 하는 命令을 婉曲하게 表現한 것이다. 바람직한 社會 生活을 營爲하기 爲해서 每事마다 生活人이 處하여야 할 禁制行爲가 處處에 散在하고 있는데 이를 指示해 주는 半迷信的 慣用語句가 아름 아닌 副次的 禁忌談이다. 따라서 이런 것들을 整理한다면 우리의 先代 庶民이나, 지금도 禁忌談을 즐겨 準用하는 下流 庶民들의 바람직한 人生 態度 — 作爲面의 人生 態度 — 를 짐작할 수 있다. 勿論 起源的 禁忌談도 部分的으로 이 項目에서 考慮될 수 있는 것이 包含되어 있다.

다음에서 이러한 行動 規制面의 代表的인 몇 개를 추려서 整理해 본다.

9.1 保健에 關한 禁忌談

1) 健康과 衛生을 위한 것

- 꾸부리고 앉으면 곱사등이 된다.
- 마른 때를 벗기면 애매한 소리를 듣는다.
- 돌베개를 베고 자면 입이 삐뚤어진다.

• 이 빼고 술 마시면 해롭다.

이와 같은 例文들은 無識한 사람들에게 健康과 衛生에 對한 생각을 불러일으키기 爲해 使用했던 것으로 짐작된다. 假令 다음 禁忌談을 놓고 그에 準하는 生活相을 想像해 보자.

• 밤에 손톱이나 발톱을 깎으면 가난해진다.

도배를 했을 리 없는 토방에 반딧불처럼 깜박이는 등잔을 가운데 두고, 해종일, 그리고 늦도록 농사일에 지친 온 가족이 옹기종기 모여 있다. 손톱깎이가 있을 리 없다. 초등학교에 다니는 계집아이가 언제 쓰다 놓았었는지 모를 녹슬고 무디고 커다란 가위나 장도칼을 들고 손톱, 발톱을 깎겠다고 야단이다. 등잔불 밑에서 발톱을 들여다보다가 「부지직」하고 머리카락을 태워버렸다. 홧김에 칼질을 세게 하여 손가락 끝을 싹 베었다. 붉은 핏방울이 뚝뚝 떨어진다. 대체로 이런 環境과 條件에서 禁忌談은 生命이 있었던 것이다.

2) 姙婦 健康과 安定을 爲한 것

• 임신한 여자가 숯불을 피우면 언짢다.
• 임신한 여자가 절구통을 깔고 앉으면 해롭다.
• 임신 중에 방을 뜯어 고치면 언청이 낳는다.
• 임신 중에 오리 고기를 먹으면 아이 발가락이 붙는다.

위의 禁忌談에서 아래 두 개는 全혀 科學的 根據가 없는 것이다. 다만 姙婦는 胎兒를 위해 그만큼 飮食物에 操心하고 安定을 하라는 意圖의 所

産이 아닐까?

3) 飮食物을 조심시키기 위한 것

- 땡감 먹고 기름 먹으면 죽는다.
- 가재나 게를 먹고 설탕 먹으면 죽는다.
- 개장 먹고 찬물 마시면 해롭다.
- 숙지황 먹고 생 무를 먹으면 미리가 센다.

이들은 多分히 食物 醫學的인 注意인데 그 事實性 與否는 且置하고 많은 사람들이 이런 類의 禁忌談을 信憑하고 그에 따라 行動하고 있는 것은 事實이다.

9.2 禮儀에 關한 禁忌談

1) 父母 앞에서 操心하도록 하는 것.

- 시아버지 앞에 아이 젖을 먹이면 나쁘다.
- 父母 初喪때는 머리를 빗지 않는다.
- 부모 앞에 방구 뀌면 밖에 나가 창피를 당한다.

2) 敬老 敬長을 권하는 것.

- 어른의 신을 아이가 신으면 해로운 일이 생긴다.
- 어른에게 드릴 물을 자기부터 마시면 그릇에 입이 붙는다.
- 어른의 모자를 써보면 키가 자라지 않는다.
- 어른 수저로 끓는 음식을 저으면 그 어른이 옥밥을 먹는다.

3) 이웃에 對한 禮儀를 위한 것.

- 동네 집에 초상났을 때 머리 감으면 해롭다.(바느질하면 나쁘다.)
- 밤에 빨래 방망이질하면 동네 늙은이 죽는다.(집안이 망한다.)
- 밤에 맷돌 돌리지 않는다.

4) 禮儀 바른 行動을 위한 것

ⅰ) 남의 집에서
- 남의 광문을 열어보면 복을 가져가는 것이다.
- 남의 부엌에 들어가서 솥뚜껑을 열면 그 속으로 제 복이 들어
  간다.

ⅱ) 食卓에서
- 밥그릇에 손을 받치고 먹으면 가난해진다.
- 밥 먹을 때 턱을 고이면 나쁘다.
- 밥을 흘리고 먹으면 군식구가 많다.

ⅲ) 손버릇
- 손을 까불면 복이 나간다.
- 손가락을 입에 물면 아버님이 돌아가신다.

ⅳ) 말씨
- 송장을 보고 냄새가 난다고 하면 늘 코에서 그 냄새가 난다.
- 시체 앞에서 여러 말을 하면 시체에 변화가 일어난다.
- 악담을 너무하면 자기도 그렇게 된다.
- 남을 비웃으면 입이 삐뚤어진다.

ⅴ) 몸가짐

- 남의 대변보는 것을 쳐다보면 귀 먹는다.
- 남의 몸을 함부로 넘어가면 불길하다.
- 나무 잘 타는 놈은 나무에서 떨어져 죽는다.

9.3 알뜰한 살림에 관한 禁忌談

1) 규모 있는 살림을 위한 것

- 집안에 소금과 성냥이 떨어지면 福나간다.
- 실패에 실이 없으면 父母가 헐벗고 돌아가신다.

2) 법도 있는 살림을 위한 것

- 상위에 바가지를 올려놓으면 흉년이 든다(소박맞는다)
- 바늘을 벽에 꽂으면 남편이 앓는다.

9.4 女性待遇에 關한 禁忌談

1) 男尊女卑를 認識시키기 爲한 것

- 남자가 女子에게 눌리면 집안 망한다.
- 女子가 한숨을 쉬면 될 일도 안 된다.
- 夫婦가 함께 남의 집 잔치에 구경 가면 離別하게 된다.

2) 自由戀愛 및 化粧禁止를 爲한 것.

- 밤에 거울을 보면 남에게 미움을 받는다.
- 밤에 머리를 빗으면 근심이 생긴다.
- 밤에 세수를 하면 곰보신랑에게 시집간다.

3) 女性의 行爲를 拘束하기 爲한 것.

- 女子가 해 진 뒤에 세수하면 남편이 妾을 얻는다.
- 女子가 휘파람 불면 팔자가 사납다.
- 女子가 톱질하거나 칼질하면 害롭다.

9.5 事物에 對한 態度와 取扱에 關한 禁忌談

1) 身體에 對한 것.

- 아이들의 손을 때리면 커서 손재주가 없다.
- 손꺼시랭이가 일면 미움을 받는다.
- 손톱, 발톱을 깎아서 한데 섞으면 저승에 가서 골라 놓으라고 한다.
- 어린애의 발바닥을 때리면 그 아이에게 不吉하다.

2) 시작, 出發, 아침에 대한 것.

- 아침에 外上으로 팔면 그날 종일 재수 없다.
- 아침에 어깨 짚으면 재수 없다.
- 正月 초하룻날 욕을 먹으면 一年 내내 욕을 먹는다.

3) 衣食에 對한 것

- 남에게 옷을 주면 옷 복이 없어진다.
- 옷 투정하면 가난하게 산다.
- 누룽지를 길에 버리면 복 달아 난다.
- 음식찌꺼기를 남기면 복 달아 난다.
- 우물 옆으로 불길한 物件이 지나가면 물이 뒤집힌다.

9.6 遊戲 勸奬 및 休息에 關한 禁忌談

- 正月 대보름날 널뛰지 않으면 발바닥에 좀이 생긴다.
- 正月 대보름날 술 먹지 않으면 귀가 잘 들리지 않는다.
- 설날에 일하면 죽을 때까지 헛손질한다.
- 생일날 일하면 가난해진다.

9.7 以上으로 禁忌談이 要求하는 行爲規範의 限界를 대강 살펴 본 셈이다. 그 內容을 추리면 結局 다음의 結論이 可能해 진다.

禁忌談의 行爲 規範은
첫째, 主로 女人들을 啓蒙하려는 敎育的 效用價値가 크다는 것.
둘째, 生活을 敬虔한 雰圍氣로 高揚시키는 活力劑가 된다는 것.
셋째, 圓滿한 社會生活과 德性의 培養에 힘썼다는 것.

이와 같이 禁忌談은 社會生活 敎科書의 機能을 가지고 있다. 위에 論議된 生活規範을 圖式化하면 다음과 같다.

生活規範	身體活動	保健 健康한 肉身
		禮儀 ‥禮儀 바른 態度
	女性生活	살림살이 ‥알뜰한 살림
		女性觀 …隷屬的 女性觀의 確立
	日常生活	事物 …事物을 對하는 敬虔性
		娛樂 …休息을 즐기는 生活

10.1 言語가 思考와 行動을 反映시켜 주는 道具로서 一定한 文化 背景

을 表出하며 그 表出方式이 文化의 特性에 따라 類型化된다는 것이 一般的으로 是認되고 있다면, 禁忌談은 平凡한 日常文章이 아닌 特殊文章으로 注目 받는 것은 當然한 일이다. 特殊文章이란 다시 말하면 特殊意味를 表現하고 있다는 말이고, 特殊意味는 禁忌談을 構成하고 있는 單語가 日常的인 意味와는 다른 뜻을 가졌음을 나타낸다. 그러면 도대체 日常意味를 벗어난 特殊意味란 무엇일까? 그것은 指示物의 內包에 어떤 狀況의 非言語的 觀點이 包含되어 있음을 말한다. 거기엔 한 民族의 歷史와 風習이 스며 있고, 論理로 解釋되지 않는 民族感情이 溶解되어 있다. 言語人類學에서 말하는바, 所謂 民俗 意味素(ethnosememe)27)가 곧 위에 言及된 特殊意味에 相應한 것으로 생각되어진다.

10.2 다음 例文에서 밑줄 친 單語들은 그 禁忌談의 文脈 意味를 떠나서도 特殊한 民俗意味를 抽出해 낼 수는 것들이다. 짝을 이루는 두 개의 禁忌談에서 공통으로 나타나는 밑줄 친 單語를 意味를 생각하면 읽어 보자.

- **쌀**뒤주를 열어 두면 福이 나간다.
- **쌀**을 꾸어 줄 때에 먼저 조금 떠 놓고 주어야 損財가 없다.
- **간장** 맛이 변하면 집안 망한다.
- **간장**독을 깨뜨리면 집안 망한다.

---

27) Cf. Joseph H Greenberg, Concerning inferences from linguistic to non-linguistic data (language in culture. ed. Harry Hoijer p.7)

An ethnosememe is a meaning whose referent involves the non-linguistic aspects of a situation

「쌀」과 「간장」은 우리나라의 主食과 副食을 代表하는 것들이다. 그러므로 「쌀」과 「간장」의 重要性은 아무리 強調하여도 지나침이 있을 수 없다. 여기서 「쌀」은 生命, 福, 財物을, 「간장」은 家運을 뜻하는 民俗意味가 들어나고 있다.

- 남의 **窓門**을 열어 보면 자기 福을 쫓는 것이다.
- **結婚** 첫날에 **窓門**을 열고 자면 福이 나간다.
- **대들보**가 부러지면 집안 망한다.
- **대들보**가 울면(소리 내면) 주인이 죽는다.
- **변소**자리에 방을 들이면 害롭다.
- 어린애가 **변소**에 빠지면 쉬 죽는다.

위에 나온 「窓門」, 「대들보」, 「변소」는 모두 家屋의 一部로 그들은 各各 한 家庭의 運數와 直結되어 있다. 「窓門」은 福을, 「대들보」는 家運 또는 戶主를, 「변소」는 죽음, 또는 災害를 나타낸다.

- 거울을 깨뜨리면 재수 없다.
- 거울을 밤에 보면 나쁘다.
- 남에게 손수건을 선사하면 그 사람과 눈물로 離別한다.
- 결혼식에 손수건을 선사하면 눈물 흘리고 산다.
- 친한 사람에게 신발을 사주면 정이 떨어진다.
- 約婚한 후 신발을 선사하면 結婚 후에 도망간다.

日常生活에 要緊한 日用品도 禁忌談 안에서는 民俗意味를 갖는다. 즉 「거울」은 財數 또는 運數를 뜻하고 「손수건」, 「신발」은 離別 또는 슬픔을 나타낸다.

그리고 時間이나 空間이 禁忌의 對象이 되었듯이, 時間이나 空間的 槪

念을 뜻하는 單語는 民俗意味를 갖는다. 다음 例文에서 「저녁」은 安居, 休息, 閉鎖를 뜻하고 「六月」은 여러 가지 活動의 制限을 强要하고 쉬는 달이 되도록 規定하고 있다.

- 저녁에 방망이질하면 이웃 노인이 돌아가신다.
- 저녁에 곡식을 밖으로 퍼내 가면 나쁘다.
- 六月에 장을 담그면 집안에 궂은 일이 생긴다.
- 六月이나 섣달에 이사하면 나쁘다.

11.1 지금까지는 主로 禁忌談을 資料로 하여 韓國의 禁忌를 概觀하였다. 禁忌의 對象을 찾고 禁忌談이 나타내고 있는 韓國的 思考方式이나 生活觀의 面面을 解釋해 보기도 하였다. 그러나 禁忌의 方法 가운데서 가장 代表的인 言語 禁忌에 對하여는 아직 論議하지 않았다. 다른 어떠한 禁忌方法보다도 言語 禁忌를 特別히 關心두어야 하는 까닭은 무엇보다 禁忌를 傳受하는 方式이 禁忌談이라는 特別한 慣用文章을 通해서 言述되어 왔기 때문이다.

Ⅲ章에서 言語 禁忌는 恐怖의 對象에 취하여지는 呼稱 禁忌와 婉曲語法으로 다루어지는 優雅한 表現과 禮節的 表現의 세 가지 方向이 있음을 밝혔으므로 여기서는 그에 準하여 생각해 나가기로 한다. 言語禁忌는 크게 두 가지는 갈라진다. 그 하나는 어떤 事實 全般을 도무지 言語로 表出시키지 못하는 것이고 다른 하나는 事物의 名稱을 言表하지 않는 것이다. 前者는 "S는 P다"하는 式의 禁忌談이 될 수 있겠고 後者는 單語의 言表禁忌이므로 이 單語를 名實 共히 禁忌語(禁忌된 單語)라고 불러야 할 것이다.

11.2 禁忌의 起源的 對象이 되는 原始信仰의 諸神, 곧 雜多한 鬼神이나 惡靈, 그리고 토테미즘의 殘滓로서 神聖視되는 動物의 이름은 오랫동안 禁忌語(verbal taboo)가 되어 오고 있다. 우리의 巫俗에는 실로 無數한 鬼神과 亡靈의 이름이 나온다. 一例로 『朝鮮巫俗의 硏究』[28]에서 흔히 나오는 名稱을 들어 보면

> 「말명(萬明), 영산(靈山), 상문(喪門), 가망, 별상(別星), 제석(帝釋), 천왕(天王), 호구(胡鬼), 군웅(雄軍), 대감(大監), 창부(倡夫), 선왕(城隍), 왕신(王神), 걸립, 장군(將軍), 신장(神將), 진군(眞君), 사자(使者), 원수(元帥), 대장(大將), 진수(眞帥), 산신(山神), 동토신(動土神)…」

따위가 있다. 森羅萬象의 무엇이건 神이 되지 않는 것이 없을 만큼 많은 巫俗의 鬼神들은 日常生活에서는 그 이름을 입에 담을 수 없다. 또 그 鬼神 亡靈들은 대체로 人間에게 利益을 주기보다는 害惡을 끼친다고 생각되기 때문에 鬼神 自體가 禁忌의 對象이 됨은 勿論, 그 이름이 禁忌語가 되는 것은 너무도 當然한 일이다.

그러나 이들 鬼神에 對하여는 프레이저가 말하는바 積極的 魔術의 方法인 呪術이 存在한다.[29] 禁忌의 對象이기 때문에 平常時에는 입에 담을 수 없는 禁忌語인 鬼神의 이름이지만, 特定한 狀況, 特定한 儀式 中에는 오히려 그 이름을 精誠되이 부름으로써 慰撫 退治한다는 것이 呪術

---

28) 秋葉隆・赤松智城, 朝鮮巫俗の硏究 서울 1937 參照.
29) 프레이저는 魔術을 神學的 魔術과 實際的 魔術로 가르고 實際的 魔術을 다시 積極的 魔術과 消極的 魔術로 가른다. 禁忌는 消極的 魔術에 屬한다. 이것을 圖式化하면 다음과 같다.

Magic
{
Theoretical (magic as apseudo-science)

Practical…(magic as pseudo-art)…
}
{
Positive magic (or Sorcery)

Negative magic (or taboo)
}

Cf. J.G Frazer op. cit., p. 26

의 效果로 認識되고 있다. 그리하여 푸닥거리, 굿과 같은 巫俗儀式에서
도 巫覡이나 一般人이 鬼神의 이름을 呪術로 부르게 된다. 巫經 가운데
에는 거의 大部分이 鬼神의 이름이 들어 있으며 經文의 앞뒤 몇 마디를
除外하고 太半이 鬼神名의 羅列로 構成되어 있는 것도 그것이 하나의
呪術이 되기 때문이다. 「入門經, 動土經, 山神經, 山王經, 太歲經, 大神將
篇, 神將篇」 따위의 巫經들은 全文이 神名의 羅列로 始終되어 있다.[30]
이들 經文은 그것이 呪術이라는 점에서 文章의 言語的 意味는 全혀 度外
視되고 단지 神名과 함께 「來助我, 急急如律令, 娑婆訶」 따위의 常套的 語
句가 모두 精神療法的 意味(psychosomatic meaning)[31]만 作用하고 있다.

11.3 動物名 禁忌語로는 前述한 바와 같이 「호랑이, 뱀, 노래기, 구데
기, 쥐」 따위가 있다. 호랑이는 「꽃, 산신령, 사또, 영감」 등으로 부르
고, 뱀은 「업, 지킴, 긴짐승, 용님」 등으로 부른다. 산 뱀을 「山賊」이라
고 부르는 地方도 있다. 노래기는 「망나니, 노랑각씨, 香娘閣氏」 등으로,
된장 속의 구더기는 「가시, 거시」 등으로, 쥐는 「아기네, 며느리, 액씨
님, 서생원」 등으로 부른다. 이들은 모두 害를 입히는 危險하거나 醜한
動物이다. 특히 노래기, 구더기, 쥐는 惡臭와 疾病을 가져다 주는 것이
기 때문에 危險視되었고, 결국 그 이름을 부르면 더욱 많아져서 害를
끼치리라는 생각이 呼稱 禁忌를 만들게 한 主原因이라고 하겠다.[32]

11.4 優雅한 表現을 爲한 禁忌語는 主로 疾病, 죽음, 性 및 犯罪에 關

30) 鏌邪大全 參照(秋葉隆, 朝鮮巫俗의 硏究 下卷 所收).
31) 拙稿, 單語의 精神療法的 意味 (우리文化 第3輯 1968, pp.17~28) 參照.
32) 文孝根, 韓國의 禁忌語 下(人文科學 9輯) 參照.

聯된 單語들이다.[33]

天然痘는 「손님, 손님媽媽, 時痘손님, 큰손님, 고운마님」 등으로 말하고 그 病을 主宰하는 神을 江南別星이라 하여 巫儀에서는 優待拜送된다. 죽음은 「昇天, 昇遐, 歸天, 他界, 殞命」 등으로 바꿔 부르고 性 및 性交에 對한 單語는 대체로 直接的인 表現을 避하여 「房事, 交合, 關係」 따위로 表現되었으나 그것조차 輕蔑的 意味變化를 일으키기 때문에 보다 새로운 隱喩로 表現法이 發展되고 있다. 排泄物을 「大便, 小便」으로 表現하는 것도 여기에 包含된다. 그러나 이에 속하는 單語 — 特히 性에 關한 것 —는 時代의 變遷을 따라 不斷히 새로운 表現을 摸索하지 않는 限 早晚間 그 表現의 優雅한 品性을 잃어버리게 된다. 계속 새로운 表現이 講究되어야 하는 점이 禁忌語의 特色이다.

11.5 끝으로 多分히 衒學的이고 禮儀的인 表現이 要求되는 禁忌語에는 어떤 것이 있을까? 簡單히 整理해 보자.

儒敎思想의 나쁜 一面이라고 指摘되어 온 形式主義의 反映으로 손윗사람으로서 家族의 이름, 親知의 이름이 特別히 規定된 方法을 따라 부르는 風習을 여기에 넣어 볼 수 있다. 祖上이나 손위 어른의 本名이 禁忌語가 되는 代身에 「家親」, 「慈堂」, 「春府丈」 等이 쓰이게 되며 漸次 손아래 사람에게까지 適用範圍가 넓어져서 「舍兄, 令弟, 令息, 令愛」 따위의 呼稱이 쓰이게 되었다. 宅號, 堂號, 雅號를 쓰는 것도 하나의 方法이다. 그러나 여기에 속하는 禁忌語는 禁忌해야 할 必然性을 느끼게 되지 않을 뿐 아니라 假飾的으로 느껴져서 차차로 減少되어가는 傾向이 있다.

---

33) Ullmann의 分類에서는 「性」을 禮儀 있는 表現에 包含시키고 있으나 이 글은 그것과 見解를 조금 달리하였다.

V. 結論

12.1 以上으로 우리는 禁忌에 對한 全般的인 檢討를 끝낸 셈이다. 처음 세 章에서는 禁忌의 基本理論을 살펴보았고, Ⅳ章에서 韓國의 禁忌가 어떤 樣相으로 存在하는가, 그 特性은 무엇인가를 主로 禁忌談의 分析을 通하여 試圖해 보았다. 새로운 局面을 찾아내려고 努力은 하였으나 아직도 未備한 部分이 많은 것 같다. 禁忌談을 어차피 一貫性 있는 眼目으로 觀察하고 解釋하는 일이 要求되어 있었기 때문에 이 글은 그런 慾心을 채우려고 했던 것이다.

12.2 禁忌談의 使用 範圍는 地域, 年齡, 性別, 教育程度 등 社會的 階層을 따라 많은 差異를 드러낸다. 主로 農漁村, 山間僻地에서 아직도 相當한 勢力을 갖고 쓰이며 나이가 어린 사람들에게보다는 年老한 분들이 더 많은 禁忌談을 알고 있다. 또 男子보다는 女子들에게 膾炙되는 傾向이 있고, 教育을 받은 사람들보다는 別로 받은 教育이 없어서 知識水準이 낮은 層에서 그 威力은 增大한다. 그렇다고 都市人이나 男子나 젊은 사람이나 知識人들이라고 하여 禁忌談의 影響圈 밖에 있는 것은 아니다. 다시 말하면 人間이 지닌 基本 感情 가운데에 어딘가 合理的이 아닌 神秘的, 呪術的 便向을 據點으로 해서 이 禁忌談은 生命을 가지고 棲息해 온 것이 아닌가 여겨진다. 따라서 이들 禁忌談의 發生은 上古時代에 거슬러 올라갈수록 多樣하고 廣範하였음에 틀림없다. 그리고 가까이는 20世紀 初半, 아니 現在까지도 무언가 새로운 禁忌談이 生成되고 있을 것이다. 그러나 지금 우리가 接할 수 있는 資料에 依한다면 이들 禁忌談은 所謂 前近代的인 時期, 歷史的으로 朝鮮王朝 後半, 主로 18, 19世紀 우리

祖上의 庶民的 思考와 感情을 表出하는 것에 不過하다. 勿論 現代에도
어느 地域, 어느 部類의 사람들이 그것을 貴重한 規範으로 지켜간다고
할지라도 그것은 史的 時代觀의 見地에서 보면 毅然히 世紀의 前近代的
樣相을 反映하는 것이라고 보지 않을 수 없다. 이와 같은 社會的 特性을
가진 禁忌談은 우리의 生活을 規制하고 拘束함에 있어 俗談이나 格言,
아포리즘 따위를 훨씬 능가하는 底力이 있다.

12.3 그리하여 우리는 禁忌談이 前近代的인 時代相을 나타내며 그러
한 禁忌談이 棲息하던 文化圈이 우리 周圍에 아직도 그 殘餘의 모습을
보여주고 있음을 알게 되었다. 未開한 生活과 風土 속에서 吉兆와 幸運
에 對한 漠然한 期待를 가지고 어떻게 하면 이 더러운 가난을 좀 이겨
내고 克服하여 보다 나은 生活을 해 볼까 하는 그 庶民들의 피맺힌 설
움이 禁忌談 가운데 알알이 맺혀 있다.

그러나 앞으로 展開되는 새로운 우리의 文化 風土 속에서는 새로운
形態의 禁忌談이 發生하더라도 거기에서는 生活의 活力素가 되는 潑剌
한 民族精神이 나타날 것을 期待해 보아야 하겠다. 「밤새 安寧하십니까?」,
「진지 잡수셨습니까?」 하는 日常會話에서 그 背後의 事故와 貧窮에 全
혀 執着하지 않아도 좋을 時節을 다짐해 보아야 할 것이다.

12.4 끝을 맺으려니 이 分野에서 아직도 많은 省察이 要求되는 것 같
다. 吉凶談이며 解夢談에 關한 民俗學 및 言語學的 課題는 앞으로 討論
할 問題들이다. 禁忌談도 역시 未洽함을 느낀다. 같은 공부를 하시는 분
의 叱正을 기다리며 繼續 補完할 것을 約束한다.

금기어(禁忌語)와 언어의 변화*

남 기 심

1. 언어 변화의 한 요인으로서 언어적 금기(禁忌) 현상이 있다. 주어진 낱말이 규칙적인 음운 변화의 제도를 벗어난 말소리의 변화를 일으키기도 하며, 그 뜻이 아주 다른 것으로 변하기도 하는데 이러한 변화에 언어적 금기 현상이 작용하는 일이 있으며, 또 이 금기 현상으로 인해서 새로운 낱말이 생겨나게 되기도 한다. 언어의 통시적 기술에 있어서 금기어(禁忌語)의 문제를 다루는 것은 이러한 연유 때문이다.

언어적 금기 현상은 도덕적인 관념상 성(性)에 관련되는 특정 어휘의 사용을 기피하거나 정치적인 이유, 종교적인 이유, 또는 미신(迷信)으로 인해 어떤 특정한 낱말의 사용이 금지되거나, 기피될 때 일어나는 것이다. 그리고 이렇게 사용이 기피되는 말이 이른바 금기어이다.1)

---

* 이 글은 "Tabu와 言語變化"란 제목으로 童山申泰植博士頌壽紀念論業(大邱 : 啓明大出版部, 1969)에 실렸던 것을 다시 고쳐서 정리한 것이다.
1) 금기어와 완곡 표현의 정의나, 언어적 금기 현상은 종교적 요소가 개입할 때만으로 한정

본론은 이러한 금기어가 원인이 되는 언어 변화 현상을 살펴보고자
한다.

2. 어떤 낱말의 말소리가 규칙적인 음운 변화의 법칙으로 설명되지
않는 변화를 거쳤을 때, 그 변화의 원인을 규칙적 음운 변화의 법칙이
아닌 다른 요인을 가지고 설명할 수밖에 없는 경우가 있다. 그러한 예
로서, 유추(類推, analogy), 민간어원(民間語源, folk etymology), 부정회귀(不正回
歸, hyper-urbanism), 강화(强化), 혼태(混態, blending) 등이 있다. "그르다 → 끊
다"는 "옳다"에 유추하여 변화된 예이며, "ᄀᆞ외(河背) → 고의(袴衣)"는 민
간어원, "(즘싱 →) 짐생 → 김생(또는 김승)"은 부정회귀, "할하 → 핥아"는
강화, "서늘ᄒᆞ다×사ᄂᆞᆯᄒᆞ다×서ᄂᆞᆯᄒᆞ다"는 혼태로 설명되는 예들이다.[2]

"보리(菩提)"가 "菩提"의 한자음 "보뎨"에서 변한 것이거나, 범어(梵語)
"bodhi"에서 변한 것이거나 국어에서는 전설 고모음 [i](또는 그 반모음
[j]) 앞에서 "ㄷ"이 "ㅈ"으로 변하는 것이 일반적인 사실에 비추어 菩提
의 둘째 음절이 "제"나 "지"로 되는 것이 예상되는 변화인데 그렇게 되
지 않고 "리"로 변했다. 그 이유를 "ㄷ"을 구개음화하여 "ㅈ"으로 하면
그 결과 성(性)에 관련된 금기어와 말소리가 같아지기 때문에 "ㄹ"로 박
화시킨 것이라고 하기도 하는데 그것이 사실이라면[3] 이것은 금기어로
인한 예상 밖의 변화가 된다. 불가(佛家)에서 "道場"을 "도댱 → 도장"이

할 것인가 하는 문제는 본론에서 다루지 않는다. Murray B. Emeneau, "Taboos on Animal
Names"(Language 24, 1948) 참조.
2) 許雄, 言語學槪論(正音社, 1963) pp.266-271 ; 南豊鉉, "十五世紀 國語의 混合語攷"(국어국
문학 34, 35 합병호), 참조.
3) 劉昌惇, 李朝國語史硏究(宜明文化社, 1964) pp.54-55 ; 梁柱東, 古歌硏究(博文書館, 1942),
p.741 참조

라 하지 않고 "도량"이라고 한 것이 "도장"의 말소리가 살생이 금지된 사찰에서 "屠場"의 음과 같아지기 때문에 그렇게 변칙적 변화를 한 것이라면4) 이것 역시 언어적 금기 현상이 불규칙적인 음운 변화를 초래한 것이라고 해야 할 것이다.

따라서 불규칙한 음운변화의 요인으로서 언어적 금기 현상이, 유추, 민간어원, 부정회귀 등과 함께 등록되어야 할 것이다.

3. 언어적 금기 현상은 낱말의 의미를 변화시키는 원인이 되기도 한다.

국어에서 천연두(天然痘)를 "마마"라고 하는데, "상감마마, 중전마마……"에서와 같이 일종의 존칭으로 쓰이던 "媽媽"가 천연두를 일컫게 된 것은 역신(疫神)의 비위를 맞추어 그 노여움을 덞으로써 이 무서운 병의 해를 적게 입자는 뜻에서 천연두를 "손님마마"라고 완곡하게 높여서 부르게 된 데서 연유한다고 한다.5) 지역에 따라 천연두를 "손님"으로만 부르기도 하고 "마마"라 부르기도 한다.

"손님"은 아직 "客"의 뜻을 그대로 유지하면서 천연두의 뜻으로 일시 전용(轉用)되고 있지만, "마마"는 이제 본래의 의미로는 쓰이는 일이 없고 천연두의 의미로만 쓰인다는 점에서 의미변화를 일으킨 것이다.

4. 전에 "감옥" 또는 "형무소"라고 하던 것을 지금은 "교도소"(矯導所)라고 한다. 이미 쓰여 오던 "형무소"란 말을 피하기 위해 새로운 말을

---

4) 주 3)과 같음.
5) 文孝根 "韓國의 禁忌語(人文科學 第八輯, 延世大 文科大學, 1962), 李乙煥, 李用周, 國語意味論(首都出版社, 1964) p.236 참조.

만들어 낸 것이다. 아직은 "형무소"라는 말이 나이가 많은 층에서 "교
도소"와 함께 쓰이고 있어 완전한 대체가 이루어지지 않았으나 그러한
대체가 이루어질 것이 예상되는데, 이것은 언어적 금기 현상에 의해 새
로운 어휘가 생성되는 예인 것이다.

5. 위에서 언어적 금기 현상이 기존어휘의 말소리나 뜻을 변화시키
는 일이 있으며 새로운 어휘의 생성 요인으로 작용하기도 한다는 것을
보았다.

그러나 언어적 금기 현상이 어떤 언어 변화의 요인으로 작용할 경우
몇 가지 분명히 해 두어야 할 것이 있다.

언어적 금기 현상으로 인한 언어 변화는 규칙적이고 체계적인 것이
아니라 산발적이며 특별한 어휘에만 국한되는 것이 특징이다. 또 금기
어는 그 생명이 대단히 끈질겨서 아주 폐어화(廢語化)하는 일이 드물다.[6]
따라서 금기어로 인한 변화는 일시적인 경우가 많다.

앞서 언급한 "菩提"와 "道場"의 "ㄷ"이 "ㅈ"으로 변하지 않고 "ㄹ"
로 변화한 것은 이들 특수한 어휘에 한정된 것이었다. 같은 "提"가 다
른 경우에는 "提起, 提高……" 등에서와 같이 그대로 "제"로 읽히며,
"場"도 마찬가지로 "運動場, 場……"에서와 같이 "장"으로 읽힌다. 더
구나 체육관의 "道場"과 같이 불가(佛家)의 "道場"이 아닌 것은 그대로
"도장"으로 읽힌다.

광부들은 갱부(坑夫), 갱도(坑道)를 "항부, 항도"라고 하는 일이 있다고

---

6) Henry M, Hoenigswald, Language Change and Linguistic Change(University of Chicago
   Press, 1960) p.65 참조.

하는데, 그것은 "갱부, 갱도"의 첫소리 "갱"이 불길하기 때문이라고 한다. 즉 어떤 돌발적인 사고로 사람이나 짐승이 죽은 모양을 "껭! 하고 죽는다"라고 표현하는 일이 있는데 그때의 "껭" 소리와 유사하기 때문이라고 한다.7) 그러나 이 "항부, 항도"는 "菩提"나 "道場"과 같이 갱부들 사이에서도 확고한 위치를 굳힌 것이 아니며, "갱부, 갱도"와 함께 일시적인 변이형으로 쓰이는 것이므로 이것을 언어적 금기 현상에 의한 변화라고는 할 수 없다.

그것은 마치 아프리카의 Zulu말에 있는 특수한 경우의 특수한 소리의 기피 현상과 같다. Zulu 여인들은 남편이나 시부(媤父) 또는 시숙(媤叔)의 이름을 부를 수 없는 것은 물론, 어떤 낱말이 그들의 이름 가운데의 한 소리와 같은 소리를 가졌을 때 그 소리를 다른 것으로 바꾸어 말한다고 한다. 예를 들면 남편의 이름 가운데 [z] 소리가 있다면[amanzi] "물"을 [amandabi]로 발음한다고 한다.8) 이러한 변이는 다만 일시적이고 또 특수한 경우에 한정된 것일 뿐이다.

한 낱말의 의미 변화는 그 의미 영역의 확대나 축소, 부의(副意)가 주의(主意)가 되거나 인접한 의미로 바뀌거나 하는 것이 보통이지만, 앞서 예로 든 "마마"의 경우는 이 말의 본래 의미와는 전혀 아무 관계가 없는 "천연두"의 뜻으로 바뀌어 버렸다. 이러한 변화는 그 변화를 규칙화하거나 유형화 할 수가 없다.

우리나라가 남북으로 분단되기 전에는 "동무"란 말이 아이들 사이에

7) 啓明大 徐在克 敎授의 얘기.
8) Jespersen, Language(London, 1922), pp.241-2 참조.

서 쓰였다. "친구"는 어른들 사이에서만 쓰였다. 즉 "동무"를 아이들의 친구를 지칭하는 것이라 한다면, "친구"는 어른들의 친구가 그 의미라 할 만하다. 남북이 분단된 후에 남한에서 "동무"란 말이 금기어가 되자 "동무"의 뜻을 "친구"가 넘겨받게 되어 "친구"로서는 그 의미 영역이 확대된 것이다.

예전에 밥을 뜻하는 말로 "뫼"가 있었는데, "슈라(水喇)"란 말이 수입되어 "왕께 올리는 진지"의 뜻으로 "슈라"가 쓰이게 되자 "뫼"의 의미 영역이 그만큼 축소되었다.9)

"동무"와 "뫼"에 있어서의 의미 변화는 근본적으로 "마마"에 있어서의 의미 변화와 다르다. 의미의 확대나 축소는 어디까지나 그 본래의 의미를 기준점으로 하고 있는데, "마마"의 경우는 의미의 완전 교체 변화라 할 수 있다. 전혀 새로운 의미를 가지게 된 것이다.

집안에 있는 "구렁이"를 "집주인"이라 하기도 하는데, 이것은 미신 때문인 것으로, "구렁이"란 말이 그대로 있으면서 "집주인"이란 말로 그 주의(主意)에 아무 변화가 없이 일시적으로 전용(轉用)되고 있다. 이것은 아무런 변화라 할 수 없다.

한 낱말의 의미가 변화했다는 것은 그 낱말이 문장에서 쓰일 때 그 말이 나타나는 문맥이나 다른 낱말과의 공기관계(共起關係)가 전혀 달라진다는 것을 뜻한다. 예컨대 "마마"는 예전에는 "마마께서 가신다."와 같이 "-께서 가신다."라는 자리에 쓰일 수 있었으나, 현대국어에서는 그러한 자리에서는 쓰이지 않고 "마마를 앓는다."와 같이 "-를 앓는

---

9) 明宗版 小學諺解에 "文王이 흔번 뫼 자셔든 또 흔번 뫼 자시며", 松江의 續美人曲에 "粥早飯 朝夕뫼 녜와 곳티 셰시는가"의 예가 있음. 왕에 대해서 "뫼"가 쓰였음을 보임. 궁중어는 일반 민간에서 쓸 수 없는 일종의 금기어이므로 이 자리에서 취급하였음.

다."라는 환경에서 쓰이게 되었다.[10] 언어적 금기 현상에 의한 의미 변화는 이러한 종류의 것이라 규정할 수 있을 것 같다.

　언어적 금기 현상에 의해서 금기어 대신으로 새로운 어휘가 생성되어 쓰일 때, 많은 경우에 금기어는 그것대로 생명을 유지하여 계속 존재하는 일이 흔하다. 금기어의 생명이 끈질기다는 것은 잘 알려져 있는 사실이다.

　산삼 채취인들이 산삼을 "심"이라고 하는 것도 특수한 이들 계층 간에서 특수하게 쓰이는 말이며 산삼이란 말이 그대로 건재하다. 영어에서 bastard → love child의 경우도 bastard란 말이 그대로 건재하고 "love-child"는 완곡한 표현으로 쓰일 뿐이다. 변소 → 화장실도 마찬가지다. "동무"란 말이 아직 "어깨동무"와 같은 관용구에 남아 있으나 이제는 거의 소실되었다. 그러나 이 말을 대체한 것은 새로 생성된 말이 아니라 이미 그와 같은 뜻으로 쓰이던 "친구"이다. 새로 생성된 말이 금기어를 완전 대체한 예로는 Slav의 예를 들 수가 있다. Slav어에서 곰을 나타내던 말 I.E. *bhĕr-os가 medvĕdĭ("honey-eater"의 뜻)로 완전 대체되었다.[11]

　국어에서 "슈라"는 새로 수입되어 쓰였다는 점에서 새로운 어휘의 성립이라 할 수는 있겠으나 "뙤"를 대체할 것은 아니었다. 이런 점에서 언어적 금기 현상에 의한 새로운 말의 생성은 완전 대체가 이루어진 경우와 두 말이 공존하는 경우를 구별하여 기술해야 할 것이다.

---

10) "힝역(行疫)"이란 말이 痘瘡集要, 四聲通解, 訓蒙字會 등에 "疫"의 언해로 나타난다. 바로 이 말이 "마마"에 의해서 대체된 것인지는 분명치 않음.

11) Hoenigswald의 앞에 든 책 같은 곳 참조.

참고문헌

南豊鉉(1967), 「十五世紀國語의 混成語攷」, 『국어국문학』 34, 35 합병호.

梁柱東(1942), 『古歌硏究』, 博文書館.

劉昌惇(1964), 『李朝國語史硏究』, 宣明文化社.

文孝根(1962), 「韓國의 禁忌語」, 『人文科學』 第八輯, 延世大 文科大學.

李乙煥・李庸周(1964), 『國語意味論』, 首都出版社.

Jespersen, Otto (1954), *Language*, London : George Allen & Unwin Ltd.

Sturtevant, E.H. (1947), *An Introduction to Linguistic Science*, New Haven : Yale Univ. Press.

Hoenigswald, H.M. (1960), *Language Change and Language Reconstruction*, Aun Arbor : University of Chicago Press.

Emeneau, M.B. (1948), "Taboos on Animal Names", *Language* 24.

Haas, Mary R. (1964), "Interlingual Word Taboos", *Language in Culture and Society*. New York : Harper & Row.

금기어의 구조 및 발생 요인

허 재 영

1. 머리말

1) 연구 목적

언어는 그 언어를 사용하는 사람들의 문화나 집단 심리를 반영한다. 이러한 분야의 언어 연구를 언어문화론이라 부를 수 있다. 이러한 언어 문화 연구는 언어인류학적 관점에서 언어와 문화의 상관성을 다루게 되는데, 이러한 연구 대상 가운데 하나로 관습적인 표현(어휘, 통사적 표현)이 있을 수 있다. 예를 들어 속담, 수수께끼, 숙어, 고사성어 등이 이에 해당한다.

이와 같은 언어 형식 가운데 하나로 금기어를 설정할 수 있다. 금기란 '마음에 꺼리어 하지 않거나 피함'을 뜻하는데, 어떤 행위를 금지하거나 특정한 말을 하지 않도록 하는 기능을 한다. 이와 같은 의도에서 형성된 말을 금기어라 부를 수 있는데, 다른 관용표현과 마찬가지로 금기어는 어휘 자체로 존재하는 경우와 통사적 구조로 존재하는 경우가 있기 때문에, '금기담'이라 부르는 경우도 있다. 이 글에서는 어휘적 금기어뿐만 아니라 통사적 금기어를 모두 포함하여 금기어를 설정하고, 금기어의 유형과 구조상 특징, 발생 요인을 검토함을 목적으로 삼는다.

2) 연구 대상 및 방법

금기는 어떤 사물이나 대상을 표현하지 않거나 언행에 조심하도록 하기 위해 만들어지는 말이다. 그렇기 때문에 금기어에는 '기피, 꺼림, 금지'의 뜻이 담겨 있다. 그러나 금기어는 다른 관용적 표현인 속담, 격언, 속신어와 유사한 형식을 갖기 때문에 이를 구분하지 않는 경향이 있다. 이 점에서 일반적인 관용 표현과 금기어에 대한 개념 정리가 필요하다. 이에 대해 김성배(1962ㄱ, ㄴ, 1975)에서는 금기를 '행위 자체'와 '언어 형식'으로 나누어 정리한 바 있으며, 심재기(1982)에서는 '금기담'을 따로 설정한 바 있다. 또한 민현식(2000)에서는 국어문화연구의 한 분야로 어휘문화론을 설정한 뒤, 구절·문장 차원의 문화어구 속에 속담, 수수께끼, 인사말, 고사성어, 숙어를 제시하고, '금기담'은 길흉을 나타내는 속담의 한 유형으로 처리한 바 있다.

이러한 앞선 논의에서 금기어를 다루는 두 가지 방향을 이해할 수 있는데, 하나는 속신어나 속담과 같은 유형으로 교훈적인 문화어구, 비유담, 길흉담을 모두 묶어 처리하는 방식이며, 다른 하나는 속신어 가운데 금기어만을 따로 설정하여 연구하는 방식이다. 특히 김성배(1975), 심재기(1982)에서는 후자의 방법을 따르고 있는데, 다른 속신 구조와는 달리 금기 자체에는 언어에 대한 언어공동체 구성원들의 심리, 태도 등이 좀더 직접적으로 반영될 수 있다는 점에서 '금기어'의 구조를 따로 고찰하는 것도 의미있는 일로 생각된다. 따라서 이 글에서는 금기어를 '인간의 다양하고 무수한 행동의 제지, 억제, 기피를 나타내기 위해 표현된 언어 형식'으로 정의하여, 이와 유사한 전조어(길조어, 흉조어)와 구분하기로 한다. 이러한 언어 형식은 하나의 어휘로 이루어진 것과 통사 구조를 갖춘 것으로 나누어 고찰할 수 있는데, 전자는 '지나치게 성스럽거나, 비도덕적이거나, 불결 또는 불쾌함을 주기 때문에 이를 꺼려 표현한 낱말'로 완곡어법에 해당하는 반면, 후자는 금기 대상 및 행위를 문장 속에 드러내는 표현으로 언어학의 연구 대상에서 소홀히 다루어진 면이 있다. 그러나 장흥권(2000)에서 밝힌 바와 같이, 완곡한 표현 형식이 모두 어휘로 존재하는 것은 아니며, 내용상으로도 모든 완곡어가 금기를 나타내는 것은 아니므로(예를 들어 외교적인 차원에서의 수사), 어휘적 구조의 금기어와 통사적 구조의 금기어를 함께 다루고자 한다.

이와 같은 금기어 연구를 위해서는 현지 조사 방법을 고려할 수 있다. 예를 들어 김성배(1962ㄱ, ㄴ)은 현지 조사 자료를 중심으로 자료 수집 및 분석을 행한 바 있으며, 문효근(1962)에서도 이와 같은 방법을 사용한 바 있다. 또한 문헌 조사 방법을 고려할 수도 있는데, 한 언어사회의 문화적 특성을 반영하는 다양한 문헌 자료 속에서 금기 표현을 찾아낼 수도 있다는 뜻이다. 허재영(2000)에서는 앞선 연구자들의 성과를 바탕으로 문헌 속에 나타난 금기 표현의 발생 이유를 설명하고자 한 바 있는데, 이 글에서는 이 자료를 대상으로 삼는다.

3) 앞선 연구

금기어에 대한 앞선 연구는 크게 세 가지 방향으로 정리할 수 있다.

하나는 언어문화적인 차원에서의 연구이고, 다른 하나는 언어 구조적 차원의 연구이다.

첫째, 언어문화적 차원의 연구는 언어인류학, 혹은 언어사회학의 발달과 밀접한 관련을 맺는다. 언어인류학적 입장에서의 금기어 연구는 금기의 대상과 금기어 발생 요인, 금기와 문화적인 특성 등에 관심을 기울이게 되는데, 이러한 연구 경향은 문화인류학의 개척자로 알려진 보아스(F. Boas)의 '종족, 언어, 문화'에 대한 관심과 관련을 맺고 있으며, 민속학과 관련하여 프레이저(J. G. Frazer), 프로이드(S. Freud) 등의 업적이 큰 영향을 미친 것으로 알려져 있다. 이러한 연구 경향은 우리나라의 경우에도 금기 문화에 대한 관심과 금기어 조사로 나타나는데, 자료 조사에서는 김성배(1962ㄱ, ㄴ, 1975), 문효근(1962) 등이 대표적이다.

둘째, 언어 구조적 차원의 연구 경향으로는 심재기(1970, 1982)가 있다. 이 두 논문에서는 금기어를 금기담으로 부르고, 금기담의 의미 특성과 통사적 특성에 관해 분석하고 있다.

셋째, 금기어를 따로 설정하지 않고, 속신어나 관용어의 한 갈래로 보아 언어인류학적인 입장에서의 자료를 조사하고, 의미 특성이나 통사적 특성을 분석하고자 한 연구 업적도 눈여겨 볼 만하다. 먼저 자료 조사는 금기를 포함하여 속담, 수수께끼 등을 포괄한 관용어 자료 목록화로 이어지는데, 손낙범(1978), 황희영(1978), 이희승(1982), 박진수(1985) 등이 있으며, 최래옥(1995)에서는 '금기, 권장, 길조, 흉조, 해몽, 관상, 요법, 풍수'를 포괄하여 민간 속신어로 규정한 사전을 펴낸 바 있다. 다음으로 속신어 또는 관용어에 대한 구조·의미 연구는 노수련(1936)으로부터 시작하여, 50년대 최봉수(1954), 이석하(1958), 60년대 이훈종(1961), 이기문(1962)을 거쳐, 70년대 김종택(1971), 김문창(1974)으로 이어진다.(이에 대해서는 김문창 1990을 참조할 수 있다.) 특히 김문창(1980), 김승호(1981), 양영희(1995) 등의 연구는 관용어의 생성뿐만 아니라 구조 분석에 관심을 기울인 업적으로 볼 수 있으며, 관용어의 의미 특성에 대한 연구로는 김종택(1967), 심재기(1977, 1982) 등이 있다. 이와 같은 관용어 전반에 대한 연구사로는 김문창(1990)이 있다.

2. 금기어 설정 및 구조

1) 금기어 설정 문제

앞선 연구에서 금기어는 '어떤 대상이나 행동에 대한 꺼림을 나타내는 말'로 규정되어 왔다. 이러한 개념 규정은 몇 가지 논란을 불러일으킬 수 있는데, 예를 들어 일반적 관용어(속담, 수수께끼, 속신어)와 금기어를 어떻게 구분할 수 있는가, 금기어 속의 신앙성·속신성을 어떻게 규정해야 할 것인가, 그리고 일반적인 '금지문'과는 어떻게 구분될 수 있는가 등이 이에 해당한다.

첫째, 일반적인 속신어에서 금기어를 구분할 필요가 있는가의 문제를 검토해 볼 필요가 있다. 이에 대한 문제는 심재기(1970), 김종택·천시권(1988)에서 제기된 바 있는데, 심재기(1970 : 9)에서는 금기어 대신 '금기담'이라는 용어를 사용하면서, '금기의 대상이나 행위를 나타내는 형식이 문장을 구성하므로 금기어보다 금기담'이 적절하다고 지적한 바 있다. 이 경우도 금기어는 '어떤 대상이나 행동에 대한 금기'를 의미한다. 이 점에서 김종택·천시권(1988 : 391-392)에서는 "자료를 수집·정리하는 전통적인 연구 태도에서 흔히 보듯, 내용을 중심으로 분류하는 것은 전체를 망라·체계화하려는 본래의 목적에도 불구하고 소기의 성과를 거둘 수 없는 경우가 적지 않다. 꼭 같은 언어적 기능을 가진 일련의 말들을 그 내용에 따라 금기어, 길흉어, 덕담 등과 같이 구별하여 부른다면 그 분류는 무한정할 것이며, 권장담, 저주담, 유희담, 시류담 등등과 같은 명칭과 한계 설정을 아무도 거부하지 못하게 될 것이다.”라고 하여 금기어나 금기담의 설정을 거부하고 있다. 실제로 이러한 지적은 타당성이 높아 보인다. 이는 김성배(1962ㄱ, ㄴ, 1975)에 들어 있는 ‘꿈’과 관련된 금기어는 금기라기보다는 길흉을 나타내는 경우가 많기 때문이다. 그러나 이러한 지적에도 불구하고 금기어는 다른 속담이나 길흉어와는 달리 발화나 행동에의 경계를 담고 있다는 점에서 구분될 가능성을 갖는다. 곧 금기어는 민간에서 자연스럽게 받아들이는 속신어(속담)이지만 금기어 발생 과정이 언어공동체의 심리나 언어사회에 존재하는 행위 규범 등과 자연스럽게 연계될 수 있다는 점에서 합리적인 경우가 많다. 이 점에서 심재기(1982)에서는 ‘길흉담, 당연한 사실, 해몽’ 등과 금기담이 구별된다고 해석한 바 있다. 예를 들어 ‘아침에 까치가 울면 반가운 일이 생긴다’는 길흉담에서는 금기의 대상이나 방법이 나타나지 않으며, ‘머리에 이가 많으면 궁하다’라는 표현은 당연한 사실적인 문장일 뿐이고, ‘꿈에 어린애 안으면 재수 없다’는 말도 해몽일 뿐이지 금기 대상이나 방법은 존재하지 않는다는 것이다. 이와 같은 입장에서 금기어는 ‘금기의 대상이나 행위’가 존재하며, 이를 구체적으로 드러내는 ‘방법’(예를 들어 발화 금지, 행동 경계)이 존재한다는 점에서 다른 속신어와 구분된다.

둘째, 금기어 속에 반드시 신앙적인 요소가 들어 있는가의 문제이다. 이러한 논의는 양영희(1995)에서 제기된 바 있는데, 다음과 같은 언어

형식은 신앙적·속신적 성격이 없는 문장이므로 금기어의 범주에서 재고되어야 한다는 지적이 있다.[1]

(1) ㄱ. 가루 묻은 손으로 밖에 나가면 재수 없다.
ㄴ. 고무신을 도둑 맞으면 재수 없다.
ㄷ. 궂은 날에 호미 씻으면 장마가 진다.
ㄹ. 어린애에게 순하다, 잘생겼다 하면 그 반대로 된다.

양영희(1995)에서는 (1ㄱ-ㄹ)의 예문이 금기담이라면 우리는 위 예문 자체의 발화를 삼가야 하는데, 실제 생활에서 자연스럽게 사용하는 말이므로 금기담이 될 수 없다고 한다. 더욱이 이러한 문장이 의도하는 바를 듣고 수행하든지 무시하든지 하는 것은 청자의 소관이기 때문에 다분히 자의적이어서 [행위의 금지]일 뿐이지 민간의 속신은 아니라는 것이다. 이러한 논의는 금기어를 신앙적·속신적 의미와의 관계 속에서만 규정하고 있기 때문에 생겨난 것이라고 생각된다. 이와 같이 신앙적·속신적 의미를 특히 강조하는 견해는 문효근(1962 : 1)에서 비롯된 것으로 보인다. 이 논문에서는 금기어를 "신앙적·속신적 원인 등으로 말미암아 어떤 특수한 경우에는 어떤 특수한 언어나 문자의 사용을 기피하고 그에 해당하는 다른 어떤 특정한 언어나 문자를 사용하는 것"으로 규정하기 때문이다.

이러한 입장은 금기 문화가 원시적이고 미개한 문화라는 편견에서

---

1) 양영희(1995)에서는 관용 표현의 의미 구현 양상이므로, 여기에 제시된 예가 금기어 설정을 부정하는 견해로 보이지는 않는다. 그러나 전통적인 입장에서 금기어에 포함시켰던 (1)의 예는 언중들이 믿고 있는 속신 그대로의 의미가 일차적 의미이므로 [행위의 금지]는 부차적인 의미일 뿐이라고 풀이하여 [행위의 금지]가 부차적으로 얻어졌을 때는 금기어로 볼 수 없을 것이라는 견해를 밝히고 있다.

기인한 것으로 보인다. 이러한 편견은 언어인류학 발전 과정과도 밀접한 관련을 맺는데, 예를 들어 보아스의 인류학 연구는 아메리칸 인디언 문화 연구에서 비롯되었고, 프레이저의 문화 연구 역시 원시 문화와 관련을 맺고 있다. 이러한 성향은 국내 학자들의 연구에도 반영되는데, 금기를 문학적으로 해석한 김석호(1965)에서도 '타부는 접근 금제, 사용금지, 교섭 금지를 뜻하는 말로 원래가 미개 민족에 있어, 어떠한 위범 행위를 저질렀을 때 그 결과가 어떠한 종류의 처벌이라든지 또는 어떠한 끔찍스러운 불운이 따르게 된다는 것'을 의미하는 것으로 풀이하고 있다. 이러한 관점에서 본다면 금기나 금기어는 원시적인 성격을 띨 수밖에 없겠지만, 인류 보편적인 심리를 고려한다면, 현대인에게 금기가 없는 것은 아니다. 예를 들어 '수험생이 계란이나 미역국을 먹지 않는다'든가, '특정 운동 선수가 특정 행위를 꺼리는 것' 등은 모두 금기의 심리가 발동하여 생겨나는 행위이다. 다만 전자의 경우는 상당 기간 많은 사람들에게 지속되는데 비해, 후자의 경우는 순간적이고 개인적이기 때문에 금기 문화로 볼 수 없을 뿐이다. 이러한 입장에서 전자의 문화가 어떤 언어 형식, 예를 들어 '수험생은 미역국을 먹지 말라'라는 언어를 만들어 낸다면 새로운 금기어가 생겨나는 셈이다. 따라서 금기어의 신앙적·속신적 성격을 지나치게 원시문화로 국한시킬 필요는 없다. 그렇기 때문에 금기어의 속신성은 [문화적 지속성]으로 규정하는 것이 적절할 듯하다.

셋째, 금기와 금지의 구별 문제이다. 심재기(1982)에서 언급하고 있듯이 단순한 금지 사항과 금기는 문장 형식보다는 문화적 차원에서 구분된다. 이러한 구분은 부정명령문이 언어의 본질적 기능인 의사소통 능력과 관련하여 화자와 청자의 관계를 맺어주는데 비해 금기어는 화자와 청자의 관계보다는 잠재의식과 관련된 언어 형식이라는 점에서 타당성을 얻는다. 곧 금지는 '화자가 청자에게 어떤 행위를 하지 않을 것을 명령하기' 때문에 화자와 청자의 긴밀성이 부여된다. 이에 비해 금기어는 특별한 화자를 전제하지 않으며, 청자의 경우도 일인이나 불특정 다수가 아닌 보편적인 언어공동체 구성원들의 공통된 심리를 전제로 한다.

이와 같은 논의를 종합한다면 금기어는 다음과 같은 특성을 갖는다.

> (2) 금기어의 개념과 속성
> ㄱ. 금기어는 어떤 대상이나 행위에 대한 꺼림을 나타내는 말이다.(금기성)
> ㄴ. 금기어는 속신어와는 달리 금기 대상이 존재한다.(금기 대상성)
> ㄷ. 금기의 표현 방법이 존재한다.(표현성)
> ㄹ. 언어 사회에 지속적으로 작용한다.(지속성)
> ㅁ. 금기어는 언어공동체 구성원들의 공통된 심리를 전제로 한다. (사회 심리 공유성)

2) 금기어의 구조

금기의 유형은 행동이나 표시로 하는 것과 언어로 표현하는 것 두 가지가 있다.[2] 그렇기 때문에 금기 또는 금기어의 유형을 제시하는 데

---

2) 김성배(1962)에서는 행동이나 표시로 하는 금기로 ① 부정한 것들의 출입을 금기하는 표시(산고 시, 간장이나 된장을 담을 때, 가축이 새끼를 낳을 때), ② 씨름할 때 씨름 장소에 소금을 뿌리는 일, ③ 동짓날 팥죽을 쑤어 먹기 전 집 안팎에 뿌리는 일, ④ 역신을 물리치기 위한 표시, ⑤ 고갯길에 돌을 던지는 행위, ⑥ 산야에서 행하는 '고시래' 등을 열거하고 있다.

도 여러 가지 기준이 있을 수 있다. 지금까지 앞선 연구에서는 인류학적(민속학적) 관점에서 금기의 대상, 발생에 따른 갈래 설정이 일반적이었고,3) 언어학적 관점에서는 금기어의 의미 특성과 구조에 따른 갈래 설정이 주된 관심을 이루고 있었다.

이와 같은 관점에서 금기어는 금지 행위가 아니라 언어적 표현으로 이루어진 '꺼림의 표현'을 의미한다. 이러한 표현은 하나의 어휘로 존재하는 경우와 통사적 구조를 이루는 경우로 나누어 볼 수 있는데, 대부분의 금기어는 통사적 표현으로 구성된다. 그 까닭은 금기에 해당하는 조건과 행위가 결합된 표현형식이 많기 때문이다. 그렇기 때문에 앞선 연구에 나타난 대부분의 자료는 문장 형식으로 진술되어 있다. 그러나 문효근(1962)에서 제시한 바와 같이, 일부 금기 표현은 어휘로 존재하는 경우가 있다. 예를 들어 다음과 같은 경우가 이에 해당한다.

(3) 어휘적 금기어
ㄱ. 사(四), 손님, 마마(천연두), 업, 지킴이, 진대(뱀), 밤손님(도둑)
ㄴ. 무른 감, 혹은 홍시(홍씨 성을 가진 사람들이 자기 성을 피함)
ㄷ. 녹두나물(신씨 집안에서 숙주나물을 부를 때 쓰는 말)
ㄹ. 돌아간다(죽다), 진일보다(떨어지다), 벼슬한다, 과거한다(홍역)

이와 같이 어휘론적 금기어는 특정 대상을 직접 언급하는 것을 꺼리고, 이에 대해 에둘러 말하는 완곡한 표현으로 나타난다. 완곡어법은 어떤 대상이나 행위를 직접 표현하지 않고 다른 말로 표현하는 것을 말

---

3) 예를 들어 프로이드(1950)에서는 금기 발생의 요인을 '접촉 공포증'으로 규정하고, 금기의 종류를 금기된 행위, 금기된 인물, 금기된 사물, 금기된 언어(특정인의 이름, 금기 사물과 관련된 이름, 죽은 사람의 이름 등)로 구분하고 있다.

한다. 이러한 표현을 모두 금기어로 볼 것인가에 대해서는 이견이 존재
한다. 예를 들어 Ullmann(1966)에서는 금기어의 유형을, 첫째 공포 또는
외경의 뜻으로 신, 죽은 사람 또는 악령의 이름을 부르지 못하는 종교
적 금지행위, 둘째 우아한 뜻으로 표현하려는 금기 형식으로 질병, 죽
음, 육체적·정신적 결함, 그리고 부정행위, 도둑질, 살인 등 범죄행위
를 말하려 할 때 그 불유쾌한 표현을 피하여 쓰는 완곡어법, 셋째 예절
바르고 정중한 표현을 하기 위하여 성기 등 신체의 특수 부분을 가리키
는 명칭, 맹서의 말 등으로 제시한 바 있다. 그러나 이 가운데 둘째와
셋째 유형에 대해서는 금기어로 포함시키기 어렵다는 견해가 있다. 예
를 들어 장홍권(2000)에서는 완곡어를 회피하여 꺼리는 것, 예의성 기능
을 하는 것, 위장(엄폐) 기능을 띠는 것으로 나누고 회피하여 꺼리는 것
만을 금기로 다루고 있다.4) 이와 같이 금기어를 좁은 의미로 파악하는
까닭은 금기어가 '행위의 규제(경계)'와 관련이 있기 때문이다. 예를 들
어 발화나 행동 자체를 심리적, 또는 사회적 요인으로 인해 규제(또는 경
계)하는 경우 우리는 이것을 '행위의 규제(경계)'라고 부를 수 있다. 다만
이 경우 '행위의 규제(경계)'는 단순한 '금지'가 아니라 '심리적인 또는
사회적인 요인'과 관련되어 있다는 점에서 단순한 '금지명령(부정문의 한
형식)'과 구분된다.5)

금기어는 공포나 꺼림으로 인하여 발생하기 때문에 한 낱말로 표현

---

4) 예를 들어 성과 관련된 완곡어인 '방사, 동침, 운우, 부부생활, 그일, 그짓'이나, 여성의 월
   경과 관련된 '손님, 달거리, 구실', 외교 관계상 나타나는 '유감' 등은 금기어로 볼 수는
   없다.
5) 이 점에서 김종택·천시권(1988 : 391-392)에서는 '금기'라는 용어의 부당성을 지적한 바
   있다. 곧 금기란 어떤 대상을 터부시하는 것이지 행동을 규제하는 것은 아니라는 것이다.
   이 또한 부정명령문과 금기어를 구분해야 함을 밝힌 것이라 볼 수 있다.

되는 경우는 드물다. 그렇기 때문에 대부분의 금기어는 통사적 짜임새를 이루고 있다. 이에 대해 심재기(1982)에서는 금기어의 통사 구조를 '가언판단의 문장 형식'을 취하는 것으로 보고, 이 문형에서 금기의 대상과 방법이 제시된다고 보았다. 그러나 실제로 금기어의 통사 구조도 좀더 다양한 모습을 띠고 있다.

(4) 조건이은문(가정구속형)6)
ㄱ. 남의 대변보는 것을 쳐다보면 귀먹는다.
. 사람이 자면서 입맛 다시면 근심이 생긴다.
ㄴ. 산중에 가서는 물 먹고 싶다는 말을 안 한다.
. 쌀을 꾸어줄 때에는 먼저 조금 떠 놓은 다음 떠 주어야 한다.

(5) 대등이은문
ㄱ. 우는 과부 시집가고 웃는 과부 수절한다.
ㄴ. 갑일은 창고를 열지 말고, 을일은 식물을 심지 않는다.(말라)

(6) 홑문장
ㄱ. 자(子)일은 점을 치지 말라.
ㄴ. 무(戊)일은 논밭을 인수하지 않는다.

금기어 자료는 대부분 (4ㄱ-ㄴ)과 같이 가정을 나타내는 전절과 그 결과인 후속절로 이루어진다. 금기어 대부분은 (4ㄱ)과 같이 가정적 조건을 나타내는 '-면'으로 구성되나, 간혹은 (4ㄴ)과 같이 '-서+는'의

---

6) 문장의 갈래는 홑문장, 겹문장(안은문, 이은문)으로 설정할 수 있다. 특히 이은문의 체계 설정은 관점에 따라 서로 다른 체계화가 가능한데, 예를 들어 최현배(1961), 허웅(1983, 1995)에서는 '-면'을 거짓잡기 매는꼴(가정구속형)으로, 서태룡(1979), 구현정(1989), 윤평현(1989), 권재일(1994)에서는 조건어미로 설정한 바 있다.

형태로 구성되기도 한다. 그러나 (4ㄴ)도 가정적 조건의 의미를 벗어나지는 않는다. 또한 (5-6)에 보이듯 대등이은문이나, 홑문장으로 표현되는 경우도 발견되는데, (4ㄱ-ㄴ)과는 다른 의미처럼 보이기 때문에 금기어인가라는 논란이 제기될 수 있다. 그러나 앞선 연구에서 이러한 자료를 금기어에 포함시킨 까닭은 각 문장이 내포하는 의미를 고려했기 때문으로 보인다. 곧 (5ㄱ)은 반어적인 의미를 담고 있는 문장으로 지나치게 슬퍼하는 모습은 다른 사람들에게 그 반대로 비칠 수 있다는 점을 고려하여 금기의 범주에 포함시킨 셈이다. 다만 (5ㄴ)은 (6ㄱ-ㄴ)과 같이 홑문장 두 개가 가정적 조건과 상관없이 이어진 구조이다. 이러한 구조는 집단 심리에 내재하는 달거리 및 날짜에 대한 심리에서 비롯되는 것으로, 이와 같은 구조도 상당수는 가정적 조건문의 구성을 취하고 있다는 점에서7) (4ㄱ-ㄴ)과 크게 다르지 않은 것으로 보인다. 다만 다음과 같은 예는 금기어의 범주에 넣어야 할지 모호한 것이다. 왜냐하면, 다음의 진술은 금기 표현이라기보다 사실적 진술에 가깝기 때문이다.

(7) 사실적 진술 형식
　ㄱ. 나무 잘 타는 놈은 나무에서 떨어져 죽는다.
　ㄴ. 이야기를 즐기는 사람은 가난해진다.

이와 같은 형식을 금기어에 포함시킨 까닭은 (7ㄱ)의 경우 '나무 타기를 좋아하면 나무에서 떨어져 죽는다'는 문장과 같이 '경솔하게 나무 타기를 좋아하지 말 것'을, (7ㄴ)은 '이야기(혹은 놀음)에만 몰두하지 말 것'을 경계하는 뜻으로 해석하여 금기어의 범주에 포함시킨 셈이다.

---

7) 이에 대해서는 무라야마 지음·노성환 역(1990)과 허재영(2000)을 참조할 수 있다.

이러한 논의를 바탕으로 금기어의 구조적 특성을 정리해 보면 다음과 같다.

(8) 금기어의 구조
    ㄱ. 어휘적 금기어 : 완곡어법에 의해 형성되며, 어떤 대상이나 행위를 회피하여 꺼리기 때문에 이를 대신하는 표현으로 이루어진 낱말을 말한다.
    ㄴ. 통사적 금기어 : 문장 형식으로 진술되며, 가정적 조건문의 형식을 취하여, 금기 대상과 방법을 표시한다.

3. 금기어의 발생 요인

1) 심리적 요인

(1) 정서적 차원

금기어가 발생하는 주된 요인은 인간의 보편적인 심리와 관련을 맺는다. 이러한 심리는 흔히 정서로 표출되는데, 심리학자들에 의하면 정서는 인지, 동기와 함께 마음을 이루는 3요소로 불린다. 정서는 보통 감정적 체험을 지칭하지만, 감정의 의식적 체험에는 신체적 흥분과 생리적 반응을 동반하면서 개인차를 보인다. 그러나 Bridges(1932)에 의하면 어린이의 선천적인 정서로 공포, 분노, 애정이 있는데, 생후 5년이 되면서 성인과 같은 정서의 분화가 이루어진다고 한다. 또한 정서에 대한 진화론적 연구를 한 Robert Plutchik(1980)는 '정서의 심리 진화적 이론'에 바탕을 둔 10개의 공리를 제시한 바 있는데, 이를 소개하면 다음과 같다.[8]

(9) 정서의 공리

ㄱ. 정서의 진화론적 공리

① 정서의 개념은 진화의 모든 수준들에 적용될 수 있고, 인간과 동물들에 다 같이 적용된다.

② 정서는 진화의 역사를 갖고 있으며, 상이한 종들에서 다양한 표현 형태들을 진화시켜 왔다.

③ 정서는 환경에 의해서 제기되는 주요한 생존 문제들에 유기체가 대처하는 것을 돕는 적응적 역할을 수행해 왔다.

④ 정서는 상이한 종들에서 정서의 표현형태가 상이하기는 하지만 어떤 공통된 요소들, 혹은 원형적 패턴들이 있음이 확인된다.

ㄴ. 기본 정서에 관한 공리

⑤ 적은 수의 기본적 혹은 원형적 정서들이 존재한다.

⑥ 모든 다른 정서들은 혼합된 혹은 파생된 상태들이다. 즉 이들은 기본 정서들의 혼합물 혹은 복합물이다.

⑦ 기본 정서들은 가설적 개념이거나 이상화된 상태들로서, 그 속성이나 특징들은 다양한 종류의 증거들로부터 추론될 수 있을 뿐이다.

ㄷ. 정서 구조에 관한 공리

⑧ 기본 정서들은 양극의 쌍들로 개념화될 수 있다.

⑨ 모든 정서들은 상호 유사성의 정도에서 서로 다르다.

⑩ 각 정서는 상이한 정도의 강도 혹은 흥분 수준으로 존재할 수 있다.

(9)의 공리에 나타나는 바와 같이 인간에게는 선천적이거나 원형적인 기본 정서가 존재하는데, Plutchik는 '공포, 분노, 기쁨, 슬픔, 수용, 혐오, 기대, 놀람'의 8가지를 기본 정서로 설정한 바 있다. 이러한 기본

---

8) 이에 대해서는 권석만 외(2000 : 256-258)을 참조할 수 있다.

정서는 상호 작용을 하여 '사랑'이나 '후회'의 정서를 만들기도 한다고 한다. 또한 최승희·김수옥(1995)에서는 Plutchik의 정서 유형을 소개한 뒤, 좀더 간결하게 일상 생활에 나타나는 주요 정서를 '쾌정서, 공포정서, 불안정서, 분노정서, 사랑'으로 나누어 제시한 바 있다. 이 이론은 보편적인 기본 정서의 유형 가운데 실제 생활에서는 구별하기 어려운 것들이 존재한다는 점을 고려할 때 일상생활의 정서를 좀더 뚜렷이 구분할 수 있다는 장점을 갖는다.

이와 같은 심리학 이론을 바탕으로 할 때, 금기어가 발생하는 첫번째 정서적 요인은 공포(두려움)의 정서와 관련되는 것으로 풀이할 수 있다.[9] 곧 공포의 정서는 "갑자기 외부의 위험한 사태나 천재지변을 만났을 때, 그 대상으로부터 도피하거나 혹은 문제 해결 능력이 없다고 느낄 때 생기는 불쾌한 심리 상태"로서 자신의 안전을 위협하는 모든 대상이 공포의 요인으로 작용할 수 있다. 예를 들어 천재지변, 무서움을 주는 동물, 아픈 자극을 주는 대상, 어머니와 떨어져 혼자 있는 것 등은 원시적이고 유아적인 상태에서 느끼는 공포의 대상이며, 성숙해감에 따라 사회관계에서 오는 질투, 경쟁, 혹은 자기 스스로 상상해 낸 자극— 죽음, 질병, 실패 — 등이 공포를 경험하도록 하는 요인이 된다.[10] 이러한 요인이 작용하여 생성되는 금기어는 대체로 통사적 금기어로 존재하는데, 이때에는 조건절보다는 종속절에 공포의 대상이 표현된다. 예를 들어 다음과 같은 것들이 있다.

---

9) 최승희·김수옥(1995)에서는 불안정서의 밑바탕에서 공포가 자리 잡고 있음을 밝힌 바 있다. 곧 공포의 정서에 분노, 고민, 죄의식, 흥미, 수치, 우울 등이 혼합된 정서가 불안정서이다.
10) 이에 대한 자세한 설명은 최승희·김수옥(1995 : 118)을 참조할 수 있다.

(10) 공포의 대상과 금기어

ㄱ. 자연현상

- 두꺼비를 잡으면 <u>홍수가 난다.</u>
- 어린 아이가 투레하면 <u>큰 비가 온다.</u>

ㄴ. 동식물

- 깊은 산중에서 맹수의 이름을 부르면 진짜 <u>그 맹수가 나타</u>
  <u>난다.</u>
- 밤중에 휘파람을 불면 <u>뱀이 나온다.</u>

ㄷ. 생로병사

- 송장 앞에서 냄새난다는 말을 하면 <u>시체가 일어선다.</u>
- 베개를 세워 놓으면 <u>어머니가 돌아가신다.</u>

ㄹ. 신체 기능

- 산모가 오리고기를 먹으면 아이의 <u>발가락이 붙는다.</u>
- 이를 빼서 지붕 위에 버리지 않으면 <u>이가 나지 않는다.</u>

ㅁ. 가난 혹은 재수

- 옷을 뒤집어 입으면 <u>복이 나간다.(재수없다)</u>
- 옷을 입고 단추를 달면 평생 <u>가난하다.</u>

(10ㄱ-ㅁ)과 같이 공포가 작용하는 금기어는 가정적 조건절에 따라 인간이 느끼는 두려운 일들이 종속절에 표현되는 형식을 취한다. 이 때 금기하는 내용은 가정적 조건절에 들어 있다. 그렇기 때문에 가정적 조건절에는 꺼리는 행위나 대상이 표현되고, 종속절에는 이로 인해 발생하는 불길한 일이 제시된다. 이때 꺼리는 대상은 문화적 차이를 반영하는데, Ronald Wardhaugh(1986)에서는 '의붓어머니, 금기 대상 동물, 성, 죽음, 배설물, 신체적 기능, 종교적 행위, 왼손잡이' 등을 제시한 바 있으며, Trudgill(1974)에서는 대상을 정리하여 설명하지는 않았지만 '초자연적인 것, 부도덕한 것, 비이성적인 것, 문화적인 것' 등을 포함시켜

제시하고 있다. 또한 심재기(1982)에서는 금기의 대상을 '위구(危懼)의 대상'과 '보호의 대상'으로 나누어 제시하고,[11] 위구의 대상은 신성성, 부정성이라는 종교적 특성이 강하게 작용하고, 보호의 대상은 귀중성, 요긴성이 작용한다고 보았다. 이러한 논의를 종합하여 볼 때, 공포와 관련된 금기어는 금기해야 할 행위 및 대상이 드러나며, 이를 어겼을 때 당하게 될 일이 명시되는 형식을 취한다.

금기어 발생과 관련된 두 번째 정서적 요인으로는 '쾌-불쾌의 정서'와 관련된다. 최승희·김수옥(1995)에서 풀이하고 있는 바와 같이, '쾌정서'는 일반적으로 행복, 쾌락, 기쁨, 희열과 같은 정서로 본능적이며, 자신이 추구하는 목표가 달성되었을 때의 부산물이다. 반면 이러한 만족을 느낄 수 없는 상태는 불쾌의 상태가 되는데, 혐오감을 주는 것(불결함)을 피하고자 하는 금기어가 생성되는데, 이러한 금기어는 어휘적 금기어를 이루며 완곡어법에 의해 표현된다. 다음과 같은 예를 들 수 있다.

> (11) 불쾌 정서와 완곡어법
> • 망나니, 향랑각시 : 집안에 노래기가 많이 끼었을 때 부르는 말
> • 금덩이, 돈 : 똥을 일컫는 말

(2) 인지적 차원

인지란 정보를 획득하고, 저장하고 활용하는 고등 정신 과정을 말한다. 인지의 개념 속에는 지적 과정, 지각, 기억, 지능, 학습, 상상력, 문제 해결 능력, 추리 능력 등 눈으로 볼 수 없고, 손으로 만질 수 없는

---

11) 심재기(1982)에서는 위구의 대상으로 인격적인 것(귀신, 조상, 시체)과 비인격적인 것(자연 및 자연현상, 정령, 시간, 공간)을, 보호의 대상으로 인간(아들, 어린아이, 임산부), 사물(여러 가지 생활필수품)으로 나누어 제시한 바 있다.

일련의 정신 과정들이 포함된다.(최승희·김수옥 1995 : 43) 언어란 인간 인지의 통합적인 일부이므로, 언어 구조에 대한 기술은 특별한 언어 모형을 설정하든 그렇지 않든 일반적인 인지적 처리 과정과 관련되어 있다. 이러한 인지 능력과 언어의 관계를 밝히려는 노력은 1980년대 후반부를 기점으로 일련의 언어학자들에 의해 이루어지고 있는데, 언어의 이해와 사용은 지각, 개념체계, 신체화된 체험, 세상사의 지식, 문화적 배경 등의 일반적 인지능력과 불가분의 관계를 맺고 있음을 지각하는 데서 비롯되었다.[12)

임지룡(1998)에서는 인간의 언어능력이 인지와 관련을 맺는다고 할 때, 인지 의미는 세 가지 기본 원리에 바탕을 둔다고 한다. 곧 첫째는 자연언어는 '인간의 마음의 산물'이라고 가정하며, 따라서 의미는 인지체계 내의 개념화이며, 둘째는 어휘의 의미는 본질적으로 백과사전적인데, 자율언어학에서는 화자의 세상지식과 순수한 언어지식 사이에 명확한 구분을 가정하지만 인지언어학에서의 의미는 인지지식과 세상사의 지식 속에 들어 있는 인지구조를 구분하지 않고, 셋째는 언어의 의미는 이 세상에 대한 우리의 체험에 기초를 두고 있으므로 곧 언어의 의미란 세상에 대한 우리의 체험과 우리가 세상을 지각하고 범주화하는 방식과 무관하지 않다(임지룡 1998 : 36)는 것이다.

이와 같은 입장에서 언어인지의 바탕을 이루는 것은 지각과 범주화

---

12) 인지언어학은 심리언어학의 한 분야이다. 심리언어학적 과제로는 '언어와 사고(좁게는 인지, 인지능력)', '언어와 의식', '언어와 기억력', '언어와 감정' 등이 있다. 이에 대해서는 허창운(1999)을 참조할 수 있으며, 인지언어학에 대한 일반적 소개는 임지룡(1998)을 참조할 수 있다. 또한 인지문법에 대한 번역서로는 Friedrich Ungerer & Hans-jörg Schmid 지음, 임지룡·김동환 옮김(1998), Ronald Langacker 지음, 김종도 역(1999) 등이 있다.

이다. 이 경우 범주화는 다양성 속에서 유사성을 찾는 능력으로서 인간
의 인지과정상 가장 중요한 책략의 하나이다. 곧 범주화란 인간이 환경
세계를 의미있는 분절로 나누어 파악하는 장치이며, 그 결과로 얻어진
언어적 분절 단위가 범주이다. 최근의 범주화론은 자연범주가 원형적
구조를 지니고 있다는 '원형이론'을 받아들이고 있다. 곧 원형(prototype)
은 그 범주를 대표할 만한 가장 전형적이고 적절한 이상적 보기를 말한
다.13) 이러한 원형적 범주는 문화 의존적인 성격을 띠는데, 실제 언어
와 언어 사이의 개념적 의미가 같은 경우라고 할지라도 개별 언어에서
내포의미가 반드시 같은 것은 아니다.

금기어의 생성 과정에서도 이와 같은 문화 의존적인 범주화 과정이
나타난다. 이러한 사고 과정은 연상이나 유추 작용과 관련되는데, 다음
과 같은 예가 있다.

> (12) 연상과 유추
> > ㄱ. 사물의 모양이나 속성에 따른 유추
> > > • <u>대나무 막대</u>로 맞으면 말라 죽는다.
> > > • <u>자루를 베고</u> 자면 귀머거리가 된다.
> > > • <u>바늘로 고기를 찍어</u> 먹으면 눈이 먼다.
> > ㄴ. 음의 유사성에 따른 연상
> > > • <u>넉사자</u>는 죽을 사(死)와 음이 같기 때문에 잘 쓰지 않는다
> > > • <u>치자가 든 이름의 물고기</u>는 제사에 쓰지 않는다.

---

13) 원형적 범주화는 기존의 고전적 범주화론인 기준속성모형과 대립되는 개념으로 파악된
다. 기준속성모형에서 범주는 규정된 자질을 모두 포함한 집합이며, 범주 사이에는 분명
한 경계선이 존재할 뿐만 아니라, 범주의 구성 요소는 모두 동일한 가치를 지닌다. 이에
비해 원형적 범주화에서는 범주 자질 가운데 두드러진 자질이 존재하며, 언어 습득 시
이 자질은 우선적으로 습득될 뿐만 아니라, 다른 비원형적 자질을 동화시킬 수 있는 기
본적 층위를 이루는 원형적 범주가 설정될 수 있다.

(12ㄱ-ㄴ)은 인지적 사고의 토대를 이루는 문화적 범주화를 반영하는 예이다. 곧 문화적 범주화는 '자극의 선택(주의를 끄는 자극을 지각하는 과정) → 식별과 분류(선택된 자극을 기억 속에 저장된 지식과 비교하는 과정) → 명명 (인지범주에 명칭을 부여하는 것)'의 과정을 거쳐 형성되는데, 그 가운데 자연스럽게 형성되는 초점적 범주가 원형이 되는 셈이다. 이러한 범주화 과정에서 한 범주에 속하는 요소가 다른 범주와 관련을 맺는 과정에서 본질적으로 무관한 사항이 '사물의 속성, 또는 모양'이나 '언어적 요인' 에 의해 연합관계를 이룰 수 있다. 우리는 이러한 연상 작용을 '유추'라고 부를 수 있는데, 유추는 일반적 원리에서 벗어난 언어 층위가 원리를 닮아가는 현상으로, 견인되는 쪽과 일반적 원리 사이의 공통점을 바탕으로 한다.[14] 이와 같은 유추 작용은 엄밀히 말하면 기존의 원리에서 어긋나는 비표준형을 생성하는데, 금기어의 경우도 실질적 관련성이 없음에도 연상에 따라 관련성이 부여됨으로서 생성된다. 곧 유추적 추론은 유사성의 원리에 의해 이루어지는데, 금기어에서는 가정적 조건절에서 관계성이 없는 두 범주가 연합관계를 이루는 셈이다. 이러한 연합관계는 문화적 풍토마다 다르다. 예를 들어 '사(四)'에 대한 기피는 중국어의 경우 성조 차이로 말미암아 존재하지 않으며, 한국어와 일본어에만 존재한다.

이와 같은 금기어는 통사적 구조를 이루기도 하지만 어휘적 금기어로 표출되기도 한다. (12ㄱ)과 같이 통사적 금기어의 경우는 가정적 조건절에서 두 범주가 유사성에 의해 연합되며, 종속절에서는 금기하지

---

14) 언어 변화와 유추에 대한 앞선 연구로는 김방한(1988), 이현규(1997) 등이 있다. 이에 대해서는 허재영(2001)을 참고할 수 있다.

않았을 때의 결과나 금기해야 하는 이유가 제시된다. 반면 어휘적 금기어는 완곡어법으로 표현되는데, (12ㄴ)은 대체로 어휘적 금기어로 존재한다.

2) 언어 및 사회적 요인

(1) 언어에 대한 인식

언어는 흔히 의사소통을 위한 기호의 체계로 정의되지만, 언어의 본질에 대한 논의는 매우 다양한 입장에서 이루어져 왔다. 그러나 이러한 학문적 논의와는 별도로 개별 언어공동체마다 언어의 본질을 인식하는 양상은 달리 나타난다. 이러한 언어 인식에 따라 개별언어공동체마다 서로 다른 언어문화를 갖게 되는데, 어떤 문화권에서는 구술중심의 문화를 이루고, 다른 문화권에서는 문자 중심의 문화를 이루기도 한다. 예를 들어 보아스의 인류학적 성과에 드러나듯이, 아메리칸 인디언 문화는 문자 기록의 전통이 없다. 그 까닭은 문자로 기록되면 신의 뜻을 훼손하는 것으로 여겼기 때문이다.[15]

이와 같이 언어 표현과 인간 행위 사이의 관계에 대한 의식은 문화적 풍토에 따라 다르지만 비교적 다양하게 나타난다. 예를 들어 다음과 같은 것이 있다.

---

15) 이에 대해 John Waterman(1970)에서는 호머의 서사시가 구술 중심이었던 데 반해 인도 산스크리트 베다 경전은 기록된 교본이었다는 점을 들어 그리스의 언어 인식은 사변적이었고, 인도의 언어 인식은 기술적이었다고 설명한 바 있다. 또한 구술문화와 문자문화의 특성에 대해서는 월터 J. 옹, 이기우·임명진 역(1997)을 참조할 수 있다.

(13) 언어에 대한 태도

　ㄱ. 언어 표현 경계

　　• 송장 앞에서 '<u>냄새난다</u>'고 말하면 냄새가 더 난다.

　　• 송장 옆에서 '<u>깨끗하다, 곱다</u>'라고 말하면 시체가 금방 부풀
　　어 오르고 진물이 난다.

　　• 어린아이에게 <u>잘생겼다고 하면</u> 반대로 된다.

　ㄴ. 이름의 정체성 문제

　　• <u>이름이 (의미상) 너무 거창하면</u> 못 산다.

　　• <u>조상의 이름을 자식에게 붙이면</u> 자식의 앞날이 편안하지 않다.

이와 같은 금기어는 한 언어공동체의 언어에 대한 의식을 반영하는 금기어이다. (13ㄱ)에 나타나듯이, 우리 조상들은 말을 조심할 것을 강조했는데, 그 까닭은 '말이 씨가 된다.'는 말이 있듯이, 언어로 표현된 것은 그것이 부정적일수록 현실로 나타날 것이라는 믿음이 강했기 때문이다. 이러한 표현은 전통적으로 행동을 조심하고, 말을 삼가야 함을 가르친 도덕률에서 비롯된 것으로 해석할 수도 있다. 또한 (13ㄴ)에 나타나듯, 이름 자체는 자의적으로 형성되지만 일정한 시간이 지나면 그 이름 속에 정체성이 부여되므로 이름이 개인의 생활에 알게 모르게 작용된다는 의식을 반영하는 셈이다. 예를 들어 여성의 이름이나 어린아이의 이름을 천하게 지어야 장수할 수 있다는 믿음이나 자녀를 부를 때 '돼지'와 같이 비속적으로 불러야 한다는 생각 등도 이를 반영한 것이라고 볼 수 있다.

이러한 언어에 대한 인식은 어휘나 표현 방식의 발달과도 밀접한 관계를 맺는 것으로 보이는데, 한국어의 신체 언어를 분석한 이부영(1979)에서 밝힌 바에 따르면, 우리말은 맛이나 빛깔에 관한 묘사는 매우 많으나 감정 표현의 언어는 매우 빈약하다고 한다. 사실 우리말에서의 감

정 표현은 '기쁘다, 슬프다, 화가 난다, 외롭다, 쓸쓸하다, 서운하다, 시원섭섭하다' 등과 같이 단조롭다. 반면 맛이나 색깔은 '달다, 달콤하다, 달짝지근하다, 달코롬하다' 등과 같이 매우 세분되어 있다. 이러한 표현 방식의 발달 과정에도 언어에 대한 언중들의 인식이 반영되어 있을 가능성이 높다.

(2) 사회생활 및 규범

금기어 가운데 상당수는 인간의 사회생활과 밀접한 관련을 맺는다. 이러한 금기어는 자연발생적 성격을 지니는 정서적 차원의 금기어나 인지적 차원의 금기어와는 달리 한 언어공동체 구성원들의 인생관이나 윤리를 반영하는 경우가 대부분이다. 따라서 문화적인 영향을 가장 많이 받는 금기어라 할 수 있다.[16]

이와 같은 금기어는 금기의 방법을 지시하여 개인의 건강을 지키고, 원만한 가정생활과 사회생활을 하도록 유도하는 기능을 한다. 따라서 이러한 금기어는 의미상 [경계]의 뜻을 담고 있는 경우가 많다. 다음과 같은 예가 있다.

> (14) 사회생활 및 규범에 따른 금기어
> ㄱ. 가정
> • 시아버지 앞에 아이 젖을 물리면 나쁘다.(젖을 깨문다)
> • 부모 앞에서 방귀를 뀌면 밖에 나가 창피를 당한다.
> ㄴ. 경로사상

---

16) 심재기(1982)에서는 금기 내용을 토대로 기원적 금기담과 부차적 금기담을 구분한 바 있다. 이에 따르면 부차적 금기어로 '복, 운명, 가문'과 같은 인생을 결정하는 요소와 관련된 금기어, '신체 활동, 여성 활동, 일상생활' 등의 생활 규범과 관련된 금기어가 있다.

- 어른의 모자를 써 보면 키가 자라지 않는다.
- 어른에게 드릴 물을 자기가 먼저 마시면 입이 그릇에 붙는다.

ㄷ. 이웃과의 관계
  - 밤에 빨래 방망이질을 하면 동네 늙은이가 죽는다.
  - 동네에 초상이 났을 때 머리를 감으면 해롭다.

(14ㄱ-ㄷ)에 나타나는 금기어는 가정적 조건절에 생활 규범이 제시되어 있다. 곧 가정에서의 원만한 생활을 꾀하도록 유도하거나, 웃어른을 공경하고, 이웃과 원만한 생활을 유지해 나가기 위해 '금기해야 할 조건'을 제시하고 있는 셈이다. 이러한 금기어의 종속절은 근거 없는 것이지만, 가정적 조건절에 제시된 금기 조건과 금기 행위는 긴밀한 관련성을 맺고 있다.[17]

(3) 이중 언어 상황의 금기어

이중 언어 상황에서의 금기어는 Hass(1951)에서 처음 제기되었다. 예를 들어 Oklahoma의 크리크 인디언의 경우, fakki(soil), apiswa(meat), appissi(fat)와 같은 단어를 회피하고 영어 단어를 점점 더 많이 사용하게 되었다는 것이다. 이러한 금기어는 기존의 언어(모국어라 할지라도) 체계에 존재하는 단어가 새로 받아들인 언어 체계에 존재하는 금기어와 발음이 유사할 경우 기존 언어의 어휘를 기피하는 현상에서 발생한다고 본다. 예를 들어 태국에서는 '칼집'을 뜻하는 'fag'나 '후추'를 뜻하는 'phrig'를 기피한다.[18] 이와 마찬가지로 태국어 화자들은 영어단어 yet

---

17) 이와 같은 경계 행위를 표시하는 금기어는 개인적 차원에서 '임산부의 경우, 음식물을 먹을 때, 손버릇이나 몸가짐, 살림' 등 다양하게 나타날 수 있다. 이에 대해서는 심재기 (1982 : 285-290)를 참조할 수 있다.

와 key가 '성교하다'라는 의미의 저속한 말인 태국어의 jed 그리고 khii
와 아주 비슷하게 들리기 때문에 이들을 발음하기가 어렵다고 생각하
는 경향도 있다고 한다. 이러한 경향은 개인의 이름이 다른 언어체계에
서 당혹스러움을 주는 말과 비슷할 경우 바꾸어지는 것과도 동일한 현
상이다. Ronald Wardhaugh(1986)에서는 베트남인인 Phuc이라는 이름은
영어 발음상 성과 관련되므로, 영어권에서 살게 될 경우 이름을 바꿀
수밖에 없는 경우가 있다는 점을 예시하고 있다.

그러나 이러한 어휘 기피 및 이름 바꾸기가 금기어를 생성한다고 단
정하기는 어렵다. 그 까닭은 금기어란 언어적 표현 형식이지 꺼리는 행
위가 아니기 때문이다. 다만 이렇게 하여 생성된 완곡한 표현이 존재할
수 있는데, 예를 들어 불가에서 '술'을 '곡차'로 부르거나, '고기'를 '전
리체'로 부르는 경우, 또는 '보제(菩提)'를 '보리'로 부르는 경우 등이 이
에 해당한다. 이러한 완곡어법은 어느 특정 단어가 사회적으로 불쾌한
사항과 연관되어 있으면, 그 말 자체도 불쾌스러운 것이 되어 다른 말
즉 에두른 표현으로 바뀌게 된다. 이러한 과정은 불쾌한 것이 본질적으
로 어휘(말) 자체가 아니고 대상이기 때문에 동음이의적이거나 다의적이
든 상관없이 그 단어에 의해 불쾌한 대상이 언급됨을 피하고자 하는 것
이기 때문에 금기어가 된다. 영어에서 'intercourse(성적 교제)'라는 단어
는 사회적, 또는 상업적인 차원에서는 사용하지 않는다. R.A.Hudson
(1980)에서는 이와 같은 슬랭, 저주, 모욕을 나타내는 말이 일상어에서

---

18) 이 예시는 Ronald Wardhaugh(1986)에 재인용된 것을 참조하였다. 이들 낱말을 기피하는
까닭은 영어 단어에서 'fag'는 '종, 혹은 혹사당하다'의 뜻을 갖는 비속어이며, 'prig'
[phrig와 유사한 음]은 '좀도둑'을 뜻하는 비속어이기 때문에 영어 사용이 늘어나면서 자
국어 어휘를 기피하게 된 것이다.

기피되는 현상을 반금기어(semi-taboo)로 규정한 바 있다.19) 이와 같은 점
에서 완곡어법에 의해 만들어진 말 자체는 금기어가 아니나 완곡어법
이 본래의 표현을 밀어내거나 발화되는 것을 막았을 때, 본래의 표현은
금기어로 볼 수 있는 셈이다. 이와 같이 생성된 금기어는 생명력이 없
으며, 이와 대립을 이룬 새로운 완곡어법이 생명력을 갖는 경우가 많다.

4. 맺음말

이 글은 금기어 설정, 금기어의 유형과 구조, 금기어의 발생 요인을
검토하고자 하는 목적에서 쓴 글이다. 금기어 연구는 언어문화적 차원
과 언어구조적 차원에서 이루어져 왔다. 그러나 금기어를 설정할 것인
가라는 기본적인 문제부터 많은 논란이 제기되어 왔는데, 금기어는 속
신어 및 관용어와 깊은 관련을 맺고 있음에도 심리적, 사회적 차원에서
달리 이해될 수 있는 면이 많기 때문에 독자적인 연구 영역을 이룬다는
입장을 취하고자 했다. 이러한 맥락에서 이 글에서 논의된 바를 정리하
면 다음과 같다.

첫째, 금기어는 어떤 대상이나 행위에 대한 꺼림을 나타내는 말로,
다른 속신어와는 달리 금기 대상이 존재하며, 금기의 표현 방법이 존재
하는 언어 표현 형식이다. 이러한 언어는 한 사회에 지속적으로 작용할
때 생명력을 갖는다.

---

19) 예를 들어 '터키탕', '원조교제' 등의 어휘가 여러 가지 이유로 인해 더 이상 공식적인
용어에서 밀려날 수밖에 없는 상황을 생각하면 될 것이다. 이들 낱말이 화석화되어 사전
속에 등재되어야 하는지는 별개의 문제이지만, 이 낱말은 '증기탕', '청소년 성매수' 등
의 용어가 자리 잡게 되면, 더 이상 쓰이지 않는 말이 될 것이다.

둘째, 금기어는 어휘적 금기어와 통사적 금기어로 나눌 수 있으며, 어휘적 금기어는 완곡어법과 관련을 맺고 있으며, 통사적 금기어는 가정적 조건절과 종속절의 구조를 이룬다. 특히 대부분의 금기어는 통사적 구조를 이루고 있는데, 가정적 조건절은 금기 대상과 행위가 제시되며, 조건절은 이를 지키지 않았을 때의 결과나 지켜야 할 이유가 제시된다.

셋째, 금기어가 발생하는 요인은 심리학적으로 볼 때, 공포, 혐오의 정서와 관련을 맺고 있으며, 유추와 연상이라는 인지적 사고가 작용하기도 한다. 특히 연상은 금기 대상의 범주와 관련이 없는 새로운 범주와의 연합관계에 의해 생성되는 것으로, '대상의 모양, 속성'이나 '음의 유사성'에서 비롯된다.

넷째, 언어와 사회적 요인에 의해 금기어가 생겨나기도 하는데, 이는 언어공동체의 말에 대한 인식이나 사회생활 규범, 또는 이중 언어에서의 두 어휘체계의 음운상 유사성에서 발생하는 특정어휘 회피 현상을 들 수 있다.

이러한 금기어 구조 및 발생에 대한 분석은 몇 가지 차원에서 한계를 갖는다. 첫째는 금기어가 어떤 한 요인에 의해서만 발생한다고 보기 어려운 경우가 많다는 점이다. 예를 들어 연상에 의한 금기어인 '사'자 기피 현상은 '죽음'에 대한 두려움을 전제로 한다는 점에서 공포의 정서와 관련될 수도 있다. 둘째는 금기어를 기술할 때, 금기된 언어와 새로운 표현 가운데 어느 항목을 금기어로 잡아야 하는가라는 점이다. 왜냐하면 금기된 언어는 오랜 시간이 지나면 실생활에서는 사라질 가능성이 높기 때문이다.(이 문제는 사라질 가능성이 있는 언어 형식일지라도 금기어 목록에는 기록되어야 한다는 점을 고려한다면 이 문제는 해결될 수 있을 것이다.) 셋째는 사회의 변화에 따른 새로운 금기 표현 형식은 비교적 다양하게 생성될 수 있다. 따라서 금기어 변화 모습과 요인에 대한 분석 문제도 좀 더 다차원적으로 다루어야 할 주제라고 생각된다. 이러한 문제는 글쓴이의 다음 연구 과제로 남겨 두기로 한다.

참고문헌

구현정(1989), 「현대국어의 조건월 연구」, 건국대학교 대학원 박사학위 논문.

권석만 외(2000), 『전정판 심리학 개론』, 박영사.

권재일(1994), 『한국어 통사론』, 민음사.

김문창(1974), 「국어 관용어의 연구」, 『국어연구』 30, 국어연구회.

김문창(1980), 「국어의 관용어 연구」, 『국어연구』 30, 국어연구회.

김문창(1990), 「관용어」, 『국어연구 어디까지 왔나』, 동아출판사.

김방한(1988), 『역사-비교언어학』, 민음사.

김석호(1965), 「타부와 한국의 축귀 사상」, 『현대문학』 130.

김성배(1962ㄱ, ㄴ), 「한국의 금기어 고(상), (하)」, 『국어국문학』 25, 26집, 국어국문학회.

김성배(1975), 『한국의 금기어·길조어』, 정음사.

김성배(1988), 『한국의 수수께끼 사전』, 집문당.

김승호(1981), 「관용어 연구 시론」, 『어문학교육』 4, 국어교육학회.

김영채(1995), 『사고와 문제 해결 심리학』, 박영사.

김종운(1985), 『은어, 직업어, 비속어』, 집문당.

김종택·천시권(1988), 『국어의미론』, 형설출판사.

김혜숙(1991), 『현대국어의 사회언어학적 연구』, 태학사.

남기심(1969), 「타부와 언어변화」, 『동산 신태식 박사 송수기념 논총』.

노수련(1936), 「언어 기능에 대하여-관용구와 어법에 관한 고찰-」, 『정음』 16, 조선
         어학연구회.

문효근(1962), 「한국의 금기어 (상), (하)」, 『인문과학』 8집, 9집, 연세대학교.

민현식(2000), 『국어교육을 위한 응용국어학 연구』, 서울대학교 출판부.

박갑수(1969), 「국어의 감화적 표현고」, 『한국어교육연구회 논문집』 제1집.

박영순(1985), 「관용어에 대하여」, 『선암 이을환 교수 화갑 기념 논문집』.

박영준·최경봉(1996), 『관용어 사전』, 태학사.

서태룡(1988), 「국어 활용어미의 형태와 의미」, 서울대학교 대학원 박사학위 논문.

손낙범(1978), 『일한, 한일 관용어 사전』, 국제대학교 인문 사회과학 연구소.

심재기(1967), 「금기어 문장에 관한 고찰」, 『우리문화』 제2집.

심재기(1970), 「금기 및 금기담의 의미론적 고찰」, 『서울대 인문과학논문집』 제2집.

심재기(1982), 『국어어휘론』, 집문당.

양영희(1995), 「관용표현의 의미 구현 양상」, 『국어학』 30, 국어학회.

윤평현(1989), 「국어의 접속어미에 대한 연구」, 전남대학교 대학원 박사학위 논문.

이기문(1962), 『속담사전』, 민중서관/일조각.

이부영(1979), 『몸으로 말하는 마음, 한국인의 신체 언어 심리』, 뿌리깊은 나무.

이석하·장주언(1958), 『미숙어사전(美熟語辭典)』, 경문사.

이용주(1960), 「완곡어법고」, 『국어교육』 제2집.

이익섭(1994), 『사회언어학』, 민음사.

이현규(1997), 『국어 형태변화의 원리』, 영남대학교 출판부.

이훈종(1961), 「관용구와 그 배후속담」, 『국어국문학』 24, 국어국문학회.

임지룡(1998), 「인지의미론」, 『의미론 연구의 새 방향』(이승명 엮음), 박이정.

장흥권(2000), 『일반사회언어학』, 한국문화사.

최래옥(1995), 『한국 민간속신어 사전』, 집문당.

최승희·김수욱(1995), 『심리학 개론』, 박영사.

최창렬(1997), 「우리말 속담의 팔언 속담으로서의 한자화와 그 의미」, 『한글』 235, 한글학회.

최현배(1961), 『우리말본』, 정음문화사.

허 웅(1983), 『국어학』, 샘문화사.

허재영(2000), 『생활 속의 금기어 이야기』, 역락.

허재영(2001), 「언어변화에서의 유추」, 『경원어문논집』 4, 경원대학교 국어국문학과.

허창운(1999), 「정신분석학과 언어학, 그리고 인문학」, 『언어학과 인문학』, 서울대학교 출판부.

황희영(1978), 「국어 관용어 연구」, 『성곡논총』 9, 성곡학술문화재단.

村山智順, 노성환 옮김(1990), 『한국의 귀신』, 민음사.

Boas, Franz (1940), *Race, Language and Culture*, New York : The Macmillan Company.

Fasold, Ralph (1984), *The Sociolinguistics of Society*, New York : Basil Blackwell.

Fishman, J. A. (1970), *Sociolinguistics*, Newbury House Publisher, Rowley, Massachusetts.

Hudson, R. A. 최현욱·이원국 공역(1986), 『사회언어학』, 한신문화사.

Lyons, John(1977), *Semantics 1, 2*, London·New York·Melbourn : Cambridge University Press.

Ong, Walter J., 이기우·임명진 옮김(1997), 『구술문화와 문자문화』, 문예출판사.

Palmer, F.R., 현대언어학연구회 옮김(1984), 『의미론』, 한신문화사.

Rangacker, Ronald W., 김종도 옮김(1999), 『인지문법의 토대』, 박이정.

Scovel, Thomas, 성명희 · 한호 · 권나영 옮김(2001), 『심리언어학』, 박이정.

Spolsky, Bernard, 김재원 · 이재근 · 김성찬 옮김(2001), 『사회언어학』, 박이정.

Trudgill, P. 남원식 옮김(1985), 『사회언어학개론』, 형설출판사.

Ullmann, Stephen (1967), *An Introduction to the Science of Meaning*, Oxford Basil Blackwell.

Ungerer, Friedrich & Schmid, Hans-jörg, 임지룡 · 김동환 옮김(1998), 『인지언어학 개론』, 태학사.

Wardhaugh, Ronald (1986), *An Introduction to Sociolinguistics*, New York : Basil Blackwell. (박의재 역(1994), 『사회언어학』, 한신문화사.)

Waterman, J.T.(1970), *Perspective in Linguistics*, University of Chicago Press. (박영배 옮김(1986), 『언어학사』, 배영사.)

이름과 금기(禁忌)

忌諱와 親諱

연 호 택

1. 들어가기

'입방정'이라는 우리말이 있다. 할 말, 못 할 말 가리지 못하고 아무 말이나 막 하거나 버릇없이 수다스럽게 지껄이면서 경망스럽게 말하는 경우 우리는 입방정을 떤다고 한다. 그러면서 입방정을 떨면 복이 달아 난다거나 재수 옴 붙는다고 경고한다. 과학적이라기보다는 경험의 소산 으로서 무분별한 언어사용에 대한 사회적 禁忌인 셈이다. 때문에 밥상 머리에서의 수다가 예의와 묶어 금기시되는가 하면, 상하계급 간 다른 언어사용이 요구되었다. 그리고 사회적 맥락에 따른 차별화된 언어사용 은 다른 문화권과는 차별화되는 恭待法과 婉曲語法을 탄생시켰다.

특별한 사람이나 계층에게만 적용되는 공대어의 용례를 보면 과거 우리 사회에 얼마나 금기가 만연해 있었나를 알 수 있다. 극 공대말의 사례는 왕에게만 한정된 매화, 용안, 옥체, 수라, 성은, 망극 등의 표현 에서 찾아볼 수 있다. 마노라(>마누라)는 하댓말이나 비속어가 아니라 아랫사람이 윗전을 부를 때 사용하는 호칭이었다. 영감(마님)은 나이와 상관없이 당상관 이상의 벼슬아치에게 적용되는 호칭으로 같은 계층 간에는 물론 당자의 아내와 아래 신분의 사람이 의당 사용하는 호칭이었다. 자네도 남편이 아내를 부르는 높임말이었다. 지금은 아내를 자네라 불렀다가는 시대에 뒤진 인물, 성차별주의자, 남성우월주의자 등의 비난을 받을 것이다. 금기는 시대와 문화에 따라 달라진다.

우리나라에서 고려 중기까지는 일반 대중이 姓을 갖는 것은 사회적으로 용인되지 않는 일이었다. 평민 혹인 속인은 감히 성을 사용하지 못했다. 남과의 구별을 위해 부여된 이름만으로 사회 속에서 기능했다. 따라서 집안에서 부르는 이름은 출생순서에 따라 짓는 것이 가장 용이하고 보편적이었다. 그러다보니 집집마다 같은 이름이 흔했다. 때문에 집 밖의 이름을 따로 짓기도 했다. Leonardo Da Vinci는 Vinci 마을 출신의 Leonardo이며, 나사렛 예수는 나사렛 지방의 예수다. 고대 로마시대 여자들에게는 가문 이름에 -a를 붙이면 그만이었다. 그러므로 Gaius Julius Caesar의 어머니와 여자 형제는 너나없이 Julia였다.

본 연구에서는 성이나 질병과는 또 다른 측면인 명칭 사용의 금기 현상인 忌諱와 그와 對蹠點에 있다고 보이는 親諱를 비교 검토함으로써 문화 차이에 대한 이해를 도모하고자 한다. 그를 위해 필자는 일반화하기에는 다소 무리일 수 있으나 전자를 유교 이데올로기가 지배하는 농경문화에 나타나는 문화현상으로, 후자를 개방과 관용을 바탕으로 한 유목문화 특유의 것으로 전제하고자 한다. 물론 드물게나마 유목문화에도 기휘의 습속은 존재한다.

2. 忌諱와 親諱 : 농경문화 對 유목문화

1) 금기의 배경 심리와 유형

사회적 금기는 언어적으로 완곡어법과 공대법을 탄생시킨다. 사회적 금기의 이면에는 사회 구성원(집단)의 사고와 문화가 깔려있다. 금기의 유형은 다양하다. 특히 특정 사회 속 인간의 사고와 문화를 반영하는 성적 금기는 오랫동안 직설적 언어 표현의 사용을 저해했다. 그러나 아이러닉하게도 아랍 문화권에서 aha라는 비속 감탄어(expletive)[1]는 사회적으로 금기시되는 표현임에도 불구하고 일상생활 다양한 영역에서 두루 사용되고 있다.

역병 같은 무서운 질병에 직면한 인간의 심리 또한 금기 관련 언어 표현을 생산했다. 우리나라에서 천연두를 일러 '손님'이나 '마마'라 恭待하는 것이 그 대표적 예다. 옛사람들은 전염병, 특히 천연두를 사람에게 옮기는 신이 있다고 믿었다. 과학적 이해가 부족했기에 疫神・痘神이라 부르며 神格을 부여했다. 慰撫에 의한 방법이 질병을 예방하고 치료할 수 있다고 본 것이다. 胡鬼媽媽라는 칭호에서는 천연두의 발병을 외부 오랑캐(胡鬼)의 탓으로 돌리는 애교도 엿보인다.

種痘法이 생기기 전, 별다른 치료법이 없었고 병을 고칠 수 있는 사람은 귀신과 소통이 가능한 무당뿐이라고 믿었던 고대에는 굿이 천연두 치료의 최선의 방법이었다. 처용이 자신의 아내를 범한 疫神을 폭력적 응징이 아닌 노래와 춤으로 몰아냈다는 『삼국유사』의 기록은 이런 의식 구조와 사회적 금기를 반영한 것이다. 조선왕조실록에는 전염병이

---

1) 영어의 예를 들자면, Damn!, My goodness! 따위.

돌면 무당들을 동원하여 無祀鬼神과 疫神을 제사하던 厲祭[2])의 기록이 곳곳에 나타난다. 태종 18년(1418년)에는 세자가 痘瘡[3])을 앓자 궁에서 무당을 불러 痘神祭를 지냈다고 한다. 민간에서는 痘患이 있으면 가족들이 목욕재계하고 치성을 드렸으며 두환이 끝날 무렵엔 두신을 돌려보내는 送神굿을 벌였다.

한편 '장질부사'는 '손님'이나 '마마' 같은 질병 관련 완곡어가 아니다. '장티푸스'의 한자말 '腸窒扶斯'는 한자 표기에서 보듯 벼슬아치 이름(官名) '府使'와는 아무 관계없는 외래어에 대한 단순한 한자 음차어다.

금기에 대한 이해를 위해 『사회언어학사전』(2012 : 34)의 정의를 일부 발췌하면 다음과 같다.

> 금기는 마음에 꺼려서 하지 않거나 피하는 것을 말한다. 금기어 또는 금기 표현은 마음에 꺼려서 어떤 사물이나 대상을 표현하지 않거나 언행을 조심하도록 하기 위해 비유적으로 만들어 낸 말을 지칭한다. 금기 표현도 다른 관습 표현과 마찬가지로 어휘로 된 것과 문장 단위의 통사론적 구조를 갖추고 있는 것들이 있다. 금기 표현의 유형에 따라 형태론적 구조를 갖춘 것을 '금기어', 통사론적 구조를 갖춘 것을 '금기담'으로 구분하는 경우도 있다(심재기 1982 ; 허재영 2001).

---

2) 여제(厲祭)는 주인도 없고(無主) 사당도 없는(無祀) 귀신을 위한 제사를 말한다. 흔히 미혼 남녀의 귀신이나 사손(嗣孫)이 없는 무주신들이 산 사람에게 해를 끼친다고 여겨, 이들을 달래고 위로하여 마을의 역질이나 재난을 막기 위해 마련되었다. 여제단은 보통 고을 관부의 북쪽에 위치하며, 인가에서 멀리 떨어진 구릉 같은 곳에 설치했다. 전라남도 여수시 오림동에 남아있는 여제단 터는 조선 전기 관의 주도로 고사를 지내던 흔적을 보여준다.

3) 天然痘를 가리킴. 이 밖에도 천두(天痘), 천행두(天行痘), 천창(天瘡), 천화(天花), 천행발반창(天行發斑瘡), 역려포창(疫癘疱瘡), 완두창(豌痘瘡), 등두창(登痘瘡), 백일창(百日瘡), 노기창(虜寄瘡) 등의 異名이 있다. 전염성이 강하기 때문에 天行이라고 한다.

2) 忌諱

유교적 이데올로기의 지배를 받는 농경문화권에서는 황제나 제후의 이름은 물론 조상의 이름을 함부로 사용할 수 없었다. 흔히 유교문화의 소산이라고 간주되는 이 전통의 위배는 불경행위로 치부되었고, 집단주의의 틀 속에서 이른바 忌諱 혹은 避諱라는 언어적 전통을 낳았다.

그러나 아래에서 보듯 고대 金文과 甲骨文 그리고 許愼의『說文解字』에 나타난 '名'字로 미루어 유교가 탄생하기 이전 이미 중화문명권에서는 이름에 대해 신성한 태도를 가지고 있었던 것으로 보인다.[4] 다시 말해, 개인의 이름은 조상신의 비호를 받는 신성한 대상이기에 노출되거나 함부로 불려서는 안 되는 것이라는 합의된 인식이 존재했던 것이다. 때문에 作名儀式도 신중했고, 일단 이름이 지어지면 조상신께 고하고 그 후에는 족보에 이름을 기재한 후 이름의 당사자는 字나 號로 대신 불렀다. 不淨탈 것을 두려워한 때문이다.

甲骨文字

J02120	J02121	J02122

---

4) 일본의 한자학 최고 권위자인 시라카와 시즈카는 저서『漢字 백 가지 이야기』(2005)에서 한자의 원형이랄 수 있는 갑골문과 금문 분석을 통해 名의 구성성분인 夕을 제사상의 고기(肉)로, 口는 입이 아닌 祝文을 담는 그릇으로 해석한다. 따라서 아이가 태어나 일정한 시기가 되면 이름을 부여하고 조상 신령에게 그를 보고하는 고대의 명명의례에서 名字가 비롯되었다고 할 수 있다.

金文字

| B01196 | B01197 | B01198 |

說文解字

| S00930 |

漢 高祖 劉邦의 미망인 呂太后의 이름은 雉였다. 주몽의 아들이자 「黃鳥歌」로 유명한 고구려 2대 왕 琉璃王의 왕비 松氏가 죽고 새로 얻은 두 왕비 중 고구려 왕비 禾姬의 질시를 못 견뎌 떠나간 한족 왕비 雉姬의 이름에도 꿩(雉)이 쓰였다. 우리 식으로 하자면 여자의 이름을 꿩으로 삼은 것이다. 그렇다면 참새나 오리도 이름으로 사용했을 법하다. 반면 독수리, 부엉이와 같은 맹금은 여자에게 어울리지 않는 이름이었다. 芙蓉, 香丹, 月梅, 梅香처럼 꽃으로 여성의 이름을 삼기도 하였다.

남자는 사자, 호랑이, 늑대, 곰, 멧돼지, 매, 독수리 등 야생 맹수 맹금의 명칭을 빌려 이름으로 삼았다. 중앙아시아 安國(현 부하라 지역) 출신의 安祿山은 安國 출신의 '獅子(arslan)같이 용맹한 남자'다. 같은 맥락에서 曹나라 출신은 曹祿山이라고 불렸다. 서돌궐의 統葉護 카간은 '호랑이(tong) 군주(yabghu)'다. 이렇게 동물명을 인명이나 族名으로 차용하는 것은 고대사회에서 흔한 일이었다.

奇皇后(몽골식 이름 : Solongo Oljei Khutluk Khatun)를 도운 고려 출신 宦官
朴不花의 이름 '不花'는 꽃과 아무 관계가 없다. '늑대'를 뜻하는 몽골
어 '*buqa*'의 음역어에 해당한다. 李成桂의 부친 李子春5)이 고려인으로
귀화하기 전 사용한 몽골 이름 역시 '나라의 늑대'인 吾魯思不花
(Ulus-Buqa)였다. 그의 선조 李安社6)는 몽골 이름과 고려에 歸附하기 전
元제국으로부터 임명받은(1255년) 직책이 達魯花赤(Darughachi)7)라는 점에
서 그의 출신을 몽골인이나 여진인으로 의심할 만하다. 기황후의 오라
비 奇轍의 몽골명 *Bayan Bukha*(rich wolf)에도 늑대가 들어있다.

呂后의 이름 雉를 예로 들어 忌諱 문제를 논의하자면, 前漢의 제5대
황제(재위 : 기원전 180-기원전 157년) 文帝는 呂后의 이름이 雉라고 해서 꿩
을 野鷄라고 고쳐 불렀다. 漢 高祖 劉邦의 부인인 高皇后 呂氏(?-기원전

---

5) 조선의 추존왕이자 태조 이성계의 아버지 李子春(1315-1361년)은 본래는 원나라의 千戶長
(혹은 다루가치)로 있다가 1356년 고려가 쌍성총관부를 탈환할 때 고려에 귀순 무신으로
활약한 인물이다. 대중대부사복경과 삭방도만호 겸 병마사, 평장사 등을 역임하였다. 몽골
식 이름은 울르스부카(Ulus Bukha)이다. 사후 문하시중에 증직되었고 조선 건국 후 아들
이성계에 의해 환왕(桓王)으로 추존되었다가 다시 환조(桓祖) 연무성환대왕(淵武聖桓大王)
으로 추존되었다.
6) 이성계의 고조부로 조선 개국 후 목조(穆祖)로 추존된 李安社(?-1274년)는 고려의 문신으
로 익조(翼祖)의 아버지이다. 휘(諱)는 이다. 전주에 살다가 강원도 삼척으로 이주하였으나
지방관과의 불화로 국경을 넘어 원나라로 들어가 다루가치가 되었다고 한다.
7) 다루가치(達魯花赤, Darughachi)는 元의 행정·군사면에 있어서의 중요한 관직명이다. 어
원은 '진압하다'라는 뜻의 몽골어 *daru*에 '사람'을 의미하는 접미사 *ghachi*가 붙어 '총독'
이나 '태수'를 가리키는 용어로 사용되었다. 진수자(鎭守者) 혹은 단사관(斷事官)이라 번역
되기도 한다. 처음 칭기즈 칸이 이를 설치했을 때는 관인을 갖는 군대의 사령관으로서 관
할지의 정권을 장악하고 있었으나, 뒤에 중서성(中書省)·추밀원(樞密院)·어사대(御史臺)
등을 제외한 모든 관서에 설치되어, 각 아문의 정관의 최상위를 점하고 관할 행정 전반의
최후적 결정권을 가졌다. 제국에서는 점령지 통치관, 도시의 행정 장관으로서, 원조에서
는 지방 행정 관청에 반드시 장관 또는 감독관으로서 설치했다. 또한 제왕·공신의 채읍
에 있어서도 재정 등을 관리시켰다. 원칙적으로 몽골인만이 임명되었지만 특별한 경우 色
目人에게도 이 직책이 수여되었다. 고려에 배치된 시기는 1231년 때이다.

180년)는 文帝의 친모는 아니었다. 친모는 효문태후 박씨이고, 呂太后는 이복형 惠帝의 어머니였다. 친모는 아니지만 고황후의 이름이 하찮은 꿩과 동격으로 불리는 것은 황실의 입장에서나 자식의 도리로 보아 마땅히 꺼릴 일이었다.

이처럼 事親以孝의 유교 덕목에 충실했던 孝文帝의 이름은 恒이었는데, 그 때문에 恒山縣이 常山縣으로 개명되었다. 중국에서 관리 등용 시험에 합격한 사람을 보통 秀才라 했으나 後漢 시대 때 이를 茂才라 달리 불렀던 것도 始祖 光武帝의 이름이 劉秀였음에 기인한다. 이렇듯 지배계층에게는 자신들의 존재와 존재를 알리는 이름이 독보적이고 배타적인 것이어야 했다. 이런 의식 구조에서 여기에서 忌諱의 전통이 비롯된다.

고구려 말기의 大莫離支 淵蓋蘇文을 泉蓋蘇文, 그 아들들을 泉男生, 泉男建 등으로 기록한 것은 唐高祖의 이름이 李淵이었음에 연유한 忌諱 해프닝이다.[8] 陶淵明도 陶泉明으로 고쳐 불리는 수모를 당했다. 이렇듯 임금이나 조상의 이름을 함부로 부르는 것은 불경한 일이라는 의식에서 비롯된 忌諱 현상은 금기의 영역에 속하나 그 뿌리는 통치 이데올로기인 유교적 예법이나 윤리 규범에서 찾을 수 있다.

재론하여 예부터 우리나라나 중국에는 임금이나 성현, 집안 어른의 이름을 언급하거나 그 이름을 따서 작명하기를 삼가는 관습이 있다. 이 것을 '忌諱' 또는 '避諱'라고 하며, 줄여서 '諱'라고도 한다. 諱는 한

---

8) 중국 洛陽에는 고속도로를 사이에 두고 위나라 효명제 능묘 맞은편에 연개소문의 맞은아들 泉男生, 泉男生의 둘째아들 泉獻誠, 연개소문의 고손자 泉毖의 묘가 나란히 있고, 효명제 능묘 뒤편에 셋째 아들 泉男産의 묘가 있다. 참조 : http://blog.naver.com/PostView.nhn?blogId=omnibus1104&logNo=50169945168

국·중국·일본 등 유교문화권에서 왕이나 제후 등이 생전에 쓰던 이름을 말한다. 원래는 죽은 사람의 생전의 이름을 삼가 부르지 않는다는 뜻에서 나온 말인데, 후에는 생전의 이름 그 자체를 諱라 일컫게 된 것이다.

(1) 忌諱의 기원

忌諱는 중국에서 시작된 풍습으로 '名體不離'의 관념에 기인한다. 이름은 그것의 실체의 운명과 같이하므로 이름을 다치면 그 사람의 운명이 상하게 되며 같은 이름끼리는 서로 공감하여 길흉화복을 더불어 한다는 생각이다. 그래서 중국에서는 본명이 해를 입거나 다칠까 봐 이를 숨겨두고, 諱라 하여 本名을 철저히 安保 또는 秘藏하는 문화가 발달했다.

중원에서 忌諱는 이미 秦始皇 통치 시절 그 모습을 보이고 있다. 봉건시대에 임금의 이름은 신성하기 그지없었다. 따라서 임금의 이름과 같은 한자는 쓸 수 없었고, 심지어 같은 음의 한자라도 허용되지 않았다. 시황제는 자신의 본명인 政자를 피해 당시 모든 인명, 관리명은 물론 심지어 政이라는 글자 속에 들어 있는 '正'자도 쓰지 못하게 했다. 正月을 다른 이름으로 瑞月이라고 부르는데 이는 진시황의 이름이 政이기 때문에 같은 음의 '正'자를 忌諱한 탓이다.

그렇다면 진시황 이전에는 기휘의 습속이 존재하지 않았을까? 宋 武公9)의 이름은 司空이었다. 그래서 송나라는 이후 벼슬 이름 司空10)을

---

9) 춘추전국시대 宋國의 12대 군주 宋武公 (기원전 765-748년) : 子姓, 名司空, 戴公之子.

10) [명사] (1) [역사] 고려 시대, 삼공(三公)의 하나인 정일품 벼슬. (2) 조선 시대, '공조 판서(工曹判書)'를 달리 이르는 말. (3) 중국 주(周) 나라의 삼공(三公)의 하나. 토지와 민사(民事)에 관한 일을 맡아보던 벼슬이다.

司城으로 고쳤다. 이런 사실로 미루어 忌諱는 春秋시대부터 생겨난 일로 추측된다. 그렇다면 忌諱의 습속은 유교의 윤리규범과는 무관하다고 보아야 한다. 유교의 등장 이전부터 중원에는 조상을 숭배하고 황제와 제후의 이름 사용을 꺼리는 전통이 존재하고 있었던 것이다. 송 무공은 유교의 시조인 孔夫子(기원전 551-479년)보다 200여 년이나 앞선 인물이기 때문이다.

忌諱 풍습이 언제 우리나라에 유입되었는지는 분명하지 않으나 삼국시대 무렵일 것으로 추정된다. 신라 文武王陵碑文에는 비 건립과 관련해 '卄五日景辰建碑'라 적고 있는데, 여기에 나오는 '景辰'은 唐 高祖 李淵의 아버지 이름 昞의 음을 피하기 위하여 丙辰을 바꿔 쓴 것이다. 이렇듯 忌諱 현상은 때로 불합리하며 심리적으로만 이해가 가능하다. 우리나라의 왕조에서 고려 이전에는 왕의 휘를 피한 예가 없다. 그때까지는 왕권이 강력하게 확립되지 못하고 유교가 지배계층의 이데올로기로 확고하게 자리 잡지 못한 까닭인 듯하다.

(2) 忌諱의 대상과 방법

忌諱의 대상은 當代의 帝王이나 聖賢에 국한되다가 나중에는 집안의 웃어른 등으로 확대되었다. 기휘는 대상에 따라 國諱, 聖人諱, 家諱로 나눌 수 있다.

國諱는 帝王의 이름을 피하는 것이다. 앞에서 본 진시황의 이름 '政'의 피휘가 그 대표적 사례이며, 漢나라에서 漢 高祖 劉邦의 이름인 '邦'자를 피하여 『論語』에 나오는 '邦'자를 '國'자로 바꾼 것이 또 다른 예다.

聖人諱는 聖賢의 이름을 피하는 것이다. 중국은 12세기 이후 금나라 때부터 周公과 孔子의 이름을 피하도록 하는 聖人諱 제도가 있었다. 때

문에 孔子의 이름 '丘'를 피하기 위해 淸나라 雍正帝가 교지를 내려 사
서오경 외의 책에 나오는 '丘'자를 모두 '邱'로 바꾸게 했다. 이런 이유
로 우리나라에서도 大邱는 조선시대에는 大丘郡이었는데 공자의 이름
'丘'와 같다고 해서 '邱'로 바뀌었다.[11]

家諱는 가문 어른의 이름을 피하는 것이다. 일례로 司馬遷은 부친의
이름이 談이었기 때문에 자신이 편찬한『史記』에 張孟談을 張孟同으로,
趙談을 趙同으로 改稱해 놓았다.

避諱의 방법으로는 같은 뜻의 다른 글자로 바꾸는 改字, 해당 글자를
아예 안 쓰고 비워두는 缺字, 일부 획을 생략하는 缺畫 등의 방식이 있
었다. 唐 太宗 李世民의 휘를 피하기 위해 택한 휘법으로는 世는 代로
(뜻이 비슷한 改字), 民은 氏로(획을 생략한 缺劃) 바꾸는 방식을 택했다. 소설
『紅樓夢』에 林黛玉이라는 인물이 책을 읽을 때 '敏'자만 나오면 모두
'密'로 읽고 글을 쓸 때도 '敏'자는 반드시 한두 획을 줄여서 쓰곤 했다
는 기록이 있는데, 이 역시 모친의 이름 '賈敏'을 휘하기 위한 휘법이
다. 이렇듯 옳고 그름을 떠나 피휘 습속 때문에 사람의 이름은 물론 官
名·地名·物名 등이 改廢된 일이 허다했다.

한편 忌諱의 풍습이 일반화되면서 국왕의 이름자를 지을 때, 가능한
한 일반에 자주 쓰이지 않는 어려운 글자를 쓰는 경향이 생겼다. 이는
일반 백성들이 이름을 지을 때 불편하지 않도록 배려한 것으로 고려와
조선 왕조 임금들의 이름이 읽기조차 어려운 경우가 많은 것은 그 때문
이다. 예를 들면 조선 태조는 初名이 成桂요, 初字는 仲潔이었는데 임금

---

11) 조선 영조 26년(1750년) 유생 이양채가 '丘'자가 대성인 공자의 휘자에 저촉되므로 피해
야 한다며, 大丘를 大邱로 개칭할 것을 상소하였다. 정조·헌종 때는 大丘와 大邱가 혼
용하다가 철종 이후 大邱만 사용하였다.

이 된 뒤에 이름을 旦(아침 단)으로 고쳤다. 선조의 경우 원래 이름은 鈞이었으나 일반 백성의 이름자에 너무 많이 들어가는 글자였기 때문에 昖(해 다닐(日行) 연)으로 바꾸었다.[12]

이성계의 바뀐 이름 旦 때문에 이전까지 매달 초하루를 月旦이라 하던 것을 月朝라 했다. 임금의 이름을 함부로 부를 수 없는 제도에 어긋나는 觸諱 즉 忌諱抵觸에 해당하는 대표적 사례다. 같은 맥락에서 고구려 廣開土王이 백제 阿莘王에게 항복을 받은 곳이고, 온달장군이 신라와 싸우다 전사한 阿旦城 또한 태조 이성계의 이름인 旦자가 있다는 이유로 비슷한 글자인 阿且城으로 바뀌게 되었다.

(3) 忌諱의 확대와 부작용

우리나라에서 忌諱의 풍습은 聖學인 유교의 확산에 따른 왕권 강화와 더불어 광범위하게 뿌리를 내려 양반, 귀족, 사림 등 지배계층에서는 字와 號와 같은 제2의 이름으로 부르는 풍습이 생기게 되었다. 이런 기휘의 습속은 세월이 갈수록 폭이 넓어져 일반 백성이 자기 조상의 이름자를 피하는 풍습으로까지 확산되어 우리 선조들은 글을 읽을 때에도 최소한 5대 조상까지의 이름자가 글에 나오면 그 글자는 소리 내어 읽지 않고 默音으로 넘어가는 것이 관례였다. 자식이 부모의 이름을 말할 때, 이름 두 자를 붙여 말하지 않고 한 자씩 떼어서 '_자, _자'라고 말하는 것도 바로 忌諱에서 비롯된 풍습이다.[13]

---

12) 宣祖는 1552년 中宗의 서자 덕흥대원군 초(岹)와 하동부대부인의 셋째 아들로 태어났다. 본 이름은 鈞이었으나 昖으로 바꾸었다. 河城君에 봉해졌다가 순회세자 요절 후 明宗의 총애를 받고 곧 후사로 낙점된다. 1567년 明宗이 후사 없이 승하하자 명종이 1565년(명종 20년)에 병석에서 밝힌 바에 따라 16살의 어린 나이로 왕위에 올랐다.

13) 참고 : http://blog.daum.net/literapen/8508384

개인의 언어선택의 자유를 제한한다는 측면에서 忌諱는 악습이기도 하다. 나 아닌 다른 이로 인해 내가 주도적으로 언어 사용을 할 수 없기 때문이다. 한편 오랜 세월에 걸쳐 면면히 전승된 기휘의 전통은 때로 근거 없는 미신이나 부작용을 낳았다. 당나라 때 李賀는 부친의 이름이 晉肅이었다. 당대 사람들은 父名에 觸諱된다고 하여 그가 進士가 못 될 것이라고 했다. 晉과 進은 同音이고, 肅과 士는 음이 相似한 고로 그가 進士 벼슬을 얻어 官命으로 李 進士라고 불리게 될 경우 '존대하여야 할 웃어른인 아버지의 이름을 함부로 부르는' 촉휘가 된다는 것이었다. 이는 숫자 四가 죽음을 뜻하는 死와 소리가 닮았다고 해서 기피하는 것과 같은 맥락의 언어적 미신이다.

李賀에게 관직 진출을 권유했다가 남의 是非를 만나고, 이런 불합리한 忌諱를 못마땅하게 여긴 韓愈(韓退之)는 그에 대한 대응으로 「諱辯」을 지어 事理를 밝혀 자신의 의사를 분명히 하였다. 迷惑에 反하는 그의 辨白은 다음과 같다.

諱辯

愈與進士李賀書(유여진사이하서) 勸賀擧進士(권하거진사) 賀擧進士有名(하거진사유명)與賀爭名者毁之曰(여하쟁명자훼지왈) 賀父名晉肅(하부명진숙) 賀不擧進士爲是(하불거진사위시) 勸之擧者爲非(권지거자위비) 聽者不察(청자불찰) 和而唱之(화이창지) 同然一辭(동연일사) 皇甫湜曰(황보식왈) 子與賀且得罪(자여하차득죄) 愈曰然(유왈연) 律曰(률왈) 二名不偏諱(이명불편휘) 釋之者曰(석지자왈) 謂若言徵不稱在(위약언징불칭재) 言在不稱徵是也(언재불칭징시야) 律曰不諱嫌名(율왈불휘혐명) 釋之者曰(석지자왈) 謂若禹與雨(위약우여우) 丘與蓲之類(구여구지류) 是也(시야) 今賀父名晉肅(금하부명진숙) 賀擧進士(하거진사) 爲犯二名律乎(위범이명률호) 爲犯嫌名律乎(위범혐명률호) 父名晉肅(부명진숙) 子不得擧進士(자불득거진사) 若父

名仁(약부명인) 子不得爲人乎(자불득위인호) 夫諱始於何時(부휘시어하시)
作法制以敎天下者(작법제이교천하자) 非周公孔子歟(비주공공자여) 周公作
詩不諱(주공작시불휘) 孔子不偏諱二名(공자불편휘이명) 春秋不譏不諱嫌名
(춘추불기불휘혐명) 康王釗之孫(강왕쇠지손) 實爲昭王(실위소왕) 曾參之父
名晳(증참지부명석) 曾子不諱昔(증자불휘석) 周之時(주지시) 有騏期(유기
기) 漢之時(한지시) 有杜度(유두도) 此其子宜如何諱(차기자의여하휘) 將諱
其嫌(장휘기혐) 遂諱其姓乎(수휘기성호) 將不諱其嫌者乎(장불휘기혐자호)
漢諱武帝名徹(한휘무제명철) 爲通(위통) 不聞又諱車轍之轍(불문우휘차철지철)
爲某字也(위모자야) 諱呂后名雉(휘여후명치) 爲野鷄(위야계) 不聞又諱治天
下之(불문우휘치천하지치) 爲某字也(위모자야) 今上章及詔(금상장급조) 不
聞諱滸勢秉饑也(불문휘호세병기야) 惟宦官宮妾(유환관궁첩) 乃不敢言諭及
機(내불감언유급기) 以爲觸犯(이위촉범) 士君子立言行事(사군자입언행사)
宜何所法守也(의하소법수야) 今考之於經(금고지어경) 質之於律(질지어률)
稽之以國家之典(계지이국가지전) 賀擧進士(하거진사) 爲可耶(하거진사위
가야) 爲不可耶(위불가야) 凡事父母(범사부모) 得如曾參(득여증참) 可以無
譏矣(가이무기의) 作人得如周公孔子(작인득여주공공자) 亦可以止矣(역가
이지의) 今世之士(금세지사) 不務行曾參周公孔子之(불무행증삼주공공자지
행) 而諱親之名(이휘친지명) 則務勝於曾參周公孔子(칙무승어증참주공공
자) 亦見其惑也(역견기혹야) 夫周公孔子曾參(부주공공자증참) 卒不可勝(졸
불가승) 勝周公孔子曾參(승주공공자증참) 乃比於宦官宮妾(내비어환관궁
첩) 則是宦官宮妾之孝於其親(칙시환관궁첩지효어기친) 賢於周公孔子曾參
者耶(현어주공공자증참자야)

나는 이하에게 편지를 보내, 이하에게 진사 시험에 응시하도록 권하
였는데, 이하가 진사에 합격하여 이름이 나게 되었다. 이하와 명성을 다
투는 자가 그를 훼방하여 말하기를, "이하의 아버지 이름이 진숙이니,
이하는 진사에 뽑히지 말았어야 옳고, 그를 응시하도록 권한 자도 옳지
못하다." 이 말을 들은 사람들은 자세히 살피지도 않고 한 사람의 말에
따라 덩달아 그렇게 떠들어대며 한결같이 말을 한다. 황보식이 말하기
를, "선생님과 이하는 장차 죄를 얻게 될 것입니다." 하였다. 내가 대답

하기를 "그렇다." 했더니, 율법에 이르기를 "두 글자로 된 이름은 그 중 한 자를 쓰는 것은 휘하지 않는다."하였다. 그것을 해석한 사람이 말하기를, "공자의 어머니인 징재[14]를 예로 든다면 '징'을 말할 때 '재' 를 말하지 않고, '재'를 말할 때 '징'을 말하지 않는 것이 이것이다."하였다. 율법에 이르기를, "글자의 음이 비슷한 경우는 휘하지 않는다." 하였다. 그것을 해석한 사람이 말하기를, "우왕의 이름인 '우(禹)'와 '우(雨)', 공자의 이름인 '구(丘)'와 '구(蓲)' 같은 것이 이것이다."하였다. 지금 이하의 아버지 이름이 진숙인데, 이하가 진사로 뽑힌 것이 두 자로 된 이름은 한 자를 쓰는 것은 휘하지 않아도 된다는 율법을 범한 것이란 말인가? 아버지의 이름이 진숙이라 하여 아들이 진사에 천거될 수 없다면, 만일 아버지의 이름이 '인(仁)'인 경우에는 아들은 사람이 될 수도 없단 말인가? 대체 휘법이 언제 시작된 것인가? 법제를 만들어 천하를 가르친 사람은 주공과 공자가 아니었던가? 주공은 시를 지음에 있어서 휘하지 않았고, 공자는 두 글자 이름의 경우 한 자를 쓰는 것을 휘하지 않았으며, <춘추>에서는 비슷한 음을 가진 이름자를 휘하지 않았다 해서 나무라지 않고 있다. 주나라 가왕 '교'의 자손이 실제로 소와이었고, 증삼의 아버지 이름은 석인데 증자는 석자를 휘하지 않았었다. 주나라 때에는 기기라는 사람이 있었고, 한나라 때에는 두도라는 사람이 있었다. 이 사람들은 그 자손들이 어떻게 휘했어야 하겠는가? 만일 그 비슷한 음의 글자를 휘한다면 결국 그 성을 휘하여야 되지 않겠는가? 아니면

---

14) 孔子(기원전 551-479년)의 이름은 丘, 자는 仲尼. 부친 淑梁紇은 이미 노나라 施氏의 딸을 아내로 맞아 소생이 아홉이나 있었다. 그러나 모두 딸이었다. 또 첩의 몸에서 얻은 孟皮라는 아들이 하나 있었는데 다리가 불구였다. 성한 아들을 원한 숙량흘은 顔氏네 가장에게 청해 세 딸 중 하나를 달라고 했다. 마침내 막내인 徵在에게 장가들어 공자를 낳았다. 결혼 당시 징재의 나이는 20세 미만이고, 숙량흘의 나이는 대략 66세(혹은 70세가 넘은 고령)였던 것으로 추정된다. 공자의 아버지 숙량흘은 魯나라의 公邑인 耶의 大夫가 되어 그곳을 다스렸다. 공읍의 대부인 경우 邑名을 이름 앞에 붙이는 것이 통례이기 때문에 耶人紇, 耶淑紇이라고 부르기도 했다. 징재가 숙량흘에게 시집가 그가 늙은 것을 보고 오래 살지 못할 것이라 생각해 니구산에 들어가 기도를 드려 그 정성으로 공자를 낳았다. 그래서 공자의 이름이 구요, 자가 중니가 되었다. 자에 쓰인 仲은 둘째라는 의미로 맏아들은 첩의 소생인 맹피다.

음이 비슷한 글자를 휘하지 말아야 하는가? 한대에는 무제의 이름인 '철'자를 휘하여 '통'으로 썼으나, 또 거철(車轍)의 '철(轍)'를 휘하여 다른 자로 바꿔 썼다는 말은 듣지 못했다. 여후의 이름 '치(雉)'를 휘하여 '야계(野鷄)'로 썼으나, 또 '치천하(治天下)'의 '치(治)'를 다른 자로 바꿔 썼다고는 듣지 못했다. 오늘날 위로 올리는 글인 장(章)으로부터 아래로 내리는 글인 '조(詔)'에 이르기까지 호・세・병・기 등의 글자를 협명이 된다 하여 휘하였다고는 듣지 못했다. 다만 환관이나 궁녀들만이 대종(代宗)의 휘자인 '예(豫)'와 현종의 휘자인 융기와 비슷한 글자인 '유(蹯)와 기(機)'자를 감히 말하지 않고 있으며, 그렇게 하면 휘법에 저촉되는 것으로 여기고 있다. 선비나 군자로서 말하고 일을 행함에 있어 어느 것을 본받아 지킴이 마땅하겠는가? 지금 그것을 경서에 비추어 생각해보고, 율법에 물어 따져보고, 국가의 법전에 의거해 헤아려 보건대, 이하를 진사로 천거한 일이 옳은 일인가, 옳지 못한 일인가? 무릇 부모를 섬김에 있어 증삼만큼 해낼 수 있다면, 나무랄 바가 없다고 할 것이다. 또 사람됨에 있어서 주공이나 공자만큼 될 수 있다면 역시 더 바랄 것이 없다고 할 것이다. 오늘날의 선비들은 증삼・주공・공자의 행실을 행하고자 힘쓰지는 않으면서 어버이의 이름을 휘하는 것에 있어서는 증삼・주공・공자보다 낫고자 힘쓰고 있으니, 역시 그 미혹되어 있음을 알 수 있다. 주공・공자・증삼과 같은 사람은 아무리 해도 그들보다 더 나아질 수 없는 분들이다. 주공・공자・증삼보다 더 앞질러서 환관・궁녀들과 나란히 휘하고 있으니, 이는 곧 환관이나 궁녀들이 어버이에 효도하는 것이 주공・공자・증삼같은 이들보다 현명하다는 말인가?

위에서 한퇴지는 律의 二名不偏諱와 嫌名不諱를 거론했다. 이명불휘란 두 자 이름에서 한 자만을 휘하지 않는다는 의미요, 혐명불휘란 동음의 다른 글자를 휘하지 않는다는 의미다. 그러므로 晉肅의 晉자나 肅자를 따로 떼어서는 휘할 까닭이 없으며, 동시에 유사음인 進士는 더구나 이유가 없다는 것이 한퇴지의 견해다. 그러나 율에는 아무리 그렇게 적혀 있다고 해도 실제는 그렇지 않았던 것이 세간의 기휘 현실이었음을 짐작할 수 있다.

李賀의 건과 비견되는 기휘의 흥미로운 사례가 있다. 조선 세종 때의 名臣 柳觀의 아들 柳季聞은 경기도 觀察使를 제수 받았는데 관직 이름의 머리글자 觀이 부친 이름을 侵諱한다 하여 관찰사직을 사임한다. 그러나 조정으로부터 사임이 받아들여지지 않자 그의 아버지가 觀을 寬으로 바꾸었다는 내용이 『林下筆記』에 전한다.15)

당 태종의 이름 世民을 휘하기 위해 高宗 永徽 초부터 民部를 戶部로 고치고 李世勣을 李勣으로 고쳤는데 이는 이명편휘의 예에 해당한다.16) 더 나아가 대승불교에서의 자비의 상징인 觀世音菩薩17)마저 觀音菩薩로 불리게 된 배경 역시 그러하다.

漢 文帝의 이름을 諱하기 위해 姮娥마저 嫦娥로 고치고, 半祜가 죽은 뒤 荊州 사람들이 그 이름을 휘하기 위해 室戶의 戶를 전부 門으로 고친 것은 嫌名을 휘한 사례에 속한다. 이와 같은 까다로운 諱法이 시작된 것은 항아와 양호의 예로 보아 실상 당나라 이전이었고 아주 굳어지

---

15) 출처 : http://www.geojenews.co.kr/news/articleView.html?idxno=8196

16) 『全唐文』 卷4에 전하는 李世民이 내린 二名不偏諱令: 依禮, 二名義不偏諱. 尼父達聖, 非無指. 近世以來, 曲爲節制. 兩字兼避, 廢闕已多 ; 率意而行, 有違經語. 今宜依據《禮》典, 務從簡約, 仰效先哲, 垂法將來. 其官號, 人名及公私文籍, 有世及民兩字不連讀者, 並不須避.

17) 관세음보살은 '모든 것을 내려다보는 主(Lord who looks down)'라는 의미의 산스크리트어 अवलोकितेश्वर(Avalokiteśvara)의 초기형인 Avalokitasvara (Bodhisattva)의 한자 의역. 관세음보살은 석가모니 부처 입적 이후 미륵불이 출현할 때까지 중생들을 고통으로부터 지켜주는 大慈大悲의 보살이다. 관자재보살(觀自在菩薩), 광세음보살(光世音菩薩), 관세자재보살(觀世自在菩薩), 관세음자재보살(觀世音自在菩薩) 등으로도 불린다. 중국에서는 남해관음(南海觀音), 남해고불(南海古佛)이라고도 불린다. 티베트에서는 달라이 라마를 관세음보살의 현신으로 믿고 숭앙한다. 관세음보살의 어원에 대해서는 http://en.wikipedia.org/wiki/Avalokite%C5%9Bvara 참조.

기는 호부와 이적의 예로 보아 당 초기였던 것으로 생각된다.(洪起文, 1997)

앞에서 보았듯, 조선왕조 개국에 즈음하여 李成桂가 太祖로 등극하며 새로 가진 이름이 旦이다.[18] 다시 말해 함경도 출신의 무장으로서의 원래 이름은 成桂였으나 조선건국 후 개국주의 위상에 걸맞게 旦으로 개명한 것이다. 여기에는 신분 상승에 따른 作名의 차별화 등 복합적 의도가 개입되었다고 보아야 한다. 동생 방원에게 禪讓한 조선의 제2대 임금 定宗(1357-1419년, 재위 : 1398-1400년)도 初名은 芳果였으나 후일 휘를 曔으로 바꾼다. 자는 光遠이다. 그러나 사실상 조선의 창업 군주인 3대 太宗(1367-1422년, 재위 : 1400-1418년)은 휘가 芳遠, 자는 遺德으로 외자 이름이 전하지 않는다. 왕자 때 받은 君號는 靖安君이다. 그러나 이를 예외로 하면, 이후 조선의 왕들은 관습적으로 외자 이름을 갖는다. 世宗의 諱는 祹요 자는 元正,[19] 文宗의 휘는 珦이며 자는 輝之이다. 동생이자

---

18) 조선 개국 전 이성계는 고려의 무장으로 함경도 영흥 출신이며, 姓은 李, 本貫은 全州, 諱는 旦, 初名은 成桂, 初字는 仲潔, 字는 君晉, 號는 松軒·松軒居士이다. 諡號는 태조강 헌지인계운성문신무대왕(太祖康獻至仁啓運聖文神武大王)이며 이후 尊號를 더하고 대한제 국 때 명나라에서 내린 시호 강헌(康獻)을 폐지하고 고황제(高皇帝)로 추존하여 정식 시 호는 태조지인계운응천조통광훈영명성문신무정의광덕고황제(太祖至仁啓運應天肇統廣勳 永命聖文神武正義光德高皇帝)이다. 太祖陵은 경기도 구리시에 있는 건원릉(健元陵)이다. 서민, 천민은 성은커녕 변변한 이름조차 없었음에 비하면 지배계층의 이름에 대한 집착 은 과도하기 이를 데 없다.

19) 세종의 형으로 본래 왕세자로 책봉되었던 양녕대군(讓寧大君, 1394-1462년)의 휘는 제 (禔), 자는 후백(厚伯), 시호는 강정(剛靖)으로 세종(忠寧大君), 효령대군, 성녕대군의 친형 이다. 세종의 둘째 형 孝寧大君의 이름은 보(補)이다. 초명은 호(祜)였는데 19세에 보(補) 로 고쳤다. 자는 선숙(善叔), 호는 연강(蓮江), 시호는 정효(靖孝)이다. 14살 이른 나이에 홍역으로 세상을 뜬 태종의 넷째아들(원경왕후 소생) 誠寧大君의 휘는 褈이며, 형이었던 세종(충녕대군)이 즉위한 후 그의 셋째아들 안평대군이 양자로 들어가 대를 잇는다. 태 종 이후 조선 왕실계보를 통해 휘와 자와 군호에 이르기까지 비로소 음양오행을 바탕으 로 한 작명이 이뤄졌음을 알 수 있다. 참고로 인평대군을 통한 대군의 後嗣잇기와 관련 하여, 안평대군은 1453년(단종 1) 계유정난에 연루되어 강화도로 귀양 갔다가 그 해 10

조카 단종을 내몰고 왕위를 찬탈한 수양대군 世祖의 휘는 珛, 자는 粹之이다. 이렇듯 조선왕조 왕실과 상류층은 두 글자 이름을 기피하고 외글자 이름을 취한다. 존숭의 의미가 내포된 전통적 기휘와는 다른 각도에서 신분의 차이를 이름에 반영한 기휘라고 할 수 있다.

3) 親諱

기독교와 이슬람 문화권에서는 聖人의 이름을 일반인의 姓이나 이름에 사용하는 것은 너무나 자연스런 일이다. 때문에 예수의 제자 베드로(Peter)와 복음전도사 바울(Paul)은 물론 신약 4복음서의 저자인 John, Matthew, Luke, Mark는 흔한 서양인의 이름과 성으로 쓰인다. 마찬가지로 이슬람의 창시자 Mohammed(or Muhammad)와 그의 후계자 Ali, Hussein 등은 이슬람 사회에서 아주 흔한 이름이다.

'미남'(handsome)이라는 의미의 아랍어 *Hassan*의 애칭(diminutive) Hussein (Arabic : حسين, Ḥusayn)은 다양한 변이형으로 사용된다. Husein, Husain, Hussain, Husayin, Hussayin, Hüseyin, Huseyin, Husseyin, Huseyn, Hossain, Hossein, Husseyn, Ḥosayn, Hosayn, Hossein, Hussain 등이 그들이다. 다

월 19일 안평대군 일가가 화를 입어 멸문당하고 대군의 부인 성씨 또한 그해 10월 22일 경주로 귀양 가 폐출(廢黜, 지위나 작위, 관직을 몰수하고 내침)되었다. 1461년(세조 6)에 종부사(宗簿寺)에서 大君家의 代가 끊기어 제사봉행을 못하고 있으므로 효령대군의 6남 원천군(原川君) 의(宜)를 양자로 들여 봉사하도록 하였다. 이후에도 종손이 일곱 번이나 끊겼다. 딱하게 여긴 고종이 입직강관 이승보에게 명하여 대군의 후손을 찾게 하고 傳旨를 내려 제사지내도록 하였다. 그러나 입직강관 이승보의 농간으로 고종의 은전을 받지 못하고 가세가 계속 기울어 고양시 대자동에서 충청도 음성으로 하향까지 하였다. 이후 주경야독하고 후학을 양성하여 대군의 16대손에 이르러 종손가에 여유로운 훈풍이 불면서 종사가 활기를 띠기 시작했다. 전주이씨 효령대군과 종회에서 같은 종손으로 예우하고 있다.

양한 변이형이 존재한다는 것은 그만큼 이 이름이 아랍인들(특히 시아파 무슬림)에게 친근하다는 의미다. 이 이름은 이슬람 이전에는 존재하지 않았다. 선지자 무하마드(Muhammad)가 대천사 가브리엘(Gabriel)의 명령에 따라 자신의 손자 이름을 *Husayn ibn Ali*로 칭하면서 최초로 사용되었다. 유교사상을 바탕에 둔 동양의 농경문화에서는 성인의 이름은 당연히 諱해야 했다. 그러나 유목민의 종교라 할 수 있는 이슬람에서는 오히려 이와 같이 稱諱로서 애정을 표시하는 일이 허용된다.

심지어는 신의 이름조차 인간의 이름 속에 포함한다. 聖人諱와 같은 忌諱에 익숙한 사람들에게는 대단한 불경이다. '신의 종'(servant of God)이라는 의미를 지니는 Abdullah라는 남성 이름은 *'abd* 'servant'와 '*Allāh*', 'the All-highest'; 'God'의 합성어이다. 이 이름이 무슬림 남성의 이름으로 애호되는 것은 신에 대한 굴종과 겸손을 뜻하기 때문이다. 무하마드의 언행록인 *Hadith*에도 "전능하고 위대하신 알라신에게 가장 사랑받는 이름은 'Abdullah'와 'Abdur-Rahman'(servant of the Most Merciful)"라 기록되어 있다.

동양사회의 유목문화권에서도 한 집단의 酋師(chieftain)나 수령의 이름을 빌려 쓰는 것이 하등 문제가 되지 않는다. 칭기즈칸의 兒名 *Temüjin*(帖木兒; 鐵木爾)의 변이형이 수많은 후세 인물의 이름 속에서 발견되는 것은 그 때문이다. 마찬가지로 匈奴 單于 頭曼,[20] 新나라를 세운 王莽의 별칭 東明, 고구려 건국주 이름 朱蒙처럼 모두 동일한 음가와 의미를 지니는 명칭이 신분에 관계없이 초원 남자들의 이름으로 흔히 사용되는 것도 유목문화의 전통 속에서 그 까닭을 찾을 수 있다.

---

20) '萬人長'이라는 의미의 몽골어 혹은 투르크어 *tumen*.

고려 貢女 출신으로 元 혜종의 황후가 된 奇皇后(1315-1369년)의 몽골 명은 *Solongo Öljei Khutugh*(肅良合 完者 忽都)다. 그녀의 남편은 Toghun *Temür Khan*(安懽帖睦爾)으로 황실의 전통에 따라 '바다처럼 위대한 칸'인 칭기즈칸의 어릴 적 이름 Temür를 차용했다. 또한 원제국 12대 황제인 文宗의 몽골명칭은 '축복받은 [행운의] 황제'라는 뜻을 지닌 Jayaatu Khan(Mongolian : Jayaγatu qaγan, 1304 - 1332)으로 아명은 *Tugh Temür*(圖帖睦 爾)였다.

Temür라는 이름이 황실에서만 애호된 것은 아니었다. 1335년 원 순 제(혜종)의 황후 答納失里가 오라비인 唐其勢와 塔剌汗 형제의 모반 음모 로 독살되었는데, 이들의 아버지 역시 *El Temür*(燕鐵木兒 혹은 燕帖木兒, 1285~1333년)였다. 1356년 공민왕의 奇氏 일가 숙청 소식을 접한 기황 후가 공민왕을 응징하기 위해 고려의 새로운 왕으로 봉하고 1만 군대 와 함께 파견한 忠宣王[21]의 서자 德興君의 몽골 이름도 *Tash Temür*였 다. 공민왕의 몽골 이름 *Bayan Temür*(伯顔 帖木兒) 역시 몽골인들이 친애 하는 *Temür*를 포함하고 있다. 공민왕의 嫡后 魯國大長公主(?-1365년)의 아버지는 元 順宗의 손자인 魏王 베이르 테무르(孛羅 帖木兒)다. 그녀의 몽 골 본명은 *Borjigin Budashiri*(孛兒只斤 寶塔實里)로 앞의 보르지긴은 테무진 가의 성이다. 공민왕이 지어준 고려식 이름은 王佳珍이었다.

원 황실 내의 갈등 속에 1364년 기황후 반대세력이 皇都 칸 발릭 (Khan Baliq)을 점령하기에 이르는데, 이때의 우두머리가 *Bolud Temür*로 역시 *Temür*를 親諱했다. 어머니인 기황후 *Öljei Khutugh*가 *Bolud Temür*

에 잡혀 감금되고, 아들 *Ayurshiridar*는 지지파인 또 다른 *Temür*인 *Köke Temür*에게로 피신한다.

이렇듯 유목사회에서는 제국의 창업군주나 종교의 창시자 혹은 다른 유명인들의 이름이 기피의 대상이 아니라 개인의 이름이나 성으로 친밀하게 접할 수 있는 것이다. 이런 親諱의 문화는 유목민의 개방성과 수평적 사고에 그 뿌리를 둔다고 말할 수 있다. 예외가 있을 수 있지만, 고대 유목집단의 칸(khan)이나 벡(bäg : tribal leader)은 병사나 일반 백성들과 같은 음식을 먹고 똑 같은 천막에 거하고 전투에서는 앞장서 싸웠다. 그러므로 이들은 공포가 아닌 존경의 대상이었고, 따라서 이들의 이름을 친하게 사용하는 것은 너무나 자연스런 일이었다. 자연환경의 차이는 있지만, 유목사회에 수많은 *Temür*와 *Muhammad*가 존재하는 이유다.

그러나 자연과 인간, 先代와 後代, 그리고 군주와 신하의 관계가 개방적이고 수평적이었던 유목민 사회에도 忌諱가 없지는 않았다. 몽고인들의 기원과 갈래를 다룬 『부족지』는 "과거에 몽골인들은 그 지방(탕구트)을 카신(Qashin)[22]이라고 불렀다. 우구데이의 아들이자 카이두[23]의 아버

---

22) '河西'를 옮긴 말로서, 『몽골비사』에는 Qashin으로 표기되었다. '황하의 서쪽'이라는 뜻이지만 통상 한문 자료에서 이 말은 河西回廊이 있는 지역을 가리킨다. 그러나 여기서는 당시 몽고인들의 용례에 따라 西夏의 근거지인 陝西, 甘肅, 靑海를 광범위하게 지칭하고 있다.

23) 카이두(海都, Qaidu, 蒙古語 : ᠬᠠᠢᠳᠤ, 1234-1301年)는 蒙古帝國 오고타이 카간(窩闊台可汗, Ögedei qayan, 蒙古語 : ᠥᠭᠡᠳᠡᠢ ᠬᠠᠭᠠᠨ, 『蒙古秘史』에는 斡歌歹合罕으로 표기, 1186-1241)의 손자이며 오고타이의 일곱 아들 줄 다섯째인 카신(合失, Qashin)의 아들로 오고타이 칸국의 실질적 창립자. 오고타이는 칭기즈칸(成吉思汗, 元太祖)의 삼남이자 후일의 元太宗. 카이두의 아버지 카신(合失)大王의 生母는 오고타이의 大皇后인 李刺合眞皇后, 카신은 1215年에 태어나 술을 너무 좋아한 탓에 일찍 죽었다. 결국 아들 카이두가 오고타이 칸국의 카간이 되어 역시 칭기즈칸의 손자인 元世祖 쿠빌라이(忽必烈) 및 元朝2대 황제(몽

지인 카신(Qashin)이 죽자 카신이라는 그의 이름이 避諱가 되어 그때부터 이 지방을 다시 탕구트라고 부르며 현재도 이 이름으로 불린다."며 몽골인들의 忌諱를 기록하고 있다.

이와 관련해 『元史』는 "카신(Qašin, 合失, 蒙古語 : ᠬᠠᠱᠢᠨ, 1215年-?)은 蒙古帝國大汗 窩闊台의 第五子로 乞剌合眞皇后 所生이다. 合失은 술을 좋아해 이른 나이에 세상을 떴다. 蒙古에서 西夏를 河西라 칭했는데, 合失과 河西의 音이 비슷했다. 合失이 죽자 사람들이 모두 河西라 말하기를 꺼리고 오직 唐古特이라 칭했다."고 좀 더 구체적으로 忌諱의 까닭을 전한다. 合失과 河西의 관계에서 보는 忌諱는 의미와는 상관없이 오로지 음의 近似에서 비롯되는 현상이라고 할 수 있는데, 이런 예외적 사실로 미루어 문화적 금기는 시공의 변화와 함께 함을 알 수 있다.

칭기즈칸의 넷째 아들 이름은 톨루이(Tolui, Toluy, or Tului)였다. 몽골어인 이 이름의 말뜻은 '거울'이다. 그가 사망한 뒤 '거울'을 뜻하는 tolui라는 어휘는 기휘가 되었다.24) 그 결과 오늘날의 몽골인들은 거울을 '톨루이' 대신 '크즈그(kuzgu)'25)라고 부른다.

몽골제국의 구성 집단 중에 몽골화된 투르크 종족들이 있다. 그 중 하나로 수니트 종족이 있다. 수니트는 『몽골비사』 47절에는 Sönid로, 『元史』 권 77, 國俗儀禮 편에는 雪泥로 표기되어 있다. 蘇尼特[Sūnítè]으

고제국 제6대 대칸인 成宗 티무르(鐵穆耳(초명?), 完澤篤皇帝(Öljeyitü Qaɣan), 쿠빌라이의 손자, 쿠빌라이 太子 眞金의 삼남)와 몽고제국 최고 통치권을 놓고 벌인 40여 년간의 쟁투 끝에 1301년 가을 교전 중 부상을 입고 세상을 떠났다. 몽고어 '올제이투(Öljeyitü)'의 의미는 '吉祥, 壽福'. 성종의 뒤를 이은 조카 武宗의 이름은 카이산(海山, Qayisan, 蒙古語 : ᠬᠠᠶᠢᠰᠠᠨ, 1281-1311年, 答刺麻八刺의 아들, 재위 : 1307-1311년)으로 황제명은 曲律皇帝(Külüg qaɣan). 몽골어 Qayisan의 의미는 '城墙', Külüg는 '俊傑'이라는 뜻이다.

24) 『칭기즈칸 기』 113-114쪽.

25) 참고로 '거울'을 지칭하는 크림 타타르어(qırımtatarca; Crimean Tatar)는 küzgü[kyzgy]다.

로 전사되기도 한다. 영어로는 Sonid 또는 Sönid, 칼하 몽골어(Khalkha-Mongolian)로는 Sönöd로 표기되는 이 종족 명칭의 복수형은 Sunud다. 우리 식으로 말하면 이들은 순(Sun)족인 것이다. Sun이 무슨 의미를 내포한 말인지는 정확히 알 수 없다.

수니트 종족 출신의 아미르(amir, 族長) 중 차가타이 쿠축(Cahgatai-ui Kuchuk)이라는 인물이 있었다. 그 당시 칭기즈칸의 둘째아들로 차가타이 칸국(the Chagatai Khanate)의 칸이었던 차가타이(1183~1242년, 재위 : 1226~1242년)가 1242년에 사망하면서 그의 이름이 기휘되었기 때문에, 이후로는 차가타이 쿠축을 순타이(Suntai)라고 불렀다. 그가 수니트 종족 출신이기 때문이었다.

유목문화권에서 찾아볼 수 있는 또 다른 기휘 사례를 살펴보도록 하자. 女眞族이라는 종족 명칭(ethnonym)이 있다. 여기서 女眞이라는 시니피앙이 의미하는 바가 무엇인지는 확실치 않다. 그런데 女眞을 女直, 女質 등으로도 표기했다. 이들이 단순히 동일한 음의 異借字 혹은 異表記일 것이라고 보고 또 고대음의 대부분이 字末 받침이 없다는 점에 근거하여, 眞-直-質의 上古音을 /çi/라 판단했다.[26]

그러나 이런 판단에 의문을 갖게 하는 역사적 사실이 존재한다. 거란족의 나라 遼(916~1125년)[27]만이 女眞族[28]을 女直이라 표기하였다. 『遼

---

26) 고대어의 대부분이 자말 받침이 없다는 또 다른 예로 가야국 시조의 이름을 들 수 있다. 수로왕(首露王)의 이표기로 수릉(首陵)이 있는데 양자는 다 같이 '太陽'을 뜻하는 [sur(i)]의 音借字다.

27) 요(遼), 거란국(契丹國, Khitan) 및 카라 키탄(Kara Khitan, 흔히 西遼라고 불리지만, 의미상으로는 '검은 거란'이라는 뜻의 '黑遼'라고 하는 게 맞다)은 거란족이 세운 나라로 지금의 내몽골 자치구를 중심으로 중국 북쪽과 특히 서요는 알타이 산맥을 넘어 중앙아시아 스텝 지역까지 지배한 유목왕조였다. 초대 황제는 耶律阿保機다. '遼'는 중국식 국호이고 거란(契丹, Khitan)은 거란인들이 스스로를 가리킨 명칭이다. '키타이(Khitai)'는

史』에서는 女眞을 女直이라 표기한 까닭을 忌諱라고 설명하고 있다. 기존에 사용되던 女眞이라는 명칭을 두고 구태여 女直으로 바꿔 사용한 이유는 간단하다. 遼의 7대 황제 興宗의 이름이 耶律宗眞인데,[29] 聖人이나 祖父의 이름은 함부로 사용하지 않는다는 사회적 금기인 기휘 때문에 女眞의 眞을 直으로 바꿔 女直으로 改稱한 것이다.

이렇듯 두려움과 존경의 대상이기 때문에 함부로 언급할 수 없다는 취지에서 유목 제국의 군주들 이름 중에는 기휘의 대상이 된 경우가 상당수 존재한다. 사람의 이름뿐만이 아니라 특정 인물과 관련된 장소도 기휘의 대상이 되어 다른 명칭을 사용하는 경우도 있다. 예를 들어, 칭기즈칸의 무덤이 있는 부르칸 칼둔(Burqan Qaldun) 산도 '출입이 금지된 偉大한 山'이라는 뜻의 'yeke qoriq'라고 불렀다. 한자어 忌諱에 대응되는 몽골어 qoriq는 '둘러싸다, 보호하다, 금지하다'라는 의미의 qori-에서 파생된 말로 '금단지역, 금획지구'라는 뜻을 지닌다.

이란(고대 페르시아)식 이름이며, 遼를 계승한 金나라의 역사서는 [çidan]으로 표기하고 있다. 我羅斯(Rus) 즉 러시아아인들은 이들을 Cathay(카타이)라고 불렀다.

28) 이 종족의 명칭은 시대에 따라 달라 춘추전국시대에는 肅愼, 漢代에는 挹婁, 남북조시대에는 勿吉, 隋·唐대에는 靺鞨로 불렀다. 10세기 초 宋代에 이르러 처음으로 女眞이라 하여 明에서도 그대로 따랐으나, 淸代에는 滿洲族이라고 불렀다.

29) 요나라 제 7대 황제인 흥종(興宗, 재위 : 1031~1055년) 신성효장황제(神聖孝章皇帝)의 본명은 야율종진(耶律宗眞)으로 흥종은 廟號요, 신성효장황제는 謚號임. 흥종은 聖宗(재위 : 982~1031년, 본명 : 야율륭서(耶律隆緒), 거란어로는 문수노(文殊奴)의 장남으로, 궁녀 소누근((蕭耨斤, 후일의 추존황후 흠애황후(欽哀皇后))의 소생이었지만, 소생이 없는 聖宗의 정비 인덕황후 소씨(仁德皇后, 소보살가(蕭菩薩哥), 983~1032년)로부터 친자식과 다를 바 없는 사랑을 받으며 자랐다. 1021년, 여섯 살 나이에 황태자가 되었고 1031년 아버지 성종이 죽자 즉위하였다.

3. 맺음말

사람들은 끊임없는 접촉 속에 삶을 영위한다. 접촉을 통해 문화가 수용되기도 거부되기도 한다. 때문에 禁忌조차 절대적인 가치를 지니지 않는다. 금기는 시공간적으로 변모한다. 유목문화의 금기가 농경문화의 금기와 일맥상통한 부분이 있는 것은 인간 사고와 감정의 보편성에 기인한 것일 수 있으며, 또 다른 측면에서는 상호영향을 미친 때문일 수도 있다. 그런가하면, 문화접촉에도 불구하고 독자성을 지닌 해당 문화고유의 금기가 있다.

서양이나 동양이나, 농경사회에서나 유목사회에서나 가운데 손가락을 함부로 치켜드는 행위는 금기시된다. 성적 암시를 뜻하기 때문이다. 한 손으로 동그라미를 만들고 다른 손바닥으로 두들기는 행위 역시 무례함을 벗어난 성적 금기에 해당한다. 문화의 공통성을 엿볼 수 있는 금기 사례다. 이방인 손님의 침소에 아내를 혹은 부락의 여인을 머물게 하는 호의를 거절하는 것은 몽골사회에서는 절대 금기다. 물론 이런 유목문화 고유의 습속은 현재는 거의 사라졌다. 유교전통이 지배하는 농경사회에서 첩의 자식이 아버지를 아버지라 부르거나, 형을 형이라 부르는 것은 금기의 영역에 속한다. 그러나 유목사회에서는 자신의 부인이 다른 남자의 아이를 낳았어도 내 자식으로 받아들인다. 부인의 부정을 질책하고 아이를 인정하지 않는 것은 금기시된다. 이런 개개문화 고유의 독특한 금기를 통해 우리는 문화가 다르면 금기도 다를 수 있음을 알게 된다.

본 연구에서 필자는 주로 유교적 사고에 따른 敬畏感에 기인한 제후나 성인, 조상의 이름에 대한 忌諱를 농경문화의 특징적인 현상으로, 그와는 달리 지도자나 위인의 이름을 친밀감으로 애호하는 親諱를 유목문화 고유의 전통으로 파악하고 그와 관련한 사례를 제시하고자 했다.

고려 태조 王建 아버지의 이름은 龍建이며, 한아버지(>할아버지)의 이름은 作帝建이다.[30] 이에 대해 李齊賢은 태조가 설마 父祖의 名字를 휘하지 않을 까닭이 없다고 하며, 부조 이름에 사용된 建은 干, 粲, 餐 등과 음이 비슷한 글자로 이름 다음에 官名을 덧붙여 부른 것이고, 태조의 성명에 쓰인 建만이 이름이라고 했다. 이러한 주장의 옳고 그름은 차치하고 우리가 거의 확신할 수 있는 것은 王建이 고려를 건국하고 왕이 되기 전에는 성이 없었을 것이라는 점이다. 音讀으로 받아들여야 할 부조의 이름 龍建과 作帝建으로 미루어 (王)建도 역사의 주인공이 되기 전에는 부조를 본받아 혹은 그가 속한 집단의 작명 전통에 따라 '아무개建'이라고 이름 붙여졌을 것이다. 이런 방식으로 선조의 이름을 이어받는 것은 고대에는 흔한 전통이었다. 고구려 瑠璃王 大臣 乙素의 孫으로 故國川王 때 中畏大夫 겸 于台 벼슬을 한 인물 乙巴素의 경우가 그러하며, 水老의 아들 于老의 경우도 마찬가지로 여겨진다.

기원전 2세기 이후 천산산맥 북방의 일리 초원과 이식쿨 호수 일대

---

30) 물론 정사의 기록은 다르다. 王建은 877년 1월 31일 松嶽에서 송도의 신흥 호족 王隆과 그의 부인 韓氏의 장남으로 태어났다고 한다. 송악의 유력 호족이었던 아버지 왕릉은 후일 궁예가 거병하자 아들과 함께 궁예의 휘하에 의탁하였고, 후고구려의 금성태수를 역임하기도 했다고 전한다. 그러나 그의 가계는 증조부 이전은 다소 불확실해서 언제부터 그가 王氏 성을 사용했는지는 알 수 없다. 증조모 진의(정화왕후로 추존)는 고구려 유민인 康虎景과 康忠(왕건의 외 5대조)의 후손으로 신천의 호족인 康氏 가문이었다. 고려 의종 때 김관의가 지은 『편년통록』에 따르면 왕건의 조부 作帝建은 당나라 숙종(현종의 아들) 혹은 선종의 아들이라 하지만 이 역시 믿기 어려운 기록이다. 宣宗(810-859년, 재위 : 847-859년)은 당의 16대 황제로 憲宗의 13황자이며, 穆宗의 이복동생. 肅宗(711-762년)은 당의 제7대 황제로 현종의 아들이다. 한편, 고려의 사서를 바탕으로 기록한 『高麗史節要』 등에는 그를 태조 왕건의 고조부로 기록하고 있으나, 고려 말의 학자 李齊賢은 저술 『王代宗族記』에서 이러한 사실을 부정하였다고 전한다.

를 무대로 활약했던 유목국가 烏孫國의 王系를 살펴보면 왕건 집안과
유사한 끝돌림 이름 짓기 습속이 존재했음을 알 수 있다. 『漢書』[31] 西
域傳의 烏孫條에 따르면 당시 오손의 왕은 昆莫이었다. 그러나 이는 흉
노 單于에 비견되는 오손 왕의 칭호에 불과하고, 곤막의 실제 이름은
獵驕靡였다.[32] 獵驕靡의 부친은 難兜靡, 왕위를 계승한 손자 岑娵(官號)의
실제 이름은 軍須靡였다. 이렇듯 대곤미의 이름은 항상 이름 끝자를 靡
로 삼았고, 翁歸靡, 泥靡, 元貴靡, 星靡, 雌粟靡, 伊秩靡의 순으로 대곤미
의 위가 이어졌다.

　이를 근거로 필자는 조심스럽게 왕건의 출신이 유목집단이었을 가능
성을 제기하고자한다. 그렇지만 부조의 이름자를 사용하는 왕건 집안의
친휘는 유목민의 풍습을 따른 것이지, 농경문화의 예외적 현상은 아니
라고 본다. 그리고 이런 주장이 옳다면 유교문화가 대중의 풍속습관에
지대한 영향을 미치기 전 우리나라에는 유목문화가 상당 부분 유입되
어 있을 것이라 생각한다. 다시 말해 양대, 삼대 혹은 그 이상의 同名

---

31) 총 100편, 120권으로 이루어진 중국 正史의 하나. 後漢 班固(32-92년)가 82년(建初 8년)
무렵 완성했다. 반고의 아버지 班彪는 司馬遷의 『史記』가 漢 武帝 때까지만 기록되어 있
고, 그 뒤의 일을 쓴 劉向·劉歆·揚雄 등의 역사책이 王莽 정권에 아첨하여 곡필한 것
을 유감으로 여겼다. 반표는 직접 사료를 찾아 『사기』 이후의 한나라 역사인 『後傳』 65
편을 저술했다. 반고는 아버지의 뜻을 이어받아 이 책을 더욱 정비함과 아울러 『사기』
의 기록을 토대로 무제 이전의 한나라 역사를 덧붙였고, 한 고조로부터 왕망 정권의 멸
망에 이르는 230년간(기원전 206년-기원후 24년)의 역사를 기록했다. 이 책은 帝紀 12
편, 年表 8편, 志 10편, 列傳 70편 등 총 100편이다. 『사기』를 모방하여 紀傳體를 사용
했으나, 『사기』가 통사인 데 반해 斷代史로서의 새로운 장을 열었으며, 중국 정사의 전
형이 되었다. 이 책 속에 있는 8表와 天文志는 班昭·馬續이 補撰했다.
32) 후대 사서에 王號를 昆彌라 기록한 것에 대해 安師古는 "昆莫本是王號 而其人名獵驕靡
故書云昆彌. 昆取昆莫, 彌取驕靡. 彌, 靡音有輕重耳, 蓋本一也. 後遂以昆彌爲其王號也"라
주해했다. 이와는 별도로 昆莫과 昆彌는 /kəmʉ/에 가까운 오손말의 이표기라고 판단된
다. 오손국에는 대곤미(大昆彌, 大王) 외에 소곤미(小昆彌, 副王 혹은 小王)가 있었다.

관습이 존재했고, 이는 농경문화라기보다는 유목문화의 소산이라고 보는 것이 필자의 견해다. 아무튼 우리나라에서 父祖를 포함해 선조의 이름을 차용해 후손의 이름을 짓는 이른바 親諱의 습속은 후대의 忌諱 풍습과 비교해 상당한 대조를 보인다. 이제현의 왕건의 이름에 대한 변으로 미루어 고대에는 이름을 휘하는 관습이 없었는데 고려 중엽 이후 유교의 유입과 더불어 우리나라에 기휘의 문화가 수입된 것으로 판단된다.

참고문헌

그루쎄 르네 저, 김호동·유원수·정재훈 옮김(2009), 『유라시아 유목제국사』, 서울 : (주)사계절출판사.

라시드 앗 딘 저, 김호동 역주(2003), 『부족지』, 서울 : (주)사계절출판사.

몽골비사(元朝秘史), 유원수 역주(2011), 서울 : (주)사계절출판사.

시라카와 시즈카 저, 심경호 옮김(2005), 『漢字 백 가지 이야기』, 서울 : 도서출판 황소자리.

연호택(1982), 「Euphemisms and Dysphemisms in English」, 삼척전문대 논문집.

중앙아시아학회 엮음(2006), 『실크로드의 삶과 종교』, 서울 : (주)사계절출판사.

한국사회언어학회(2012), 『사회언어학 사전』, 서울 : 소통.

허재영(2001), 「금기어의 구조 및 발생요인」, 『사회언어학』 제9권 1호, 한국사회언어학회.

洪起文(1997), 『洪起文朝鮮文化論選』, 서울 : 現代實學社.

제2부
한국어 금기어와 금기담

한국어 금기어 연구

유형과 실현 양상을 중심으로

박 영 준

1. 서론

이 글의 목적은 금기어를 언어학적으로 분석하는 데에 있다.

금기에 대한 관심은 서양에서 민족지학적 관점에서 출발하였고 이러한 연구 성과가 언어학적 연구에도 일정 부분 영향을 미치었다.[1] 국내의 금기어 연구도 민속학적 관점에서 비롯되었기 때문에 언어에 대한 금기뿐만이 아니라 행동에 대한 금기 표현까지도 금기어의 범주로 처리하고 있는 실정이다. 이러한 연구 경향은 금기어에 대한 올바른 이해를 가로막는 요인이 될 수 있다.

금기어의 개념을 언어학적 관점에서 재검토하고 이를 바탕으로 금기어 개념을 정립하고 금기어의 유형과 실현 양상을 알아보기로 한다.[2]

---

1) Frazer(1922)와 Freud(1950) 등 민족지학과 심리학의 업적을 바탕으로 논의를 전개하고 있다.
2) 금기어에 대한 연구는 다른 어휘 분야에 비해서 상대적으로 미진하다. 이 논문에서도 이러한 사정이 반영되어 개념, 유형, 실현 양상 등과 같은 초기 단계에서 상세하게 검토되

2. 금기어의 개념에 대한 재검토

금기어에 대한 기존 논의는 행위 대상으로서의 금기 현상에 대한 언어 표현까지도 금기어로 간주하였다. 이는 진정한 의미의 언어학적 금기에 해당되지 않기 때문에 '금기어'의 범주에서 제외될 필요가 있다. 기존 연구를 비판적으로 검토하여 금기어에 대한 개념을 확립하도록 한다.

먼저, 이제까지 제시된 금기어의 개념을 정리하면, 다음과 같다.

> (1) 가. 경계(警戒)와 주의(注意)를 주고, 금지(禁止)와 기의(忌意)를 일으켜 어떠한 행동을 못하게 하는 말 <金聖培(1962)>[3]
>
> 나. 금기어(禁忌語)라는 것은 글자 그대로 금하고 꺼리는 말 <秦聖麒(1973나 : 93)>
>
> 다. 금기어는 '거리끼고 싫어하는 대상, 또는 행위'를 표현한 말 <허재영(2000 : 255~266)>
>
> 라. 어떤 행위를 금지하거나 특정한 말을 하지 않도록 하는 기능을 한다. 이와 같은 의도에서 형성된 말을 금기어라 부를 수 있는데, 다른 관용표현과 마찬가지로 금기어는 어휘 자체로 존재하는 경우와 통사적 구조로 존재하는 경우가 있기 때문에 '금기담'이라 부르는 경우도 있다. <허재영(2001 : 194)>

어야 될 분야가 언급되고 있다. 이러한 관점에서 볼 때 南基心(1969)과 남기심(1982)이 주목된다. 이들 연구에서는 금기어가 원인이 되는 언어 변화 현상을 살피고 있는데, 불규칙한 음운변화의 요인으로서 언어적 금기 현상이, 유추, 민간어원, 부정회귀 등과 함께 등록되어야 함을 주장하고 있다.

3) 표기는 원문대로임. 한편, 金聖培(1962 : 221)에서 이를 다시 "우리들의 가정에서 가족끼리 아무런 거리낌 없이 하나의 교훈(敎訓)·주의(注意)·경계(警戒)의 뜻이 다분히 내포되어 있는 말"로 풀이하고 있다.

(1가)에서 주목되는 것은 '어떠한 행동을 못하게 하는 말'이라는 표현이다. 이를 자세히 살피기로 한다. 金聖培(1962 : 220~221)에서 금기하는 방법으로 행동이나 표시로서 하는 것과 말로써 하는 것으로 두 가지를 제시하고 있다.

(2) 행동이나 표시
　가. 부정한 것들의 출입을 금기하는 표시
　나. 씨름을 할 때에 씨름 장소 안팎에 소금을 뿌리는 일
　다. 동짓날 팥죽을 쑤어 먹기 전에 집 안팎에 뿌리는 일
　라. 병을 막고 역신을 물리치기 위한 표시
　마. 고갯길 위의 고목 밑에나 돌담 위에 지나가는 나그네가 돌을
　　　던진다든가 침을 뱉는 일
　바. 산야에 가서 음식 같은 것을 때에 먹기 전에 '고시래'하고 먼
　　　저 음식을 사방에 조금씩 던지는 일　·

(3) 말
　가. 갓난아기를 무겁다고 하면 살이 빠진다.
　나. 밤에 손톱을 깎으면 해롭다.
　다. 길을 가다가 칼을 주우면 재수가 없다.

(2)는 행동이나 표시로 하는 것이며, (3)은 '경계와 주의를 주고, 금지와 기의(忌意)를 일으켜 어떠한 행동을 못하게 하는 말들'이며 이를 '금기어'로 일컫고 있다. 아울러, 金聖培(1962)에서는 '인간관계', 金聖培(1963)에서는 '인조물 관계, 동물 관계, 식물 관계, 광물 관계, 수화 관계, 천공 관계, 영혼 관계, 토지 관계, 미신 관계, 제사 관계' 등의 '금기어'에 대한 자료를 보고하고 있다.[4] 이러한 관점은 (1나)의 秦聖麒(1973나), (1다)의 허재영(2000), (1라)의 허재영(2001) 등에 그대로 이어진다.

허재영(2000 : 255~266)에서는 금기어를 언어학적인 범주라기보다는 사회문화적인 범주로 인식하고 있다.

'금기'라는 개념은 이 세계에 대한 인간 의식의 반영이기 때문에 사회문화적 관점에서 연구되기 시작했다. Frazer(1922/1950)에서도 '터부가 되는 행동(19장)', '터부가 되는 인물(20장)', '터부가 되는 사물(21장)', '터부가 되는 말(22장)' 등의 순서로 논의되고 있듯이,5) '말'보다는 '행동', '인물', '사물'이 금기 대상으로 우선시된다. 이러한 금기에 대한 태도가 '금기어'를 연구하는 데도 일정 부분 영향을 미친 것으로 보인다. 그러나 이러한 접근 방식은 언어학의 대상으로서 금기를 이해하는 데는 장애 요인이 될 수 있다.

또한, (1라)에서 '어휘 자체로 존재하는 경우'와 '통사적 구조로 존재하는 금기담'을 구분하고 있다.6) 여기에 사용된 '금기담'이라는 용어는 沈在箕(1970)에서 가져온 것이다. 沈在箕(1970 : 9)에서 금기에 대한 한국인의 행위에는 매우 특기할 만한 유형이 존재하는데, 금기의 대상이나 종류를 막론하고 금기행위(방법)를 지시하는 일종의 관용문구를 가지고 있음을 지적하고 있으며,7) 沈在箕(1970 : 9 각주)에서 '금기담'이라는 용

---

4) 한편, '금기어'와 달리 '길조어'에 대해서도 같은 방법으로 연구한 바 있는데, 김성배 (1969)에서는 '인간관계'. '물품 관계', '동물 관계', '식물 관계', '토지 관계', '수화 관계', '천공 관계', '영훈 관계', '미신 관계', '제사 관계' 등의 길조어(吉兆語)에 대한 자료를 보고하고 있 있다. 예컨대, '인간관계'에서 '가르마가 길면 명이 길다.'와 같다.

5) 민족지학적(民族誌學的) 관점에서 저술된 『황금의 가지』는 1890년부터 1937년에 걸쳐 완성되었으며 13권에 달한다. 프레이저는 일반 독자를 위하여 간약 본을 냈는데, 국내에 번역된 것은 이를 바탕으로 한 것으로 총 69장으로 구성되어 있다.

6) 허재영(2001)에서는 '통사적 금기어'는 문장 형식으로 진술되며, 가정적 조건문의 형식을 취하여, 금기 대상과 방법을 표시하며, 그 예로 '두꺼비를 잡으면 홍수가 난다', '깊은 산 중에서 맹수의 이름을 부르면 진짜 그 맹수가 나타난다.' 등을 들고 있다.

7) 沈在箕(1982)는 이를 정리한 것이다.

어를 다음과 같이 제안하고 있다.

(4) 대체로 하나의 文章을 構成하기 때문에 "禁忌談"이란 用言를 創案
해 보았다. 一般的으로 禁忌語라는 用言가 通用되어 왔으니 "語"라고 할
때에, 單語라는 뜻이 强하게 느껴지므로 禁忌語는 "禁忌된 單語"의 뜻으
로, 禁忌談은 禁忌의 對象과 行爲를 指示하는 慣用文句의 뜻으로 制限하
고자 한다.

'금기어'가 단어의 뜻이 강하기 때문에, 금기의 대상과 행위를 지시
하는 '금기담'이라는 용어를 사용하고자 한 것이다. 그러나 이와 같은
태도는 언어와 행위를 구분하지 않기 때문에 진정한 언어학적 관점이
라 할 수 없다.[8]

(5) 가. 使用을 忌避하는 言語나 文字 <文孝根(1962 : 1)>
　　나. 도덕적으로나 또는 신앙[迷信]적으로 꺼리는 말 <劉昌惇(1980 :
　　　　148)>

언어학의 연구 대상으로서의 금기어는 언중의 특정 행동에 대한 금
기나 특정 행동을 금기하는 언어 표현('금기담', '통사적 금기어'[9])은 제외되
어야 한다.

결국, 언어학적 금기어는 한 언어 공동체에서 사용하기를 꺼려하는
언어 표현으로 한정하여야 한다. 이와 같은 단순한 개념으로 정리될 수

---

8) 금기어와 금기담의 관계는 저주어와 저주담, 소망어와 소망담, 칭찬어와 칭찬담, 찬양어와
찬양담 등의 다양한 변이체를 가능케 한다. 이러한 '담'과 같은 언어 표현 유형 속담과 같
은 층위에서 논의될 수 있을 것이다.
9) 각주 6 참조.

있는 금기어가 다른 분야의 연구 영향으로 그동안 잘못 사용되어온 것은 참으로 우려할 만하다.[10]

3. 금기어의 유형

금기어는 한 언어 공동체에서 사용하기를 꺼리는 언어 표현이다. 그러나 특정 상황에서 일반어의 지위를 갖는 언어 표현이 특정 상황에서 금기어의 지위를 갖기도 한다(예 : 일반어 '범', '호랑이'가 산중에서 금기어가 됨). 또한, 대부분의 언중에게는 일반어의 지위를 갖지만, 일부 언중에게만 금기어가 되는 경우도 있다(일반어 '숙주', 특정한 신씨에게는 금기어가 됨).

금기어의 유형을 사용 환경과 사용 언중의 범위에 따라서 다음과 같이 나누기로 한다.

> (6) 가. 일반 금기어 : 모든 상황에서 금기어로 되는 경우.
> 　　　성에 관련된 어휘/생리작용에 관련된 어휘/질병에 관련된 어휘
> 　　나. 상황 금기어 : 특정 상황에서 일반어가 금기어로 되는 경우.
> 　　　범/호랑이(산중에서)[11]
> 　　　깨끗하다/곱다/자는 것 같다/냄새 나다/무겁다
> 　　　(송장이나 상여)
> 　　　튼튼하다/잘생기다[12]/살찌다/건강하다(아이)

10) 현행 국어 교과서에 '금기어는 금하거나 꺼리는 내용이 문장(Sentence)으로 표현되어 구전되어 온 말'이라고 정의되고 있다.

11) 文孝根(1962 : 18, 19)에 따르면, 산중에서 맹수의 이름을 입에 담지 않으며, 입에 담거나, 듣게 되면 정말 그런 짐승이 나타나며, 함흥 등지에서는 산에서 범을 만나면 '손님'이라고 불러야 잡아먹히지 않는다고 한다.

12) 文孝根(1962 : 15)에 따르면, 진주 등지에서는 잘생긴 아이나 건강한 아이를 보고는 오히려 '그 아이 밉게 생겼다'해야 건강을 유지한다고 한다.

불쌍하다/잡다(가축)

썩다/죽다(농작물)

(7) 가. 전체 언중 금기어 : 전체 언중에 의해서 금기어로 되는 경우.

성에 관련된 어휘/생리작용에 관련된 어휘/질병에 관련된 어휘

나. 일부 언중 금기어 : 일부 언중에 의해서 일반어가 금기어로 되

는 경우.

이 (개[犬]) > {요/유/죠}(개)/ (李氏)

바가지 > 쪽배기 (朴氏)

숙주나물 > 녹두나물 (申氏)

4. 금기어의 실현 양상

금기어는 금기 대상에 따라서 실현될 수 있다. 초자연이거나, 신성한

대상('호랑이' > '산신령', '천연두' > '별성마마'/'손님마마'/'역신마마'/'마마'/'손님'/

'큰손님') 등에 대한 두려움, 부도덕하거나 상스러운 대상('씹하다' > '관계

하다'/'똥' > '대변')에 대한 혐오 등의 심리적 동인으로 인해서 해당 언어

표현을 적극적으로 실현하지 않거나 변형시켜 표현하게 된다.[13] 한편,

이데올로기에 따라 특정 언어 표현의 사용이 금기되기도 한다('동무', '인

민').[14]

---

13) Ullmann(1962 : 205)에서 언어 금기는 심리학적 동인에 의하여 세 가지로[두려움(fear),
고상함(delicacy), 예의범절(decency and propriety)] 나눈 바 있다.

14) 홍성호(2000 : 420)에서는 지도층이란 말이 저널리즘 언어로 채택된 데는 순수하게 이들
에게 걸맞은 높은 도덕성과 사회적 책임, 일정한 자기희생을 기대한다는 의미가 담긴 것
으로 볼 수도 있으나, 이는 정치·사회학적으로 바로 쓰는 개념은 아니며, 그보다는 우
리 사회에서 '지배'와 '계급'이라는 말이 오랫동안 터부시되어 온 단어들(이른바 '금기
어')이라는 관점에서의 해석이 좀 더 유력하다고 보고 있다.

금기어는 해당 언어 공동체에서 기피되는 것이기 때문에 발화 상황
에서 실현되지 않는 것이 일반적이지만, 경우에 따라서는 금기어가 실
현되기도 한다.15) 금기어 '자지'와 '불알'이 사용된 다음 예문을 보기로
하자.16)

    (8) 가. 암코양이 자지 베어 먹을 놈 <李基文 編, 1962>
        나. 어린 아이 자지가 크면 얼마나 클까 <李基文 編, 1962>
        다. 죽은 자식 자지 만져 보기 <李基文 編, 1962>
        라. 쥐 불알 같다 <李基文 編, 1962>

  (8가)에 사용된 '자지'보다 더 강한 어감을 갖는 '좆대가리', '좆대감
지', '좆방망이', '좆부리', '좆뿌리', '좆자루' 등이, 금기어 '보지'에 대
하여, '씹', '씹구멍' 등이, '씹하다', '씹질하다' 등이 언어 환경에 따라
서 실현될 수 있다.

  그러나 금기어가 원형태 그대로 실현되는 경우는 언중에게 거부감을

---

15) 독일어의 금기어를 연구한 김종수(2000 : 258)에서는 금기 낱말들은 분명히 존재하기는
    하나 그 낱말들은 사용할 수 없다고 언급한 바 있다. 그러나 금기어가 대체적으로 실현
    되지 않는 것이 언어 보편적이지만, 전혀 실현되지 않는 것은 아니다.
16) 劉昌惇(1980 : 149~153)에서 여성기와 남성기에 대한 '최대의 기록'의 예로 다음을 들
    고 있다.
    (1) 가. 둙의 밋갑이 <物譜, 花卉>
        나. 둙의 십갑이(鴨跖) <柳物, 三, 草>
        다. 둙의 십가비(藍藇) <東醫, 湯液二, 35>
    (2) 가. 좃 겁질의 황이 엉긔엿고 <馬언, 上, 察色>
        나. 슈자ᄒᆡ 좃(天麻) <東醫, 湯液二, 10>
        다. 불알(卵子) <同文, 上, 17>
        라. 불쩌옷(卵毛) <譯語, 上, 35>
        마. 불치다(去勢) <柳物, 一, 毛>
        바. 불앗다(騙) <字會, 下, 7>
    남성기에 관한 기록이 여성기에 비해서 좀 더 솔직하다고 이해하고 있다.

주기 때문에 대부분의 경우에는 이를 다른 방식으로 표현하게 된다. 이 연구에서는 금기어를 1) 원형태의 형태적 변형과 2) 원형태의 의미적 변형으로 나누어 살피기로 한다.17) 논의된 금기어가 주로 성적 표현을 나타내는 어휘가 대부분을 이룬다. 이는 성적 표현에 관한 금기어가 한국 사회에서 금기의 정도가 다른 부류의 금기어에 비해서 높음을 의미한다.18)

1) 원형태의 형태적 변형

원형태의 형태적 변형은 단순 형태 변형과 대체 변형으로 나뉜다. 단순 형태 변형은 원형태를 모태로 변형 과정을 거치며, 대체 변형은 원형태를 모태로 하지 않는 변형이다.

---

17) 이 연구에서 제안되는 금기어의 실현 양상은 전에도 시도된 바 있다. 劉昌惇(1980 : 148~153)에서 禁忌語의 형성 유형을 다음과 같이 나눈다.
   (1) 음운을 변화시키는 경우
     보디 > 보리[菩提]
     도댱 > 도량[道場]
   (2) 대용어를 쓰는 경우
     陰部 > 아래, 밑
   (3) 한자어로 대체시키는 경우
     불알 > 陰囊
   기위되는 대상어가 고유어인 경우에 한자어로 대체시키는데, 이는 일반이 한자어에 숙달하지 못한 점을 고려하여 암호적 표기로 쓰기 위한 심리 작용으로 이해하고 있다.
18) 논문을 심사하신 분들이 이 부분을 지적하고 있다. 금기어의 실현 양상은 해당 금기어를 금기함에도 불구하고 표현하고자 하는 욕구의 발로이기 때문에 한국 사회에서 최고의 금기 영역인 성적 표현에 관한 어휘들이 다양한 유형의 실현 양상을 보일 수밖에 없는 것이다. 금기 정도가 낮은 어휘군들은 그만큼 다양한 실현 양상을 보일 필요를 언중이 느끼지 않았을 것이다.

(1) 단순 형태 변형

단순 형태 변형에는 '음 변화', '음 추가', '음 삭제', '철자 추가 후 삭제' 등이 있다.

① 음 변화

음 변화는 해당 금기어의 일부 발음을 변형시킨 것이다.

> (9) 가. 불알 > 붕알
>
> 　나. 자지 > 자쥐[19]
>
> (10) 가. [보지]= [보지] 보디 >*보지 > 보리[菩提]
>
> 　나. [씹]늑 [십] *십방 > 시방[十方]
>
> 　다. [도장(道場)]= [도장] 도댱 > *도장 > 도량[道場]

(9가)에서 금기어의 'ㄹ' 발음을 'ㅇ' 발음으로 변화시켜 금기어인 '불알'의 사용으로 인해서 오는 심리적 부담을 '붕알'로 변형시켜 완화하고 있다.

(9나)에서는 모음 'ㅣ'를 'ㅟ'로 변형시키고 있다.[20]

이러한 음 변화 방식은 금기어와 동음 관계에 놓이는 어형에서도 발생한다. (10가)에 보듯이, 범어 'Bodhi'가 '菩提'에서 '보지'로 변화되지

---

19) 해당 예문은 다음과 같다.

　(1) 빤쓰에 손 넣고 잔다는 것은 자쥐 조물락거리며 잔다는 거죠.

　<딴지일보 http: www.ddanzi.com/ddanziilbo/64/64r_9902html>

20) 영어의 예에서도 이와 같은 원리가 작동되고 있다.

　(1) cunt > coney

　한편, Trudgill(1974 : 54)에서는 'cunt'와 발음이 유사한 'coney'(토끼의 모피)가 'rabbit' 로 대체되었음을 지적하고 있다.

않고 '보리'로 변화한 이유는 금기어 '보지'에 대한 의식 때문이다. 이
는 (10나)의 '十方'을 '십방'으로 읽었을 때, 금기어 '씹'의 발음과 유사
하기 때문에 '시방'으로 읽는 것과 같은 원리가 작동하고 있다. (10다)에
서도 '도살하는 장소'를 의미하는 '도장(屠場)'과의 동음 관계에서 오는
의미의 연상 관계에서 벗어나기 위하여 일부 발음을 변형시키고 있다.
이와 같은 금기어의 음 변화 방식은 영어의 경우도 적용된다.

　(11) 가. Damn it! > Darn it!

　(12) 가. Oh Jesus! > Oh {Gee/Jeminy/Gee whiz/Gee-willikens/Jeez}!
　　　 나. My God! > My {Goodness/Gosh}!
　　　 다. Christ > Cricky/Cripes
　　　 라. Lord > Lody/Lawsy/Lawk

　(11가)에서 욕설의 일부를 변형시켜 표현하거나('Damn'의 발음을 변형시
킨 'Darn'), (12)에서 신을 모독하지 않기 위하여 일부를 변형시켜 사용한
다('Jesus'의 발음을 변형시킨 'Gee', 'God'의 발음을 변형시킨 'Goodness' 또는
'Gosh' 등).

　② 음 추가

음 추가는 해당 금기어에 일부 발음을 추가하여 변형시킨 것이다.

　(13) 가. 자지 > 잠지
　　　 나. 자지 > 장지
　　　 다. 보지 > 봄지/봉지[21]

(14) 가. 보지 > 복징

(15) 가. 개(같은) > 개나리(같은)

(13가, 나)에서 금기어 '자지'의 어두 음절에 'ㅁ'과 'ㅇ'이 각각 추가되고 있다. (13다)에서도 금기어 '보지'의 어두 음절에 'ㅁ'과 'ㅇ'이 각각 추가되고 있다. (14)에서는 금기어 '보지'의 각 음절에 'ㄱ'과 'ㅇ'이 추가되고 있다.[22]

한편, (15)의 경우는 최근 들어 생긴 것이다. 먼저, 사용된 예문을 보면 다음과 같다.

(16) 가. 간만에 블로그 들렀더니 뭐 이런 개나리같은 일이 있나요-_-
<http://blog.naver.com/heygirl78.do?Redirect=Log&logNo=3005162>

(16)에서 '개같은'이 '개나리같은'으로 변형되고 있다. (13)와 (14)가 음운 차원에서 발음이 추가된 것인 데 반하여, (16)는 음절 차원(두 음절)에서 추가된 경우이다.[23]

---

21) '봉영이' 형태도 나타나는데, '봉지'의 '봉'을 근간으로 한 변이형으로 보인다.

22) (13 가)의 '잠지'가 일반인에게 널리 알려진 표현인데, 이를 바탕으로 해서 (13다)의 '봄지'라는 어형이 나온 것으로 보인다. 해당 예문을 보이면 다음과 같다.
(1) 가. 우리 딸은 자기 걸 고추라고 부르거든. 근데 할머니가 너는 여자니까 고추가 아니고 잠지야 그랬나 봐. 그랬더니, 나한테 와서 '잠지야, 고추야?'하고 물어보더라구. <http://www.zooma.co.kr/no2/zzim.htm>
나. 봄지와 잠지
<http://ww.vaginamonologues.co.kr/herstory read.asp?idd=54&no=50>

23) 여기에는 단순한 음절의 추가뿐만 아니라, '개나리'가 갖고 있는 긍정적 의미('개'에 비해서)도 반영되어 금기어(욕실)를 사용하는 부담으로부터 어느 정도 벗어날 수 있다. 최근 들어 금기어(욕실)에 대한 변이형이 일부 언중에게 사이버 상에서 사용되고 있다. '십장생'과 '민들레'가 욕실이 사용될 자리에 쓰이고 있다.

③ 음 삭제

음 삭제는 해당 금기어의 일부 발음을 삭제하여 변형시킨 것이다. 먼저, 금기어 원형태의 어두 자음이 실현되고 뒤에 후행되는 음이 삭제된 경우를 살피기로 한다.[24]

    (17) 가. 좆 > ㅈ
         나. 씹할 > ㅆ

(17가)는 'C₁VC₂' 음절 구조에서 'C₁'만 실현되고 나머지 음이 삭제된 경우이고, (17 나)는 'C₁VC₂/C₃VC₄' 음절 구조에서 'C₁'만 실현된 경우이다.

한편, 장영준(2000 : 283)에서 여자의 그것을 'ㅂㅈ', 남자의 그것을 'ㅈㅈ'으로 각각 표시하고 있다. 이는 우리가 일상적으로 사용하는 표기 방식은 아니다.[25]

다음으로, 금기어 원형태의 앞 음절이 삭제되고 후행 음절이 실현된

---

(1) 가. 이런 십장생 같은 일이 ㅡ,ㅡ;; 개나리 같은 컴퓨터...
      \<http://blog.naver.com/cnsarang2001.do?Redirect=Log&logNo=140002424027\>
(2) 가. 이런 민들레 같은 일을 당하고도 조용한 거 보면 우리나라 사람들 참 양반이에요~^ ^ \<http://www.cuve.co.kr/blof/archives/000250.html\>
    나. 누군 화 안 나냐고요~ 이런 민들레 \<http://jiyoelives.egloos.com/i2\>
24) 해당 예문은 다음과 같다{김동언 편(1999 : 623/566) 재인용}
    (1) 가. 가만있자. 지금은 사진 박을 시간이지. 사진부터 박지 말고 ㅈ부터 박으라고나 해 줄까. \<이외수, 들개, 1981\>
        나. 으른은 네미- 이 자리에 으른은 뉘구 애는 뉘여, 댄진 바를 디다 곤지 지구 있네. ㅆ……그래 우리가 동네 버릴라고 회관 앞에다 코가 쏘는 빤쓰 쪼가리를 내널었다. 그게유? \<이문구, 우리 동네 황씨 1977\>
25) 사이버 언어에서 '감사'를 'ㄱㅅ'로 표기하는 것과 비교된다. 이때의 표기는 '감사'라는 어휘를 피하기 위한 것이 아니라 간편하게 쓰기 위함이다.

경우이다.

> (18) 가. 불알 > 알
> 나. 브라자 > 라자

(18가)는 'C₁VC₂/C₃VC₄' 음절 구조에서 앞 음절('C₁VC₂')이 삭제되고 뒤 음절('C₃VC₄')이 실현되고 있다. (18나)는 3음절 구성에서 첫 음절이 삭제되고 있다.

한편 금기어가 동사인 경우에는 어근이 생략되기도 한다. 즉, '성교하다'나 '섹스하다'를 '하다'로 실현시켜 사용하는 것이다(잘까 말까 끌까 할까 <결혼이야기, 1992>/ 결혼만하면 할 줄 알았다? <영화 어린 신부, 2004>/ 저 처음이에요, 한번도 안 해 봤어요. <영화 오, 수정, 2000>).

④ 음 도치

음 도치는 해당 금기어를 도치시켜 실현한 것이다.

> (19) 가. 보지 > 지보
> 나. 오줌 > 줌오
> 다. 방구 > 구방

> (20) 가. sex > sxe[26]

(19)에서 금기어를 도치시키고 있다.[27] (20)은 영어의 경우인데, 한국

---

26) 안진환 역(2002)에서는 원제목인 'sex'를 'sxe'로 적고 있다.

27) 배열된 음절수가 많을 수록 도치된 의미를 파악하기 어렵다. '동포동포 지자내'가 우스 개로 사용될 수 있는 것도 이러한 원리가 적용되었기 때문이다.

어의 완전 도치와 달리 부분적으로 도치시키고 있다.

⑤ 철자 추가 후 삭제

철자 추가 후 삭제는 해당 금기어에 음 추가 과정(4.1.1.2)을 거친 후에 다시 이 음을 삭제하는 방식이다.

(21) 가. 보지 > 봉지에 이응 빼고28)

(2) 대체 변형

대체 변형에는 '음 대체', '어종 대체', '표기자 대체', '대명사 대체', '새 명칭 대체', '상형자 대체', '숨김표 대체' 등이 있다. 이를 차례대로 살피기로 한다.

① 음 대체

음 대체는 해당 금기어의 음과 관련 있는 다른 음으로 사용하는 방식이다.

(22) 가. 개새끼 > 개나리29)
     나. 무반(武班) > 호반(虎班)
     다. 씹할 > 열여덟30)

---

28) 예문은 다음과 같다.
    (1) 같은 손으로 만지다 하더라도 봉지에 이응 빼고는 찰과상 등을 쉽게 입을 수 있으나 잠지는 절대 그런 일 없다.
    <딴지일보 http://www.ddanzi.com/ddanziibo/64/64r_9902.html>
29) 예문은 다음과 같다.
    (1) 이런 열여덟 개나리야!!
    <http://www.inlinesuwon.or.kr/zboard/aboard.php?id=comm_freebbs&no=719>

라. 좆 > 새

(22가)는 금기어 '개새끼'에서 '새끼'를 '나리'로 대체한 것이다. (22
나)는 임금의 휘(諱)를 금기하여 다른 음으로 대체한 것이다.[31] (22다)는
유사 동음 관계에 있는 어휘 '18'로 변형시킨 후, 이를 고유어로 읽은
것이다.

(22다)는 금기어 '좆'과 유사한 발음인 한자어 '조(鳥)'와 관련을 짓고,
다시 이를 고유어 '새'로 변형시키는 방식이다(완전히 새 됐어. <싸이 노래
가사>)

② 어종 대체

어종 대체는 어휘의 어종을 다른 형식으로 사용하는 방식이다. 이에
는 고유어를 한자어나 외래어로 바꾸는 경우가 대부분이다.

먼저, 고유어를 한자어로 바꾼 예는 다음과 같다.

(23) 가. 자지 > 남경(男莖)/남근(男根)/양경(陽經)/양근(陽根)/양도(陽道)/
　　　 양물(陽物)/옥경(玉莖)/옥근(玉根)/음경(陰莖)
　　 나. 보지 > 소문(小門)/여근(女根)/여음(女陰)/음호(陰戶)/옥문(玉門)/

---

30) 예문은 다음과 같다.
　　(1) 가. SE7EN-이런 열여덟 가수 '칠' 아니라고! 영화 세븐!
　　　　 <http://blog.naver.com/hiloto.do?Redirect=Log&logNo=20003169112>
　　　　 나. 도대체 써보기나 한 거니???? 이런 열여덟......대략 짜쭝......
　　　　 <http://board2.dcinside.com/zb40/view.php?id=17&page=1&sn1=&divpage=2&banner
　　　　 =&sn=off&ss=on&sc=on&select_arrange=headnum&desc=asc&no=21913>
31) 丁若鏞(1891 : 173)에서는 '양반이란 동서이반(東西 二班)을 말하는데, 고려의 이른바 문
　　반(文班), 호반(虎班)이 곧 그것이다.'라고 설명하면서, 협주에서 고려는 무종(武宗)의 휘
　　(諱)를 피하여 무반(武班)을 호반(虎班)이라고 말하였는데, 지금 아직도 그 이름을 따라
　　쓰고 있다고 하였다.

옥호(玉戶)/하문(下門)32)
다. 씹 > 교접(交接)/교합(交合)/방사(房事)/비희(秘戱)/색사(色事)/성
  교(性交)/육교(肉交)/운우(雲雨)/합궁(合宮)/합환(合歡)
라. 불알 > 음낭(陰囊)33)/고환(睾丸)

다음으로 고유어를 외래어로 바꾼 경우이다.

(24) 가. 자지 > 페니스(penis)
   나. 젖 > 브레스트(breast)
   다. 엉덩이 > 힙(hip)
   라. 불알 > 파이어 에그(fire egg)
   마. 방구 > 룸 나인(room nine) > 뽕 나인 (- nine)

(24가, 나, 다)는 고유어를 영어로 바꾼 것이다. (24라, 마)는 고유어
를 콩글리시로 바꾼 것이다.34) (24마)의 '룸나인'에서 다시 변이형인
'뽕나인'이 생성된다.
다음은 한자어를 외래어로 바꾼 경우이다.

(25) 가. 첩 > 세컨드(second)

___

32) 옛 자료에는 '슈룡궁'이라는 표현도 나타난다[송성욱(2004 : 289)에서 재인용].
   (1) 이 궁 져 궁 다 바리고 네 양 각시 슈룡궁의 너으 심쥴 방망치로 질을 니자구나<열
     여춘향슈절가>
   송성욱(2004 : 65)에서는 이 문장을 "이 궁(宮) 저 궁(宮) 다 버리고 네 두 다리 사이에
   있는 수룡궁에 나의 힘줄 방망이로 길을 내자꾸나."로 풀이하고 있다.
33) 중세국어 자료에도 이러한 어휘가 나온다[劉昌惇(1980 : 151)에서 가져옴].
   음낭 아래 <救간, 三, 40>
34) 민현식(1988 : 100)에서 콩글리시는 일반어나 전문어에서도 나타나지만 은어, 속어에서
   도 나타나며, 'fire egg, room nine'과 같은 것은 금기어에 대한 완곡 표현의 차원에서 나
   타남을 지적하고 있다.

　　나. 생리 > 멘스(Mens독)

　　다. [死] = [四] > F <엘리베이터에서>[35]

(25가, 나)는 한자어를 외래어 바꾼 것이다. (25다)는 이 숫자와 같은 발음인 한자의 의미가 언중에게 두려움을 주기 때문에 기피되어 영어로 바꾼 후 두문자를 사용한 것이다.[36] 이러한 원리는 고유어를 외국어로 바꾼 후 두문자('보지' > '비'(V) < 'Vulua')로 표시하거나, 한국어를 영어 두문자어화시키는 데도 나타난다('음단패설' > '이디피에스' < 'EDPS'). 이러한 어종의 대체 방식은 언중에게 지시 대상과 해당 금기어와의 긴밀한 관련성을 낯설게 만듦으로써 바뀐 어종이 지시하는 본래의 금기 의미의 명확성을 완화시킨다.

③ 표기자 대체

표기자 대체는 해당 금기어의 한글 표기를 한자나 영문자 표기로 사용하는 방식이다. 이때 앞에서 살핀 고유어를 한자어로 바꾸는 것과 달리 표기자 대체는 표기 수단으로서 한자가 이용된 뿐이다.

　　(26) 가. 개새끼가 > 個色其歌 <개색기가, 양영순>

　　　　나. 개새끼가 > 我色氣歌 <아색기가, 양영순>

---

35) 금기되는 숫자가 실현되지 않을 수도 있다. '4호', '44호', '4층', '4시간', '4중대' 등의 표현이 사용되지 않는다. 한편, 중국에서는 '8'이 행운의 숫자로 인식되는데, '돈을 번다'는 뜻의 '파차이(發財)'와 발음이 비슷하기 때문이다. 결혼식에 부조할 때 1백80위안, 2백80위안 등 8자를 넣는 것도 같은 원리이다.

36) 영어 사용권의 일부 도시에는 '13th Ave(13번가)'가 없으며, 일부 빌딩은 12층 다음에 13층이 없고 14층으로 표시된다. 'triskaidekaphobia(13 공포증)', 'paraskevidekatriaphobia(13일의 금요일 공포증)'이라는 단어에서 '13'에 대한 '금기를 엿볼 수 있다.

(27) 가. 이…이런 ssyang <한겨레21, 시사SF 99쪽, 2003년 11월 13일
　　　자>

　　(26)은 표기자를 한자로, (27)은 표기자를 영문자로 사용한 것이다.
(26가)는 금기어 욕설 '개새끼'를 한자로 바꾼 것이다.37) (26나)는 이의
변이형으로 '개'를 '아'로 바꾸고 있다. 한자가 갖는 의미도 일정 부분
활용되고 있다. 이러한 방식이 좀 더 정교하게 처리된 것도 있다.

(28) 書堂乃早知 (서당을 일찍부터 알고 와보니)
　　　房中皆尊物 (방 안에 모두 귀한 분들일세)
　　　生徒諸未十 (생도는 모두 열 명도 못 돼)
　　　先生來不謁 (선생은 와서 뵙지도 않네)
　　　　　　　　　　　　　-<辱說某書堂(서당욕설시)>

　　(28)은 김병연(김삿갓)의 시인데, '乃早知', '皆尊物', '諸未十', '來不謁'
등을 뜻으로 읽지 않고 소리로 읽으면 '내조지', '개좆물', '제미씹', '내
불알' 등이 된다.

④ 대명사 대체

대명사 대체는 해당 금기어를 대명사화시키는 방식이다.

(29) 가. 자지 > 그거/그것/그놈/거기/거시기/자신/무엇/뭐/뭣
　　　나. 보지 > 그것/그곳/거기/자신/뭐
　　　다. 성교 > 그거/그것
　　　라. 생리 > 그거/그것

---

37) 조사 '-가'도 한자로 바꾸고 있다.

⑤ 새 명칭 대체

새 명칭 대체는 해당 금기어에 새 명칭을 부여하는 방식이다.

> (30) 가. 'ㅈ'으로 시작하는 욕설 > 지읒자/몹쓸 지읒자
>   나. 'ㅆ'으로 시작하는 욕설 > 쌍시옷자

(30)의 예는 해당 금기어를 어두 자음의 명칭으로 대체한 것이다.[38] 이는 영어에서도 'cunt', 'cock' 등을 'four letter'나 'F-word' 등의 새 명칭으로 대체한 방식과 동일한 원리이다.

⑥ 상형자 대체

상형자 대체는 해당 금기어의 지시 대상과 유사한 문자를 사용하는 방식이다.

> (31) 가. 자지 > 일일일(111)[39]
>   나. 보지 > 일공일(101)
>   다. 자지 > 유 (U)
>   라. 보지 > 와이 (Y)
>   마. 좆 > 일팔육 <-+八+六)[40]

---

38) 예문은 다음과 같다[김동언 편(1999 : 576)에서 재인용].
   (1) 맞붙어 으르릉거릴 때의 두 여인은 말말이 된소리였고 여주댁이 쌍시옷자를 올려 붙일세면 새댁은 한 수 더 떠서 그 몹쓸 지읒자로 응수하는 것이었다. <박영한, 지옥에서 보낸 한철, 1989>
39) 한편, '천백십일(1111)'은 '속치마와 브라자'를 뜻하는데, '1111'이 속치마와 브라자의 끈을 상형한 것이다.
40) 다른 어원도 있다. '18=씹할', '육=肉'의 구성으로 볼 수도 있다. 그렇게 되면 다른 방식으로 설명해야 한다.

(31가, 나)는 아라비아 숫자가 국부 모습을 상형한 것이고, (31다, 라)는 성기 모습을 상형한 것이다. (31마)는 '일팔육'을 하자로 처리한 후, 이를 한글 자모로 합성한 것이다.

⑦ 숨김표 대체

숨김표 대체는 해당 금기어를 숨김표로 사용하여 감추는 방식이다. 전체 숨김과 일부 숨김이 있다. 표시는 '×'나 'O'로 한다.[41]

> (32) 가. × 본 벙어리 <李基文 編, 1962>
> 나. 옴 덕에 ××긁는다 <李基文 編, 1962>

> (33) 가. 장가 드는 놈이 불× 떼어 놓고 간다 <李基文 編, 1962>

(32)는 전체 숨김이고, (33)은 일부 숨김이다. 일부 숨김은 朴甲洙(1969 : 48)에서도 '× 事', '× 合(男女關係)', '× 莖', '× 門(性器)' 등으로 나타난다. 이러한 숨김표는 '엑스'나 '곱표'로 불리기도 한다.[42]

---

41) 한글맞춤법의 문장부호에 'Ⅶ. 잠재부(潛在符))'에 '숨김표', '빠짐표', '줄임표' 등이 있는데, '숨김표'는 '××'나 'OO'으로 표시하며, '알면서도 고의로 드러내지 않음을 나타낼' 때, 금기어나 공공연히 쓰기 어려운 비속어의 경우, 그 글자의 수효만큼 쓴다고 규정되어 있다. 예문으로 '배운 사람 입에서 어찌 OOO란 말이 나올 수 있느냐? 그 말을 듣는 순간 OOO란 말이 목구멍까지 치밀었다.'를 제시하고 있다. 비속어나 금기어가 아닌 경우에도 다음과 같이 사용된다(회사명을 밝히게 되면 간접광고의 우려가 있기 때문).
 (1) 인기여배우가 출연한 L사 광고도 '누군가 내게 말했지, 이번만은 연체료를 갚을 수 있도록, 내게 겁을 주는 나의 ××카드야'로 문구가 바뀌었다. <경향신문, 2002년 5월 3일>
42) 사용된 예는 다음과 같다[김동언 편(1999 : 645)에서 재인용]
 (1) 자지나 보지는 외설이고 음경이나 음부는 그렇지 않은 것인가, 글 속에 가끔 나오는 '엑스엑스' 또는 '곱표곱표'는 무엇인가, 하는 따위의 말을 두서없이 늘어놓고 나서 <윤후명, 돈황의 사랑, 1982>

영어의 경우에도 일부 숨김의 형식으로 실현된다.

　(34) 가. English as a Second F*cking Language <책제목, 1995>[43]
　　　나. F*CKING SPOKEN ENGLISH <책제목, 2003>[44]
　　　다. The Complete A**hole's Guide to Handling Chicks <책제목, 2003>[45]
　　　라. Fucking C***S Treat Us Like P***S <음반명, 1998>[46]

(34가, 나)는 'fucking'을, (34다)는 'asshole'을, (34라)는 'cunts'와 'penis'를 숨김표로 대체한 것이다.

이러한 숨김표 대체는 일반적으로 문어에서 나타나고, 구어에서는 '음음음'으로 대체된다.[47]

　(35) 그러나 날 제발 피하지 말고 그대여 내게 맘을 열어요
　　　나 그대 음음음 오늘 우리 둘이서 음음음
　　　세상 사람들 모두 다 음음음 그러니 우리들도 자 음음음
　　　　　　　　　　　　　　　　　　<박진영 노래, 음음음(2001)>

(35)는 노래에 사용된 예이다. 그러나 문어에서도 '음음음'이 사용되

---

43) 미국에서 간행된 책이다(부제목은 'How to Swear Effetively, Explained in Detail with Numerous Examples Taken From Everyday Life'). 저자는 Sterling Johnson, ESFL University Press 발행.
44) 우리나라에서 간행된 책이다(부제목은 '영화와 드라마로 떠나는 구어체 탐험'). 저자는 최완규, 도서출판 넥서스 발행.
45) 미국에서 간행된 책이다. 저자는 Karl Marks와 Dan Indante, St. Martin's Press 발행.
46) 가수명은 Flux of Pink Indians. 좀 더 자세한 정보는 다음 사이트를 참조 바람. http://www.amazon.com/exec/obidos/tg/detail/-/B00000IHAF/ref=m_art_li_2/002-0637336 -3666453?v=glance&s=music
47) 금기어는 아니지만 발화상에서 감추고 싶은 말이 있을 때 '삐리리'를 사용하기도 한다.

기도 한다.

(36) 수개미 －여왕개미야! 나와 음음음~한번만.
여왕개미 －수캐미 골라 음음음~한 후 열나게 알만 낳자!
〈http://namooya.com/keeper/tiny/section6.htm〉[48]

(37) 세상에 예쁜 여자가 얼마나 많은데 창창한 24살의 내가 위독한
할아버지의 명에 따라 16살 꼬맹이 보은(문근영)이와 결혼해 인
생 '쫑'내야 된다니, 이런 악연이 어디 있을 수 있나. 신혼여행
때는 공항에서 도망쳐 제주도에서 혼자 독수공방하며 지내게 하
고 장난으로 덮쳤더니 연필로 머리를 찍었다. 어린 꼬맹이와 '음
음음'을 할 수도 없으니 마루에서 성인비디오를 보면 어느샌가
나와서 공부하는데 시끄러우니 끄라고 잔소리해댄다.
〈스포츠투데이, 2004년 4월 9일〉

(36)은 인터넷 게임을 설명하는 글에서, (37)은 신문에서 각각 가져온
것이다. 문어에서도 '음음음'이 사용되고 있다.

2) 원형태의 의미적 변형

원형태의 형태적 변형이 원형태의 형태적 특성을 바탕으로 어휘 변
형을 이룬 데 반하여, 원형태의 의미적 변형은 해당 금기어의 지시 대
상이 갖는 의미 특성을 바탕으로 새로운 어휘 변형 과정을 거친다.

원형태의 의미적 변형에는 '형상화 변형', '기능화 변형', '중립화 변
형', '중의화 변형', '비유화 변형', '설명화 변형' 등이 있다. 이를 차례

---

48) 맞춤법과 띄어쓰기는 원문을 고치지 않고 그대로 옮김.

대로 살피기로 한다.

(1) 형상화 변형

형상화는 해당 금기어의 지시 대상에 대한 외형적 모습이나 위치를
표현하는 어휘로 변형시킨 것이다.

(38) 가. 자지 > 가랑이 사이 몽둥이/가운데뿌리/가운뎃다리49)가운뎃
물건/고구마/고래/고무주사/고추/국자/군고기/기계떡/기름공이/
돌기둥/돌기물50)떡방매/만년필/말뚝/모자/몸가락/무/미사일/방
망이51)/바나나/볼록/파이프52)/피스톤/수도꼭지/인간 여의봉/작
대기53)/장대/지게작대기/총알
나. 보지 > 구멍54)/오목/조개55)/홍합
다. 불알 > 두 쪽/호두 두 개

(39) 가. 자지 > 아랫도리/아랫동아리/밑
나. 보지 > 아래/밑
다. 똥을 누다 > 뒤보다56)

---

49) '새끼다리'와 '외짝다리'라는 표현도 있다.
50) '백두산'과 '번데기'라는 표현도 있다.
51) '가죽방망이', '고기방망이', '박망이' 등도 있다.
52) '빠이쁘'도 있다.
53) '스틱'이라는 표현도 있다.
54) 옛 문헌에는 '구무'로 나타난다[劉昌惇(1980 : 150)].
   구무 비(屄) <훈몽자회 상, 30>
   한편, 民衆書館 編(1966 : 382)에서 '屄'는 '보지 비'로 풀이되고 있다.
55) 방언형으로 '조갑지'도 있다.
56) '뒤보다'는 옛 문헌에도 보인다.
   네 뒤 보라 가라 <번역노걸대 상 37나>
   길ᄭᅢ셔 뒤보기 말라 <번역노걸대 상 37나>

(38)은 금기어의 외형적 모습에 주목하여 변형시킨 것이고, (39)는 금기어의 위치에 주목하여 변형시킨 것이다. (39나)의 '아래'는 15세기에도 동일하게 표현된다(더러본 아래 ᄭᅳ린 거시 업게 ᄃᆞ외니 <월인천강지곡, 69>). (39다)에서는 금기어 '똥'을 해당 대상의 위치로 변형시키고 있는데, 영어에서 'ass'를 'behind'나 'bottom', 'rear' 등으로 처리하는 것과 같은 원리이다.

(2) 기능화 변형

기능화는 해당 금기어의 기능적 측면으로 변형시킨 것이다.

> (40) 가. 자지 > 가죽침/각시고삐/살송곳/물건/물총[57]/연장
> 　　　나. 보지 > 물건

(40)은 금기어의 기능적 측면에 주목하여 새로운 어휘로 변형시킨 것이다. 예를 들면, (40가)의 '각시고삐'는 '각시를 잡아매어 놓는 것'이라는 기능을 갖고 있다. 남녀 성기에 공통으로 사용되는 '물건'은 이에 반해서 무표적 기능을 갖는다.

(3) 중립화 변형

중립화는 해당 금기어를 중립적 어휘로 변형시킨 것이다.

> (41) 가. 씹 > 성관계/성생활/성행위/밤일
> 　　　나. 강간 > 성폭행/성추행

---

57) '강간범'을 '물총강도'로, '사정'을 '물총질'로 표현한다.

중립화는 해당 금기어의 부정적 의미 연상이 되지 않는 어휘로 변형시킴으로써 해당 표현의 사용에서 오는 부담을 덜어준다. (41가)는 '관계', '생활', '일' 등의 일상적 어휘로 바꾸었으며, (41나)는 사회적으로 물의를 일으킬 수 있는 행위에 대해서 '폭행'이나 '추행' 등의 어휘로 변형시킨 경우인데, 언론 매체에서 빈번하게 사용된다. 중립화 변형을 거치게 되면 원래 금기어의 의미를 직접으로 연상할 수 없게 된다.

(4) 중의화 변형

중의화는 해당 금기어와 중의 관계에 있는 어휘로 변형시킨 것이다.

(42) 가. 씹하다 > 뽕 따러 가다/샘물을 파러 가다/배를 맞추다/통하다

중의화는 중립화는 달리 변형된 어휘를 통해서 간접적으로 원래 금기어의 의미를 연상할 수 있다.

(5) 비유화 변형

비유화는 해당 금기어를 비유적 어휘로 변형시킨 것이다.

(43) 가. 자지 > 남성/상징/심벌
　　　나. 음모 > 숲

비유화 변형은 해당 금기어를 비유적 어휘로 대체하는 방식이다.

(6) 설명화 변형

설명화는 해당 금기어를 새롭게 풀이하여 변형시킨 것이다.

(44) 가. 보지 > 은밀한 곳/ 은밀한 부위

해당 금기어를 대체어로 바꾸는 단계에 머물지 않고, 설명을 통해서 해당 금기어의 직접적 사용에서 벗어나는 방식이다. 음부를 '不認見之 處(차마 눈으로 볼 수 없는 곳)'으로 표현하고 있는 <조선왕조실록>에서도 이러한 방식을 확인할 수 있다.

5. 결론

이제까지 논의한 내용을 정리하면 다음과 같다.

5.1 언어학의 연구 대상으로서의 금기어는 언중의 특정 행동에 대한 금기나 특정 행동을 금기하는 언어 표현('금기담', '통사적 금기어')은 제외 되어야 한다. 언어학적 금기어는 한 언어 공동체에서 사용하기를 꺼려 하는 언어 표현으로 한정하여야 한다.

5.2 금기어의 유형을 사용 환경과 사용 언중의 범위에 따라서 다음과 같이 나눈다.

(6) 가. 일반 금기어 : 모든 상황에서 금기어로 되는 경우.
　　나. 상황 금기어 : 특정 상황에서 일반어가 금기어로 되는 경우.

(7) 가. 전체 언중 금기어 : 전체 언중에 의해서 금기어로 되는 경우.
　　나. 일부 언중 금기어 : 일부 언중에 의해서 일반어가 금기어로 되
　　　　는 경우.

5.3 금기어가 원형태 그대로 실현되는 경우는 언중에게 거부감을 주

기 때문에 1) 원형태의 형태적 변형과 2) 원형태의 의미적 변형으로 실현된다.

원형태의 형태적 변형은 '단순 형태 변형'(음 변화/음 추가/음 삭제/음 도치/철자 추가 후 삭제)과 '대체 변형'(음 대체/어종 대체/표기자 대체/대명사 대체/상형자 대체/숨김표 대체) 등으로 실현된다.

원형태의 의미적 변형은 '형상화 변형', '기능화 변형', '중립화 변형', '비유화 변형', '설명화 변형' 등으로 실현된다.

참고문헌

김동언 편(1999), 『국어 비속어 사전』, 서울 : 프리미엄북스.

金聖培(1962), 「한국 금기어고(韓國 禁忌語考(上)」, 『국어국문학』 25, 국어국문학회.

金聖培(1963), 「한국 금기어고(韓國 禁忌語考(下)」, 『국어국문학』 26, 국어국문학회.

김성배(1969), 「한국의 길조어 연구(韓國吉禁兆忌語研究)-자료를 중심으로 하여-」, 『明大論文集』 3, 명지대.

김종수(2000), 「금기와 사전에 나타난 금기어」, 『독어교육』 20, 한국독어독문학교육학회.

김종택(1992), 『국어 어휘론』, 서울 : 탑출판사.

南基心(1969), 「Tabu와 言語變化」, 『童山 申泰植博士 頌壽紀念論叢』, 계명대.

남기심(1982), 「금기어(禁忌語)와 언어의 변화」, 『言語와 言語學』 8, 한국외대.

文孝根(1962), 「韓國의 禁忌語」, 『人文科學』 8, 연세대.

文孝根(1963), 「韓國의 禁忌語(續)」, 『人文科學』 9, 연세대.

民衆書館 編(1966), 『漢韓大字典』, 서울 : 民衆書林.

민현식(1995), 「국어의 여성어 연구」, 『亞細亞女性研究』 34, 숙명여대.

민현식(1998), 「국어 외래어에 대한 연구」, 『한국어의미학』 2, 한국어의미학회.

朴甲洙(1969), 「國語의 感化的 表現攷」, 『한국국어교육회논문집』 1, 한국국어교육연구회.

송성욱(2004), 『춘향전』, 서울 : 민음사.

沈在箕(1970), 「禁忌 및 禁忌談의 意味論的 考察」, 『人文社會科學 論文集』 2, 서울대.

沈在箕(1982), 『國語語彙論』, 서울 : 집문당.

안진환 역(2002), 『SXE-잃어버린 자유, 춘화로 읽는 성의 역사-』, 서울 : 해바라기. Stephen Bayley et.(2001). Sex Octopus Publshing Group Ltd.

柳炳泰(1985), 「禁忌語와 婉曲語法의 言語學的役割」, 『關大論文集』 13-1, 관동대.

劉昌惇(1980), 『語彙史研究』, 서울 : 二友出版社.

李基文 編(1962), 『俗談辭典』, 서울 : 民衆書館.

李基文(1991), 『國語 語彙史 研究』, 서울 : 東亞出版社.

장영준(2000), 『언어의 비밀』, 서울 : 한국문화사.

丁若鏞(1819), 『雅言覺非』, 金鍾權(1976) 譯注 서울 : 一志社.

秦聖麒(1973가), 『南國의 禁忌語研究』, 제주민속문화연구소.

秦聖麒(1973나), 「濟州島의 禁忌語研究」, 『韓國民俗學』 6, 민속학회.

허재영(2000), 『생활 속의 금기어 이야기』, 서울 : 도서출판 역락.

허재영(2001), 「금기어의 구조 및 발생 요인」, 『사회언어학』 9-1, 한국사회언어학회.

홍성호(2000), 『교열 리포트』, 서울 : 커뮤니케이션북스.

Bloomfield, Leonard(1933), *Language*, London : George Allen & Unwin Ltd.

Farb, Peter(1973), *Word Play : What Happens When People Talk*, Toronto : Bantam Books. 이기동·김혜숙·김혜숙 역(1997), 『말 그 모습과 쓰임: 사람들이 말을 할 때 어떤 일이 일어나는가?』, 서울 : 한국문화사.

Frazer, James George(1922/1950), *Golden Bough*, New York : Macmillan Publishing Co. 김상일 역(1996), 『황금의 가지』, 서울 : 을유문화사.

Freud, Sigmund(1950), *Totem and Taboo*, 金玄操 역(1999), 『토템과 금기』, 서울 : 經進社.

Ullmann, Stephen(1962), *Semantics : An Introduction to The Science of Meaning*, Oxford : Basil Blackwell.

여성 관련 금기어(禁忌語)의 타당성 및 수용성 지각

성차를 중심으로

최상진 · 양병창 · 박정열 · 김효창

금기(禁忌, taboo)는 인간의 생활 주변에서 발생하는 사건에 대하여 자신을 공포의 대상으로부터 보호하기 위한 원시적 금제수단(禁制手段)이며, 금기하는 구체적 사항을 언어로 서술한 것을 금기어(禁忌語)라 한다(김기설, 1985). 금기는 오늘날에도 사회적, 종교적 사정에 따라 각기 그 원인, 정도에는 차이가 있으나 세계 도처에 이와 유사한 습속(習俗)이 남아 있다(문효근, 1962). 금기(禁忌)란 '금(禁)한다'는 의미와 '꺼린다(忌)'는 의미가 합성된 것으로, 신성(神聖)과 부정(不淨)의 두 가지 복합 관념이 포함되어 있다. 즉 신성한 것에 접근하는 것을 禁하고, 부정한 것에 대해서 그를 忌하는 양면성의 종합적 의미가 금기이다(김선풍, 1994 ; 심재기, 1978 ; 장범성, 1998). 전자는 왕이나 제신(祭神), 영혼 등과 관련된 것이며, 후자의 예로는 월경, 출산, 사망, 사체(死體) 등과 관련된다(북악 편집실, 1978).

금기는 단순히 옳다 그르다, 좋다 나쁘다는 일상적 사고 판단과는 다른 차원의 신념체계이며 판단차원이다(최상진, 박정열, 1999). 흔히 신성성

(神聖性)이 부여되는 종교적 숭배의 대상물이나 이와 관련된 행위에 있어서는 옳고 그름, 좋고 나쁨의 일상적 판단이 무위화(無爲化)되는 것처럼 문화적 전통이라는 옷을 입은 금기 관련 신념은 심리적으로 신성에 관여되는 신념이나 판단체계처럼 종교적 신성 심리가 동일한 기제로 작용한다. 사람들이 종교를 신성한 것으로 여기는 것은 그것이 논리적인 이유가 있어서가 아니다. 오히려 논리적인 이유가 없음으로 인해 종교는 더욱 신성시될 수 있다. 금기도 마찬가지이다. 금기에 의한 금지는 이유 불문의 금지이며, 그 기원도 불분명하다(Freud, 1912-13 : 김종엽, 1995에서 재인용). 따라서 금기는 감히 범해서는 안 되는 신성한 것으로 여겨진다.

금기는 그것이 하나의 전통처럼 대부분의 사람들이 이제까지 지켜온 것이기 때문에 자신들도 그것에 따른다는 성격이 강하다(최상진, 박정열, 1999). 전통은 단순히 지나간 사실을 제3자적 입장에서 객관적으로 기술하는 역사와는 달리 '당연히' 지키지 않으면 안 되는 것, 또는 옛날부터 따라왔던 전통적인 관습을 어기는 것은 '부도덕한 사람이 하는 것' 등과 같은 감정-자아 고관여적 믿음 체계를 그 기저에 깔고 있으며, 따라서 전통을 어기는 데 따르는 심리적 부담은 매우 크다. 물론 대부분의 문화적 전통은 그러한 전통이 왜 생겼으며, 왜 지켜져야 하는가에 대한 문화-맥락적 이유와 정당성을 가지고 생겨나는 경우가 많다. 그러나 일단 특정한 활동이나 대상이 전통이라는 심리적 틀 속에 들어오면 그러한 전통이 생겨난 이유나 배경과는 상관없이 전통 그 자체가 독립적으로 중요한 일이나 삶으로 존속하게 된다. 따라서 심지어는 그러한 전통이 생겨난 이유나 정당성이 더 이상 객관적으로 타당하지 않게 된 상황에 있어서도 그러한 전통에 대한 인간의 추종은 그대로 지속된

다. 이것을 전통의 기능적 자동화현상이라 볼 수 있다. 이러한 현상은
금기에서도 적용되어 그 이유는 알 수 없지만 일단 한번 형성된 금기는
세대를 거쳐 강한 생명력을 가지고 전달되는 것이다.

우리는 금기를 통해 과거 혹은 지금의 사람들이 가지고 있는 특정한
인물이나 대상에 대한 비정상적인 신념이나 믿음이 어디서 기인했는가
에 대한 직접적이거나 선후 인과론적이지는 않지만 납득할 만한 추론
을 해 볼 수 있다. 예를 들어, 서낭굿을 위해 제주(祭主)가 음식을 장만할
때 반드시 첫 새벽에 첫 장을 보되, 홍정을 하지 말고 물건을 사야 한
다. 이때의 금기는 홍정이다. 즉 상행위의 핵심이라고 할 수 있는 홍정
이 서낭굿을 망치는 부정으로 간주되고 있다. 여기서 우리는 사농공상
(士農工商)이라 하여 상업을 비하하고 천하게 여기는 과거 우리나라 사람
들의 생각을 엿볼 수 있다(김열규, 1978).

단일(單一)하고 순연(純然)하지 못한 것 또한 부정으로 간주되고 금기의
대상이 된다. 서낭굿의 제수(祭需)로 쓰이는 돼지는 흰 반점이나 잡색의
얼룩이 있어서는 안 된다. 잡색이 섞인 돼지는 제수로 쓰지 말아야 한
다. 다색(多色)이 불순감을 자극한다는 사실 때문에 부정으로 간주된 것
이다. 불구(不具)나 이형(異形) 그리고 상처(傷處) 등이 부정으로 다루어져
기피되는 것도 같은 이유 때문이다. 이때는 비정상감이 부정감과 연결
되어 있다(김열규, 1978). 따라서 사회에서 불구자(不具者)나 신체장애자에
대해 부정적인 시각을 갖는 한 가지 이유도 여기에서 찾아볼 수 있을
것이다.

이와 같이 금기에는 과거 우리나라 사람들의 생각, 사상, 믿음 등이
용해되어 있으며, 공포의 대상으로부터의 보호(김기설, 1985), 경제적인
기능성(김선풍, 1994)이 있다. 그러나 금기가 무엇보다 중요한 것은 금기

는 인간의 가장 오래된 불문법으로 사회 도덕률의 일부를 차지한다는 점이다(김선풍, 1994). 따라서 이러한 금기를 어겼을 때 법적인 제재를 받는 것은 아니지만 죄책감을 경험하며, 이는 사람들의 의식과 행동을 규제하는 강력한 힘이 된다.

전통적으로 한국 민속의 현장에서 부정이 금기의 대상이 되는 가운데 대표적인 것으로 죽음과 여성(김열규, 1978)이 있다. 이는 여성이 월경이나 출산과 관련하여 그것이 부정(不淨)한 것으로 인식되고 있기 때문이다. 전국적으로 통용되는 금기어를 분석한 최상진과 박정열(1999)의 연구에서도 여성과 관련된 금기어가 남성과 관련된 금기어들보다 두 배 이상 많았다. 또한 그 내용도 여성은 주로 재수 없는 일이나 재앙을 몰고 오는 원인으로 간주되는 반면, 남성은 귀한 존재로서 하찮은 일을 하면 안 되는 것으로 묘사되고 있다. 우리 사회는 아직도 여성이 해서는 안 되는 행위들을 규정하고 있는 말들이 많이 있다. 예컨대 "새벽에 여자가 오면 재수 없다", "여자가 날 뛰면 집안이 망한다.", "여자가 맨 먼저 과일을 따면 그 이듬해 많이 열리지 않는다.", 혹은 "여자가 문지방에 앉으면 집안에 재수가 없다" 등 이러한 말이 생겨난 이유나 정당성이 객관적으로 타당하지 않다 하더라도 관습적으로 전해져 오면서 여성의 행위를 제약하는 금기들이 존재하며, 필요한 경우에 그러한 금기를 사용하여 행위를 제재하여 왔다.

본 연구는 여성 관련 금기어(禁忌語)들에 대해 성차를 중심으로 일반인들이 어떻게 이것들을 평가하고 있으며, 그러한 금기가 실제로 여성의 행동을 제어하는 데 작용할 수 있는지의 여부를 확인하는 데 초점을 맞추었다.

1. 방법

1) 조사대상자

본 연구는 중앙대학교와 충남대학교에서 교양심리학을 수강하는 학생들과 이들의 부모들을 대상으로 하여 실시되었다. 응답자의 수는 총 384명으로 남학생이 123명, 여학생이 154명, 남자성인이 56명, 여자성인이 51명이었다. 이들의 평균 연령은 남학생이 21.25세, 여학생이 20.12세, 남자성인이 49.98세, 여자성인이 47.02세였다.

2) 조사 도구

예비조사에서 여성 관련 금기에 대한 조사를 하기 위해 각종 문헌에서 여성과 관련된 금기어 153개를 찾아 질문지를 구성하였다. 예비조사에서 각각의 금기어에 대한 인지도를 바탕으로 63개의 여성 관련 금기어를 선정하였으며 이 문항들로 질문지를 재구성하여 분석하였다.

이 조사에서의 질문 내용은 먼저 각각의 여성 관련 금기어들이 타당하다고 생각되는 정도(여성 금기어의 타당성)를 5점 척도에서 평가하도록 하였다. 이에 더해서, 여성에게는 본인이 특정한 행위를 하였을 때, 그 행위와 관련된 금기어를 인용하여 주변의 중요한 인물이 그 행위를 제지할 때, 그에 따를 것인지의 여부(여성 금기어의 수용성)를 5점 척도로 평정하도록 하였다. 평가척도는 타당성과 수용성 모두 절대 그렇지 않다(1)에서 정말 그렇다(5)의 리커트형 5점 척도로 구성되었다.

3) 분석 방법

자료의 분석은 우선 본 연구에서 사용된 63개 여성 관련 금기어들에 대한 내용 분석을 통해 의미나 내용 면에서 유사한 것들을 유목화하였다. 그 결과 이들 63개 금기어들을 '행동과 관련된 여성 부정성에 대한 금기', '생산과 관련한 여성 부정성에 대한 금기', '일반적인 여성 부정성에 대한 금기', '임신/출산에 대한 금기', '어머니에 대한 금기' 등 5개 여성 금기 유목으로 구성하였다. 유목화의 과정에서 8개의 문항은 기타로 처리되어 유목에서 제외되었다. 다음으로 이들 유목과 그 유목에 해당하는 각각의 금기어들에 대한 타당성 평정에서 남녀 차이를 살펴보기 위해 t-test를 실시하였다. 끝으로, 여성 조사대상자를 상대로 하여 금기어들에 대한 타당성 평정과 수용성 평정에서의 차이가 있는지를 알아보기 위해 t-test를 실시하였다.

4) 결과

〈표 1〉 행동과 관련된 여성 부정성 금기어의 타당성에 대한 남녀 집단 간 차이 비교

하위 문항	전체	남자		여자		t값
		학생	성인	학생	성인	
남자의 다리나 허리를 여자가 타넘으면 재수 없다.	1.84	2.14		1.57		5.77***
		1.96	2.55	1.47	1.86	
여자가 문지방에 앉으면 집안에 재수가 없다.	1.72	1.92		1.54		3.96***
		1.80	2.20	1.47	1.76	
여자가 밤에 빨래(방망이질)를 하면 동네 처녀가 죽는다.	1.39	1.52		1.28		3.35**
		1.48	1.62	1.23	1.42	
아침에 여자가 남자의 호주머니를 뒤지면 그 날 재수가 없다.	1.67	1.95		1.42		5.20***
		1.73	2.44	1.25	1.96	

하위 문항	전체	남자		여자		t값
		학생	성인	학생	성인	
여자가 배추 뿌리 먹으면 소박맞는다.	1.55	1.69		1.43		3.21**
		1.66	1.76	1.34	1.71	
여자가 날뛰면 집안이 망한다.	2.24	2.79		1.78		8.96***
		2.57	3.27	1.69	2.02	
남자가 길을 떠날 때 여자가 앞을 가로질러 가면 재수 없다.	1.70	1.98		1.46		5.40***
		1.87	2.22	1.32	1.88	
바늘을 벽에 꽂아 놓으면 남편을 잃는다.	1.57	1.69		1.47		2.55*
		1.67	1.75	1.37	1.76	
밤에 거울 보면 소박맞는다.	1.56	1.82		1.33		5.29***
		1.80	1.88	1.33	1.35	
행동과 관련된 여성 부정성에 대한 금기어 전체	1.69	1.94		1.47		6.85***
		1.83	2.19	1.38	1.73	

* p <.05, ** p <.01, *** p <.001

〈표 2〉 생산성과 관련된 여성 부정성 금기어의 타당성에 대한 남녀 집단 간 차이 비교

하위 문항	전체	남자		여자		t값
		학생	성인	학생	성인	
여자가 맨 먼저 과일을 따면 그 이듬해 많이 열지 않는다.	1.43	1.55		1.32		2.92**
		1.45	1.77	1.20	1.68	
참외밭에 여자가 들어가면 참외가 끈다.	1.38	1.51		1.26		3.35**
		1.49	1.55	1.17	1.55	
칠월칠석날 딸이 논밭에 나가면 흉년이 든다.	1.54	1.69		1.42		3.22**
		1.64	1.80	1.38	1.53	
여자가 바느질 그릇이 지저분하고 더러우면 가난해진다.	2.20	2.43		2.01		3.68***
		2.50	2.27	2.02	1.98	
소 새끼 난 뒤에 여자가 보면 나쁘다.	1.56	1.76		1.39		4.35***
		1.64	2.04	1.27	1.75	
생산과 관련된 여성 부정성에 대한 금기어 전체	1.62	1.79		1.48		4.37***
		1.75	1.87	1.41	1.71	

** p <.01, *** p <.001

결과는 전체 63개 여성 관련 금기어들에 대하여 일차적으로 내용분석을 통해 의미나 내용이 유사한 문항들을 묶은 유목화를 중심으로 제시하였다. <표 1>은 여성 관련 금기어 중에서 여성의 특정한 행동으로 인해 결과적으로 주변사람이나 남성이 입을 수 있는 손실이나 화를 경계하는 내용이 주류를 이루고 있다. 따라서 이러한 내용의 금기어들을 '행동과 관련한 여성 부정성에 대한 금기'라고 명명하고, 이러한 금기어들의 타당성에 대해 남녀의 성차를 비교하였다. 우선 이들 금기어들의 타당성에 대한 평정치를 보면, 여자 응답자들의 경우 9개 문항 모두 1점대의 낮은 타당성 평정치를 보이고 있으며, 남자들의 경우에서도 2개 문항을 제외하고는 모두 1점대에 머무르고 있다. 따라서 여성뿐만 아니라 남성들도 이들 금기들이 더 이상 타당하지 않는 것으로 생각하고 있는 것으로 나타났다. 그러나 이들 문항들의 타당성에 대한 남녀 차이점 중에서는 9개 하위 문항 모두에서 남자가 여자보다 유의하게 높게 나타났다. 성별(남자, 여자)과 세대(학생, 성인)에 따라 효과를 세부적으로 확인하기 위해 변량분석을 실시한 결과 성별($F_{(1,372)}=36.82$, $P<.001$)과 세대($F_{(1,372)}=22.95$, $P<.001$)의 주 효과는 나타났으나, 상호작용효과($F_{(1,372)}=0.00$, $P>.090$)는 나타나지 않았다.

<표 2>는 여성 관련 금기어 중에서 생산과 관련된 것들이다. 생산의 금기는 전통적으로 농업 국가였던 우리나라에서 여성으로 인해 초래되는 결실의 감소를 우려하는 내용으로 주로 구성되어 있다. 이중에서 '여자가 바느질 그릇이 지저분하고 더러우면 가난해진다'는 2점대로 평정되었으며, 나머지 금기어들은 1점대로 평정되었다. 이들 금기어들의 타당성에 대한 남녀 차이 검증에서는 5개 하위 문항 모두에서 남자가 여자보다 유의하게 높게 나타났으며, 유목 전체의 평정치도 남자가

여자보다 유의하게 높았다. 성별과 세대에 따른 효과를 세부적으로 확인하기 위하여 변량 분석을 실시한 결과 성별($F_{(1,379)}$=10.88, P<.01)과 세대($F_{(1,379)}$=7.75, P<.01)의 주 효과는 나타났으나, 상호작용 효과($F_{(1,379)}$=1.39, P>.020)는 나타나지 않았다.

⟨표 3⟩ 기타 일반적인 여성 부정성과 관련된 금기어의 타당성에 대한 남녀 집단 간 차이 비교

하위문항	전체	남자		여자		t값
		학생	성인	학생	성인	
새벽에 여자가 오면 재수 없다.	1.52	1.70		1.36		3.89***
		1.64	1.84	1.25	1.70	
아침에 여자와 말다툼을 하든지 욕을 먹으면 재수 없다.	2.12	2.43		1.85		4.76***
		2.22	2.91	1.65	2.45	
장가가는 배에 아침에 여자를 태우면 재수 없다.	1.72	1.95		1.53		4.35***
		1.84	2.20	1.40	1.94	
여자의 옷을 고쳐서 남자 옷을 만들면 재수 없다.	1.54	1.74		1.36		4.54***
		1.65	1.95	1.24	1.71	
꿈에 여자가 와서 자면 구설을 듣는다.	1.59	1.76		1.44		3.43***
		1.75	1.79	1.28	1.94	
꿈에 여자를 보면 재수 없다.	1.51	1.68		1.36		3.56***
		1.50	2.07	1.19	1.84	
꿈에 계집과 서로 싸우면 병이 생긴다.	1.54	1.68		1.42		3.17**
		1.59	1.88	1.31	1.75	
꿈에 여인을 불러 잡으면 크게 흉하다.	1.58	1.75		1.43		3.60***
		1.64	1.96	1.29	1.88	
꿈에 왕비가 불러 술 먹이면 흉하고 병든다.	1.54	1.65		1.45		2.29*
		1.65	1.64	1.35	1.75	
정월달에 여자가 와서 울면 재수 없다.	1.80	2.10		1.55		5.15***
		1.93	2.47	1.41	1.98	
기타 여성 부정성에 대한 금기어 전체	1.64	1.85		1.46		5.47***
		1.75	2.07	1.33	1.86	

* p <.05, ** p <.01, *** p <.001

<표 1>이 여성 관련 금기어 중에서 여성 본인이 직접적으로 어떤 특정한 행동을 함으로 인하여 결과적으로 주변 사람이나 남성이 입을 수 있는 손실이나 화를 경계하는 내용인 반면, <표 3>은 여자가 나오는 꿈을 꾼다든지, 여자와 말다툼을 하는 것과 같이 여성이 개입되어 그 결과 부정적인 일이 발생하는 것을 다루고 있다. 이들 금기어들의 타당성에 대한 평정치는 대부분의 문항들이 1점대에 머물러 있는바, 이 역시 대부분의 사람들은 이러한 금기들이 더 이상 타당하지 않는 것으로 생각하고 있는 것으로 나타났다. 그러나 이들 문항들의 타당성에 대한 남녀 차이 검증에서는 10개 하위 문항 모두에서 남자가 여자보다 유의하게 높게 나타났다. 성별과 세대에 따른 변량분석을 실시한 결과 성별($F_{(1,373)}=17.34$, $p<.001$)과 세대($F_{(1,373)}=32.47$, $p<.001$)의 주 효과는 나타났으나, 앞의 경우와 마찬가지로 상호작용 효과($F_{(1,373)}=1.97$, $p>.10$)는 나타나지 않았다.

〈표 4〉 임신/출산과 관련된 금기어의 타당성에 대한 남녀 집단 간 차이 비교

하위 문항	전체	남자		여자		t값
		학생	성인	학생	성인	
임신한 여자가 남을 미워하거나 흉보면 자기 어린애도 그렇게 된다.	2.77	2.69		2.85		-1.33
		2.75	2.54	2.91	2.69	
임신한 여자가 고양이를 죽이면 고양이를 닮은 애를 낳는다.	1.98	2.03		1.93		.98
		2.01	2.09	1.88	2.06	
임신 중에 닭 잡아먹지 않는다.	2.10	2.24		1.98		2.22*
		2.11	2.54	1.87	2.31	
어린애 밴 사람이 오리고기를 먹으면 아이 발이 붙는다.	1.75	1.84		1.67		1.53
		1.79	1.95	1.56	2.00	
임신 십 개월에는 잔치에 안 나간다.	2.13	2.19		2.08		.98
		2.10	2.39	2.07	2.10	
어린애 낳고 사흘 안에 동냥 주지 않는다.	1.95	1.97		1.93		.33
		1.84	2.23	1.89	2.06	

하위 문항	전체	남자		여자		t값
		학생	성인	학생	성인	
어린애 낳고 삼칠일 안에 사람이 들어오면 어린애에게 해롭다.	2.50	2.37		2.61		-1.88
		2.19	2.78	2.67	2.44	
산후 삼칠일 안에 사람이 들어오면 부정 낀다.	2.29	2.26		2.32		-.50
		2.09	2.63	2.28	2.45	
어린애 낳고 삼칠일 안에는 닭이나 짐승 같은 것을 잡지 않는다.	2.53	2.55		2.50		.39
		2.22	2.27	2.40	2.82	
어린애 낳을 때 닭을 잡으면 그 아이가 부정 탄다.	2.18	2.30		2.07		2.02*
		2.05	2.86	1.94	2.47	
해산 후에 계란 쪄 먹으면 나쁘다.	1.92	2.02		1.83		1.89
		1.90	2.29	1.78	2.00	
어린애 낳고 다듬이질하면 불길하다.	1.89	1.94		1.84		.97
		1.76	2.34	1.77	2.06	
어린애 낳고 초상집에 가면 해롭다.	2.62	2.67		2.58		.66
		2.42	3.21	2.50	2.84	
아이를 낳고 가축을 잡으면 그 아이에게 불길하다.	2.37	2.45		2.31		1.10
		2.17	3.05	2.18	2.70	
사람이 죽었거나 아이를 낳았을 때 빨래하면 해롭다.	1.84	1.91		1.77		1.38
		1.82	2.11	1.71	1.96	
한 사람이 한 해에 해산구완을 한 번 이상하면 해롭다.	2.04	1.97		2.10		-1.14
		1.94	2.04	2.13	2.02	
산모의 국 끓일 때 미역을 뜯어먹으면 어린애가 어머니의 젖을 깨문다.	1.70	1.72		1.68		.53
		1.67	1.84	1.63	1.80	
어머니 젖을 짐승에게 먹이면 젖이 안 난다.	1.84	1.87		1.82		.51
		1.83	1.96	1.78		
꿈에 아내가 임신하면 밖에 사사로운 정이 있다.	1.81	1.93		1.71		2.26*
		1.84	2.13	1.73	1.94	
임신 중에 오리 알을 먹으면 손가락이 붙는 아이를 낳는다.	1.63	1.80		1.49		3.33**
		1.72	1.98	1.44	1.64	
임신/출산과 관련된 금기어 전체	2.08	2.13		2.03		1.15
		2.01	2.40	2.01	2.12	

*p <.05, **p <.01

<표 4>는 여성 관련 금기어 중에서 임신/출산과 관련된 것들이다. 이들 임신/출산과 관련된 금기어들은 다른 유목의 금기어들에 비해 상대적으로 높은 타당성 평정치를 보이고 있다. <표 1>, <표 2>, <표 3>에 제시된 결과들에서는 모든 문항에서 남자가 여자보다 타당성 평점 점수가 높았으나, 임신/출산에 대한 금기어에서는 전체 20개의 문항에서 일부 문항(4개 문항)을 제외하고 타당성 평정에서 남녀 차이가 유의미하게 나타나지 않았으며, 이 유목에서의 전체 평정치에서도 유의한 차이를 보이지 않았다. 따라서 임신/출산에 대한 금기 사항에 대해서는 상대적으로 다른 금기들보다 타당한 이유가 있다고 보는 경향이 강하며, 또한 이들 금기에 대한 성차도 강하지 않는 것으로 나타났다. 성별과 세대에 따른 변량분석을 실시한 결과 성별($F_{(1,361)}=2.44$, $p>.10$)은 주효과가 나타나지 않았으나 세대($F_{(1,361)}=8.37$, $p<.01$)에 있어서는 주 효과가 나타났다. 성별과 세대에 대한 상호작용 효과($F_{(1,361)}=2.49$, $p>.10$)는 나타나지 않았다.

〈표 5〉 어머니와 관련된 금기어의 타당성에 대한 남녀 집단 간 차이 비교

하위 문항	전체	남자		여자		t값
		학생	성인	학생	성인	
두 손을 목에 베고 자면 어머니가 돌아가신다.	1.49	1.59		1.41		2.26***
		1.58	1.63	1.37	1.52	
머리를 아랫목으로 두고 자면 어머니가 돌아가신다.	1.51	1.58		1.44		1.80
		1.53	1.70	1.39	1.57	
머리를 풀고 다니면 어머니가 돌아가신다.	1.41	1.52		1.32		2.62**
		1.43	1.71	1.29	1.42	
엄지손가락에 봉숭아물 들이면 아버지는 오래 살고 어머니는 일찍 돌아가신다.	1.40	1.46		1.35		1.43
		1.39	1.61	1.33	1.41	

하위 문항	전체	남자		여자		t값
		학생	성인	학생	성인	
반지를 둘째손가락에 끼면 어머니가 돌아가신다.	1.38	1.48		1.30		2.38*
		1.40	1.64	1.25	1.47	
베개를 세워 놓으면 어머니가 돌아가신다.	1.44	1.55		1.34		2.64**
		1.53	1.61	1.27	1.55	
날(빈)다듬이질을 하면 어머니 마음이 상하게 된다.	1.71	1.79		1.64		1.55
		1.68	2.04	1.56	1.88	
밥사발을 포개 놓으면 부모가 돌아가신다.	1.53	1.66		1.42		2.73**
		1.63	1.75	1.34	1.64	
어린애가 실없이 땅을 파면 부모가 죽는다.	1.47	1.55		1.39		2.12*
		1.52	1.64	1.39	1.40	
실패에 실이 하나도 없으면 부모가 헐벗고 돌아가신다.	1.50	1.64		1.38		2.95**
		1.53	1.89	1.34	1.50	
날쌀을 먹으면 어머니가 돌아가신다.	1.42	1.55		1.30		3.06**
		1.42	1.85	1.27	1.42	
어머니와 관련된 금기어 전체	1.47	1.58		1.38		2.97**
		1.52	1.72	1.34	1.51	

* p<.05, **p <.01

어머니와 관련한 금기는 대부분이 어머니의 죽음과 관련된 금기 행위들로 구성되어 있다. 이들 11개 금기어들에 대한 타당성 평정치 역시 앞의 결과들과 마찬가지로 한 문항을 제외하고 남/녀, 학생/성인 모두에서 1점대에서 유지되고 있으므로 보아 그 타당성이 없다고 인식하고 있었다. 그러나 이들 문항들의 타당성에 대한 남녀 차이 검증에서는 11 개 하위 문항 중에서 8개 문항에서 남자가 여자보다 유의하게 높게 나타났으며, 이 유목의 전체 평정치에서도 남자가 여자보다 유의하게 높았다. 성별과 세대에 따른 변량분석을 실시한 결과 성별($F_{(1,371)}$=6.85, p<.01)과 세대($F_{(1,371)}$=6.33, p<.05)의 주 효과는 나타났으나, 상호작용효

과(F(1,371)=.03, p>.80)는 나타나지 않았다.

<표 6> 여성 관련 하위 유목의 타당성에 대한 남녀 집단 간 차이 비교

여성 관련 금기어 하위 유목	전체	남자		여자		t값
		학생	성인	학생	성인	
행동과 관련된 여성 부정성 금기어	1.69	1.94		1.47		6.85***
		1.83	2.19	1.38	1.73	
생산과 관련된 여성 부정성 금기어	1.62	1.79		1.48		4.37***
		1.75	1.87	1.41	1.71	
기타 일반적인 여성 부정성과 관련된 금기어	1.64	1.85		1.46		5.47***
		1.75	2.07	1.33	1.86	
임신/출산과 관련된 금기어	2.08	2.13		2.03		1.15
		2.01	2.40	2.01	2.12	
어머니와 관련된 금기어	1.47	1.58		1.38		2.97**
		1.52	1.72	1.34	1.51	

** p<.01, ***p <.001

<표 6>은 여성 관련 금기어의 타당성 평정치를 유목별로 정리한 결과이다. '행동과 관련된 여성 부정성 금기어', '생산과 관련된 여성 부정성 금기어', 그리고 '기타 일반적인 여성 부정성과 관련된 금기어'는 공통적으로 여성의 부정성(不淨性)과 관련되어 있다. 서두에서 언급한 바와 같이, 전통적으로 여성은 월경과 출산과 관련하여 그것이 부정(不淨)한 것으로, 인식되었기 때문에 꺼리는(忌) 대상이 되어왔다(김열규, 1978). 여성 부정성에 대한 3개 유목들에 대헌 타당성 평정치는 모두 1점대로서 이러한 금기들에 대하여 남녀 모두 타당하지 않는 것으로 보았다. 그러나 이들 문항들의 타당성에 대한 남녀 차이 검증에서는 3개 유목, 24개 하위 문항 모두에서 남자가 여자보다 유의하게 높게 나타났다. 성별과 세대에 따른 변량분석을 실시한 결과 3개 유목들 모두 성별과 세

대의 주 효과는 나타났으나, 둘 간의 상호작용 효과는 나타나지 않았다.

'임신/출산과 관련된 금기어'는 단일 유목으로는 가장 많은 20개의 문항을 차지하였다. 이는 그만큼 임신과 출산과 관련된 것의 중요성에 대한 방증이기도 하다(유안진, 1990). 임신/출산과 관련된 금기어에 대한 타당성 평정치 평균값 자체로만 볼 때는 2.08로 대체로 타당하지 않다고 생각하였으나, 상대적으로 다른 유목들에 비해서는 그 평정치가 높게 나타났다. 따라서 임신과 출산과 관련한 금기에 대해서는 상대적으로 다른 금기들보다 타당한 이유가 있다고 보는 경향이 강하며, 따라서 이들 금기사항에 대해서 따를 가능성도 높다고 볼 수 있다.

끝으로 '어머니와 관련된 금기어'는 앞에서 언급한 여성 부정성 금기와 임신/출산의 금기와는 성격이 사뭇 다르다. 어머니와 관련된 금기어에서 여성은 자신이나 자신의 행동으로 인해 불행한 결과를 야기하는 부정한 존재도 아니며, 자식을 위해서 자신이 어떠한 고통을 감내하거나 행동의 제약을 받는 존재가 아니다. 어머니와 관련한 금기어에서 여성은 보호의 대상이 된다(최상진, 박정열, 1999).

이제까지 제시된 결과들은 과거부터 전해 내려오는 여성과 관련된 금기들의 대하여 '지금 현재'를 살고 있는 사람들이 이러한 금기를 얼마나 타당한 것으로 생각하느냐의 문제(타당성의 문제)를 남녀차를 중심으로 살펴보았다. 그러나 금기와 관련된 문제는 단순히 그것의 사실 여부, 합리성 여부를 떠나 그것이 실제 사람들의 행동과 인간관계에 어떠한 영향을 미치는가가 더 중요한 요소일 수 있다. 금기는 단순히 옳다 그르다, 좋다 나쁘다는 일상적 사고판단과는 다른 차원의 신념 체계이며 판단차원이며, 하나의 전통처럼 대부분의 사람들이 이제까지 지켜온 것이기 때문에 자신들도 그것에 따른다는 성격이 강하다(최상진, 박정열,

1999). 따라서 금기에 관한 연구는 두 가지 측면, 즉 그것이 얼마나 타당하다고 생각하는지(타당성)의 측면과 그것을 얼마나 따를지(수용성)의 측면을 동시에 고려하여야 할 것이다.

〈표 7〉 여성 관련 금기어 하위 유목의 타당성 평정치와 수용성 평정치에 대한 차이 비교

여성 관련 금기어에 대한 하위 유목	타당성		수용성		t값
	여학생	여자성인	여학생	여자성인	
행동과 관련된 여성 부정성 금기어	1.47		1.63		-3.25**
	1.38	1.73	1.52	2.03	
생산과 관련된 여성 부정성 금기어	1.48		1.64		-2.90**
	1.41	1.71	1.54	1.97	
기타 일반적인 여성 부정성과 관련된 금기어	1.46		1.57		-2.58*
	1.33	1.86	1.47	1.94	
임신/출산과 관련된 금기어	2.03		2.27		-5.77***
	2.01	2.12	2.25	2.35	
어머니와 관련된 금기어	1.38		1.71		-5.54***
	1.34	1.51	1.72	1.67	

* p<.05, ** p<.01, *** p<.001

〈표 7〉은 여성 응답자들만을 대상으로 하여, 본인이 특정한 행위를 하였을 때, 그 행위와 관련된 금기어를 인용하여 주변의 중요한 인물이 그 행위를 제지할 때, 그 지시를 수용하고 따를지에 대한 여부(여성 금기어의 수용성)를 앞의 타당성 평정치와 비교한 결과표이다. 전체적으로 그 결과를 보면, 여성 관련 금기어 하위 5개 유목 모두에서 금기 내용의 타당성 평정치와 수용성 평정치가 낮다고는 해도 본인이 관여되어 있는 경우에 그 행위와 관련된 여성관련 금기 속담을 인용하여 그 행위의 중단을 지시하였을 경우, 비록 그 금기가 타당하지는 않다고 하더라도 그 지시를 외면하기가 상대적으로 어렵다는 것을 의미하며, 따라서 그

러한 지시를 수용할 여지가 있다는 것을 함축하고 있다. 특히 임신/출 산과 관련된 금기어에서는 각 유목의 전체 하위 문항에서 타당성과 수 용성 간의 유의미한 차이를 나타내 보였다.

이제까지 제시된 결과들은 과거부터 전해 내려오는 여성과 관련된 금기들에 대하여 지금 현재의 사람들이 얼마나 그것들에 타당하게 생 각하는지와 따를 것인지를 살펴보았다. 비록 타당성 평정치와 수용성 평정치의 차이를 통해서 금기의 내용이 타당하지 않다고 하더라도 그 러한 지시를 수용할 가능성이 높다는 결론을 내렸지만, 그 차이는 통계 적인 의미에서의 유의미한 차이일 뿐이다. 즉 수용성 평정치가 타당성 수용치보다 통계적으로 유의미하게 높은 수치를 나타내긴 했지만, 수용 성 그 자체만을 놓고 보았을 때는 임신/출산과 관련된 금기어를 제외하 고는 모두 1점대의 낮은 평정치를 나타내 보였다.

이러한 결과는 오늘날에 와서는 그러한 금기들에 대한 믿음이 약해 지고, 그 영향력이 소멸되어 가고 있음을 보여준다. 따라서 이 글에서 는 끝으로 응답자 자신 혹은 주변 사람들이 생각하는 '여자가 해서는 안 되는 일' 혹은 '여자는 어떠해야 한다.'고 생각되는 내용을 개방형 질문지를 통하여 파악해 보았다. '여자가 해서는 안 되는 일' 혹은 '여 자는 어떠해야 한다.'는 것은 바로 여성과 관련된 금기에 내재해 있는 핵심적인 내용이라 할 수 있다. 그렇기 때문에 이러한 것이 오늘날에도 존재하고 있는지, 그러한 것들이 존재한다면 어떠한 형태로 존재하고 있는지를 파악하는 것은 앞에서 언급한 타당성과 수용성의 문제와 더 불어 금기 연구의 중요한 측면이 될 수 있다.

〈표 8〉 '여자가 해서는 안 되는 일'/ '여자는 어떠해야 한다.'에 대한 남녀 응답 결과

유 목	남자(학생/성인)	여자(학생/성인)	전체
여자는 품행이 단정/조신해야 한다.	60(51/9)	59(56/3)	119
여자는 얼굴이 예뻐야 한다.	30(27/3)	51(47/4)	81
여자는 시집을 잘 가야 한다./남편을 잘 만나야 한다.	20(15/5)	52(44/8)	72
여자는 살림을 잘해야 한다./가정에 충실해야 한다.	32(25/7)	25(22/3)	57
여자는 마음씨가 고와야 한다.	27(24/3)	5(5/-)	32
여자는 나서면 안 된다/목소리가 크면 안 된다.	14(13/1)	17(15/2)	31
여자는 남편의 말에 순종해야 한다.	14(13/1)	15(15/-)	29
첫 손님이 여자면 재수 없다.	3(3/-)	13(11/2)	16
여자는 현명/똑똑해야 한다.	8(5/3)	8(8/-)	16
기타	108(84/24)	107(87/20)	215
전체	316(260/56)	352(310/42)	668

　　〈표 8〉은 '여자가 해서는 안 되는 일' 혹은 '여자는 어떠해야 한다.'고 생각되느냐의 질문에 대한 응답을 남녀별로 나누어 제시한 결과이다. 우선 남녀 모두에게 있어 가장 높은 응답 빈도를 보이는 것은 '여자는 품행이 단정하고 조신해야 한다.'는 것이었다. 그런데 전체 빈도에서 두 번째와 세 번째를 차지한 '여자는 얼굴이 예뻐야 한다.'와 '여자는 시집을 잘 가야한다/남편을 잘 만나야 한다.'에서는 남녀 간에 큰 차이를 보였다. 이 두 유목 모두에서 여자 응답자들이 남자 응답자들보다 여자는 얼굴이 예쁘고, 시집을 잘 가야 한다고 응답하였다. 반면에 남자 응답자들은 여자 응답자들에 비해 '여자는 마음씨가 고와야 한다.'고 응답한 비율이 높았다. 전체적으로 〈표 8〉에 제시된 결과를 보면, 여자는 품행이 단정하고, 얼굴이 예쁘고, 시집을 잘 가고, 살림을 잘하고, 남편에게 순종하고, 나서면 안 되는 것과 같이, 여자에 대해 수동적

인 존재, 남자에 의해 이끌려 가는 존재 혹은 그렇게 되어야 하는 존재로 보는 경향이 강한 것으로 나타났다. 이러한 결과는 전통적인 여성관련 금기어에서 나타난 내용과는 약간의 차이를 보인다. 즉 전통적으로 여성과 관련된 금기는 여성의 '부정성(不淨性)'과 관련된 것이 대부분을 차지한다. 그러나 <표 8>에 나타난 결과를 통해 볼 때 여성의 부정성에 대한 측면이 상당히 완화되었음을 알 수 있다. 또한 '여자는 얼굴이 예뻐야 한다.'와 '여자는 현명/똑똑해야 한다.'는 결과에서는 시대에 따른 변화상을 볼 수 있다.

2. 논의 및 결론

본 연구에서는 우리나라에서 전래되고 있는 금기어 중에서 여성 관련 금기어들에 대해 일반인들이 그것을 얼마나 합리적이고 타당한 것으로 평가하고 있으며, 그러한 금기어들이 실제로 여성의 행동을 제어하는 데 작용할 수 있는지의 여부를 성차를 중심으로 확인하는 데 초점을 맞추었다.

일반적으로 금기의 구성 형태를 보면, "A가 B하면, C가 D한다."와 같은 조건절과 그것의 결과에 해당하는 주절의 복문을 기본문형으로 하여, 국어 문장의 일반적인 특징인 주어 생략에 의해 "B하면 D한다."와 같은 축약형의 형태를 띠기도 한다. 이런 금기어에는 인간의 생활을 보다 안락하게 누리고자 하는 현실적 욕구가 반영되어 있으며, 이러한 욕구를 일정한 행동의 금기로 성취하려는 것이다(심재기, 1978). 본 연구에서 사용한 여성 금기어의 구조 역시, 주절 부분이 "여자가"로 시작되기도 하지만, 생략되는 경우도 많으며, 이에 더해서 "남자가"로 시작하여 "여자와(를)~을 하면" "~한다."와 같은 형태로 구성되어 있다.

금기 행위의 위반으로 인한 결과를 보면, 여자가 이러한 금기 행위를 위반할 경우 여성 본인에게 부정적인 결과가 초래되거나, 여자로 인해서 남자나 그 집안이 부정적인 결과를 초래한다는 내용이 주종을 이루고 있다. 특히 여성 부정성의 금기는 여성이 특정한 행위를 함으로써 특정한 불행이 야기되는 점과 여성 자체의 부정적 속성으로 인해 단지 여성이 관여되어 있다는 사실만으로 불행이 야기된다는 내용으로 이루어져 있다. 본 연구에서는 이러한 여성 금기어들을 내용 분석을 통해서 의미나 내용 면에서 유사한 것들을 유목화하여, '행동과 관련한 여성 부정성에 대한 금기', '생산과 관련한 여성 부정성에 대한 금기', '일반적인 여성 부정성에 대한 금기', '임신/출산에 대한 금기', '어머니에 대한 금기' 등 5개의 여성 금기유목을 구성하였다.

본 연구의 결과, 여성 금기어들에 대한 타당성 평정에서 남녀 응답자 모두 2점대 이하의 평정치를 보임으로써, 여성 금기 금기어들이 그럴만한 근거가 없는 타당하지 못한 것으로 평가되었다. 이라한 결과는 일반적인 많은 여타의 금기어들이 그러하듯이 객관적 근거가 없는 여성 관련 금기어들이 가지고 있는 주술적 의미들이 희석되어 가고 있고, 또한 여성의 부정성으로 인해 여성을 금기시하던 많은 영역들에서, 예컨대, 선박업계나 철강업계 등, 여성 금기가 파괴되어가고 있는 현상과 무관하지 않음을 보여주는 것으로 판단된다. 아울러, 질문지를 사용한 연구의 특성상, 각각의 문항에 대해 응답자의 관여 정도가 상대적으로 미약하다는 점도 평정치가 맞은 이유로 고려하여야 할 것이다.

그러나 전체 5개의 여성 금기 유목 중 '행동과 관련한 여성 부정성에 대한 금기', '생산과 관련한 여성 부정성에 대한 금기', '일반적인 여성

부정성에 대한 금기', 그리고 '어머니에 대한 금기' 등 4개의 여성 금기
유목에서 성차가 발견되었다. 즉 이들 4개의 여성 금기 유목에서 일관
되게 여자보다 남자 응답자의 타당성 평정치가 유의하게 높았으며, 특
히 여성의 부정성과 관련된 3가지 금기 유목에서는 뚜렷한 차이를 보
이고 있다.

그런데 '임신/출산에 대한 금기'는 여타 4개의 유목과는 상이한 결과
를 보였다. 임신/출산과 관련된 금기는 타당성 평정치가 유일하게 남/
녀, 학생/성인 모두에서 2점대의 평정을 보여, 다른 유목에 비해서 상대
적으로 이들 금기의 타당성을 높게 평가하였다. 또한 남녀 간의 성차도
발견되지 않았다. 이는 건강한 아이의 출생과 관련된 태교와의 관계성
이 고려되었기 때문으로 보인다. 전통적으로 부녀자가 임신을 하게 되
면 임신부의 건강과 태아의 정상적인 발육을 도와 출산 후 아이의 신체
적, 정신적 불행을 예방하기 위해서 임산부뿐만 아니라 그 가족들도 부
정하다고 믿고 음식을 먹지 않았으며 행동을 조심하였다. 설령 과학이
발달한 오늘날에 와서도 이런 금기들이 평소에 합리성이 없다고 무시
하고 있다 해도, 막상 자신이 임신을 하거나 혹은 가족 중에 누군가가
임신을 하게 되면 혹시 그럴지도 모른다는 우려와 보다 건강하고 훌륭
한 자식을 출산하고자 하는 소망에서 이러한 금기를 수용하는 경우가
많다(서혜경, 1981 ; 윤여송, 1989). 전통적인 금기 식품도 임신기에 가장 그
종류가 많다(모수미, 1966).

이에 더해서, 여성 응답자들만을 대상으로 한 타당성 평정과 수용성
평정을 비교한 결과를 보면, 여성 관련 금기어가 가지고 있는 또 다른
의미를 확인할 수 있다. 그 결과를 보면, 하위 5개 유목 모두에서 금기
내용의 타당성 평정치보다 수용성 평정치가 유의하게 높게 나타났다.

이는 비록 그러한 금기가 타당성은 없다 하더라도 금기를 수용하지 않을 경우 여성 본인이 져야 할 부담이 높아질 것에 대한 우려가 적용하였을 것으로 보인다. 특히 여성 부정성과 관련된 금기는 대인관계와 관련된 내용을 포함하고 있어, 비록 합리적이고 타당한 근거는 없다 하더라도, 사회 규범상 대인관계에서 지켜야 할 예의와 관련된 것으로 인식하는 경향이 강하다. 또한 임신/출산의 금기도 태아나 산모, 어린아이의 건강/안녕과 관련된 것으로, 어린아이에게 무엇을 먹인다거나 어린아이를 대상으로 어떤 행동을 하면 병이 난다거나 해롭다는 것이다. 따라서 이러한 금기어들은 산모나, 태아, 연약한 어린아이들을 보호하기 위한 목적에서 만들어진 것으로 볼 수 있어, 과학적인 근거는 없다 해도, 태교라는 이름으로 여전히 작용하고 있어 이를 무시하는 데는 상당한 부담을 감수하여야 한다.

본 연구는 과거부터 전래되어 오고 있는 여성 관련 금기어에 대한 타당성과 수용성 정도를 파악해 보고자 하였다. 결과에서 보여주듯이, 응답자들은 대부분의 금기어들이 타당성이 없다고 판단하고 있으며, 또한 수용성의 정도도 미약함을 볼 수 있다. 그러나 이러한 결과를 바탕으로 이들 여성 관련 금기가 실제 생활에서 작용하지 못할 것이라는 결론을 내리기에는 시기상조인 듯하다. 앞에서 지적하였듯이, 금기는 '당연히' 지키지 않으면 안 되는 것 또는 옛날부터 따라왔던 전통적인 관습을 어기는 것은 '부도덕한 사람이 하는 짓' 등과 같은 감정－자아 고관여적 믿음 체계를 그 기저에 깔고 있으며, 따라서 이러한 금기를 어기는데 따르는 심리적 부담이 매우 큰 특성을 갖고 있다. 이러한 점은 타당성 평정보다 수용성 평정이 유의하게 더 높다는 사실에서 확인된다. 따라서 자신이 실질적으로 관여된 일반 생활 현장에서 여성 관련 금기어들은 사안에 따라서 여전히 여성의 행위를 제어하는 데 영향력을 가질 수 있을 것으로 보인다.

그럼에도 불구하고 과거에서부터 전래되어 오고 있는 여성 관련 금기어들에 대한 타당성과 수용성에 대한 결과는 전반적으로 그러한 금기들에 대한 믿음이 오늘날에 와서는 약해지고 있으며, 그 영향력 또한 점차 소멸되어 가고 있음을 보여 준다. 개방형 질문을 통해 확인된 결과에서 볼 수 있듯이 오늘날에 와서는 여성의 부정성에 대한 측면이 상당히 약해지고 있음을 알 수 있었으며, 여성을 바라보는 시각에 있어서 시대에 따른 새로운 변화상을 엿볼 수 있었다.

참고문헌

김기설(1985), 「영동지방의 생업과 관련된 금기어 연구」, 민속학회 민속학 전국대회 요지, 1991-1997.

김선풍(1994), 「한국인의 금기어와 금기담」, 『어문논집』 23, 중앙대학교 국어국문학회, 53-68.

김열규(1978), 「금기의 사상: 부정의 금기를 중심으로」, 『북악』 29, 210-216.

모수미(1966), 「한국 농촌의 식품금기에 관한 연구」, 『대한가정학회지』 5, 15-21.

문효근(1962), 「한국의 금기어」, 『인문과학』 8, 연세대학교 문과대학, 1-53.

북악 편집실(1978), 「금기 개관 : 특집 Ⅱ 금기」, 『북악』 29, 198-209.

서혜경(1981), 「전북지역의 금기식품에 관한 연구 : 임신기를 중심으로」, 『기전여전논문집』 2, 153-160.

심재기(1978), 「언어와 금기: 한국 전래금기담을 중심으로」, 『북악』 29, 217-225.

유안진(1990), 『한국 전통사회의 유아교육』, 서울 : 서울대학교 출판부.

윤여송(1989), 「전남지방의 産欲俗에 나타난 금기」, 『전남대어문논총』 10·11, 285-300.

장범성(1998), 「중국 민속 금기의 언어적 특징」, 『중국학연구』 14, 499-523.

최상진·박정열(1999), 「금기어 분석을 통해 본 한국인의 심층심리」, 한국 사회 및 성격심리학회 동계 학술발표회, 100-1114.

Freud, S. (1995), 『토템과 타부』 [*Totem and taboo. Standard Edition*, 13, 1-161], (김종엽 역), 서울 : 문예마당. (원전은 1912-13에 출판)

한국어 금기담에 대한 언어 의식 변화

광주 지역 대학생을 중심으로

강 희 숙

1. 머리말

주지하는 바와 같이, 금기라는 뜻을 지닌 폴리네시아 어 '터부'(taboo)가 서구 사회에 처음으로 소개된 것은 18세기 후반이다. 영국의 James Cook 선장이 1785년에 쓴 『남태평양 군도 여행기』에서 아투이(Atui) 섬 원주민들의 풍습을 소개하며, '일반적으로 금지된 어떤 것'이라는 의미를 지닌 단어인 '터부', 즉 '금기'를 처음으로 소개한 것이 그 효시라고 할 수 있는 것이다.

그러나 '터부'(taboo)라는 용어의 발견은 그렇다 치더라도 금기 현상 자체는 인간의 발자취와 그 궤를 같이하는 것으로서 까마득한 옛날부터 있어 왔다고 할 것이다. 우리의 경우만 하더라도 『삼국유사』<古朝鮮 條>에 기록되어 있는 '애산기(艾蒜忌)'[1]에 인간이 아닌 동물이 사람

---

1) 구체적인 내용은 다음과 같다.

 "時有一熊一虎 同穴而居 常祈于神雄 願化爲人 時神遺靈艾一炷 蒜二十枚曰 爾輩食之 不見

이 되기 위해서는 쑥과 마늘만을 먹으며 100일 동안 햇빛을 보지 않아야 된다는 강력한 금기가 나타나고 있는바, 금기는 인류 역사의 여명기에서부터 출현하였다고 할 수 있을 것이다.

인류학의 고전(古典)으로서 종교와 신화에 관한 방대한 자료의 분석을 통하여 인류의 정신적 발전을 기술한 J. G. Frager(1922)에서는 금기의 유형을 의식주와 관련된 일정한 행위를 비롯하여 인물이나 사물, 언어 등으로 구분하고 있는바, 이는 대상에 따른 금기 유형의 일단을 보여주는 것이라고 할 수 있다. 또한 Fr. R. Lehmann(1930)에서는 금기를 개인적인 것, 사회적인 것, 종교적인 것 등으로 구분하고 있어 금기의 적용대상 및 범위에 따라 그 유형이 구분될 수 있음을 보여 주기도 한다.

우리의 경우에도 그동안 금기 현상에 대한 조사 및 연구가 비교적 활발하게 이루어져 왔다. 금기 현상에 대한 조사만 놓고 보면 김성배 (1962, 1963, 1975), 문효근(1962) 등처럼 전국을 단위로 한 것이 있는가 하면, 김기설(1985), 최현섭(2013)의 경우처럼 특정 지역[2]을 대상으로 한 것도 적지 않다. 금기 현상에 대한 연구 성과들 또한 학문적 배경에 따라 민속학적인 것(김성배 1962, 1963, 1975 ; 김열규 1978), 국어학적인 것(문효근 1962 ; 심재기 1970 ; 이석재 1982 ; 김선풍 1994 ; 허재영 2000, 2001 ; 박영준 2004), 심리학적인 것(최상진 외 2002 ; 박정열·최상진 2003) 등 상당히 풍부

日光百日 便得人形 熊虎得而食之 忌三七日 熊得女身 虎不能忌而不得人身(이때 곰 한 마리와 호랑이 한 마리가 같은 굴속에서 살고 있었는데, 항상 신웅(神雄, 환웅)에게 사람이 되고 싶다고 기도하였다. 이때 환웅은 신령스러운 쑥 한 심지와 마늘 스무 개를 주면서, '너희들이 이것을 먹고 백일 동안 햇빛을 보지 않으면 곧 사람의 몸이 될 것이다.'라고 하였다. 곰과 호랑이는 이것을 받아서 먹었다. 곰은 삼칠일 동안 참아서 여자의 몸이 되었지만, 호랑이는 참지 못해 사람이 되지 못하였다.

2) 김기설(1985)는 영동 지역을 최현섭(2013)은 경기·인천 지역을 중심으로 이루어진 조사 성과이다.

한 편이다. 근래 들어서는 대조언어학적 연구(김주영 2008 ; 윤학중 2011 ; 왕뢰 2014 ; 오나 2014)나 국어교육 또는 한국어교육에서의 연구(이희진 2005 ; 심재숙 2013 ; 남지미 2014)들도 비교적 활발하게 이루어지고 있음이 특징이다.

문제는 금기가 존속할 수 있는 사회·문화적 환경의 변화는 다분히 전통적 삶의 방식과 관련이 있는 금기에 대한 인식과 수용에도 커다란 변화를 가지고 있다고 할 수 있다는 것이다. 예를 들어 도시화, 핵가족화, 의식주 양식의 변화 혹은 서구화, 가치관의 변화 등등 우리의 삶의 양식의 변화를 가져오게 된 다양한 변화는 금기에 대한 인지 및 수용 방식에도 엄청난 변화를 가져왔다고 할 수 있을 것이다. 특히 전통적 생활 방식과 거의 단절된 사회·문화적 환경에서 성장하고 있는 젊은 이들에게서는 더더욱 그러한 의식의 변화가 극심하게 나타날 가능성이 없지 않은 것이다. 그럼에도 불구하고 박정열·최상진(2003 : 46)에서는 금기는 사람들의 일상생활에서 생생하게 살아 있는 문화적인 현상이며 심층적인 한국인의 심리를 이루는 바탕이 된다는 전제하에 금기는 하나의 전통처럼 대부분의 사람들이 이제까지 지켜온 것이기 때문에 자신들도 그것에 따른다는 성격이 강하며, 일단 한번 형성된 금기는 세대를 거쳐 강한 생명력을 가지고 전달된다는 입장을 취하고 있다. 전통이 생겨난 이유나 정당성이 더 이상 객관적으로 타당하지 않게 된 상황에서도 그러한 전통에 대한 인간의 추종은 그대로 지속될 수 있는 것처럼 금기에 대해서도 일종의 기능적 자동화 현상이 유지될 수 있다고 보고 있는 것이다.

이와 같은 문제점에 착안하여 본 연구는 금기의 기능적 자동화 현상이 오늘날에도 계속 유지될 수 있는지를 대도시에 해당하는 광주광역시의 20대 대학생의 언어 의식을 통해 확인하는 것을 목적으로 한다. 김성배(1962 : 221)에서는 일찍이 금기어는 나이가 많은 노년층에서, 도회지보다 시골에 갈수록 활발하게 사용된다고 보았으며, 심재기(1970 : 29)에서도 금기담의 사용 범위는 지역, 연령, 성별, 교육정도 등 사회 계층에 따라 많은 차이를 드러낸다는 지적을 하고 있다. 그럼에도 불구하고 지금까지 다양한 사회적 변인을 토대로 금기어 혹은 금기담이 실제 언어 사용자들에게 어떻게 인지 혹은 수용되고 있는지를 사회언어학적으로 분석한 사례는 거의 전무하다고 할 수 있다.3) 따라서 본 연구에서는 금기의 한국적 양상이라고 할 수 있는 금기담의 개념 및 성격에 대한 이해를 전제로 금기담의 인지 및 수용 양상이 어떻게 나타나고 있는가를 밝히는 데 주된 관심을 두고자 한다.

2. 금기담의 개념 및 성격

'금기'는 '금(禁)한다'는 의미와 '꺼린다(忌)'는 의미가 합성된 말이다. 따라서 금기에는 일반적으로 신성한 것과 부정(不淨)한 것이라고 하는 두 가지 복합 관념이 포함되어 있다. 금기가 신성한 것에 접근하는 것을 '금(禁)하고', 부정한 것에 대해서 그를 기(忌)하는 양면성의 종합적 의미를 지녔다고 보는 것(심재기 1970 ; 김선풍 1994 ; 장범성 1998)도 바로 이러한 이유에서이다.

이와 같은 관념을 내포하고 있는 금기 현상은 경우에 따라 금기된

---

3) 최상진 외(2002)에서 여성 관련 금기어(禁忌語)에 대한 성별 분석이 이루어지긴 했으나 본 연구에서와 같은 전면적 분석은 아니라는 제한점이 있다.

단어의 형태로 유지되기도 하고, 때로는 문장으로 표현되어 구전되어 오기도 한다. 다음이 그 예이다.

(1) ㄱ. 사(四), 천연두, 홍역, 뱀, 도둑, 숙주나물, 호랑이, 똥, 오줌
　　ㄴ. (송장 앞에서) 냄새난다, 깨끗하다, 곱다[4)]
(2) ㄱ. 제삿날 바느질하면 조상의 영혼이 오지 않는다.
　　ㄴ. 시체를 보고 나서 장독을 열면 장맛이 변한다.
　　ㄷ. 갓난아기를 무겁다고 하면 살이 빠진다.

위의 예 가운데 (1)은 어휘적 차원의 것으로서 일정한 언어 공동체에서 사용하기를 꺼려하는 언어 표현이라고 할 수 있는 '금기어'에 해당하는 것이다.[5)] 연구자들 가운데는 '금기어'의 개념을 '금기어'를 대신하는 표현인 완곡어법[6)]을 의미하는 것으로 보는 견해도 있다.[7)] 그러나 다음과 같은 『표준국어대사전』의 정의를 통해서도 알 수 있듯이, '금기어'는 해서는 안 되는 말, 곧 금기된 단어 자체를 가리킨다고 할 수 있다.

---

4) 이는 문효근(1962 : 12~13)에서 제시된 것으로, 시신 앞에서 '냄새 난다'고 하거나 '깨끗하다' 또는 '곱다'고 하면 시신에서 냄새가 더 나거나 그 시체가 금방 부풀어 오르고 진물이 나기 때문에 이러한 말은 금기되는 말인 '금기어'에 속한다고 보았다.

5) 박영준(2004 : 83)에서는 언어학의 연구 대상으로서의 '금기어'는 언중의 특정 행동에 대한 금기나 특정 행동을 금기하는 언어 표현에 해당하는 '금기담' 혹은 '통사적 금기어'는 제외되어야 한다고 보고, (1)에 해당하는 어휘들, 곧 "일정한 언어 공동체에서 사용하기를 꺼려하는 언어 표현."을 가리켜 '금기어'라고 보고 있다.

6) 예컨대 (1ㄱ)에 제시된 금기어에 대한 완곡어법은 다음과 같다.
　사(四) → F/천연두 → 마마/홍역 → 손님/뱀 → 업, 지킴이, 진대/도둑 → 밤손님/
　숙주나물 → 녹두나물/호랑이 → 산신령/똥 → 대변/오줌 → 소변

7) 가령, 허재영(2001)에서는 금기어의 구조를 '어휘적 금기어'와 '통사적 금기어' 두 가지로 구분하고, 이 가운데 '어휘적 금기어'를 "어떤 대상이나 행위를 회피하여 꺼리기 때문에 이를 대신하는 표현으로 이루어진 낱말을 말한다."라고 하고 있어 '어휘적 금기어'가 완곡어법에 의해 형성된 것이라고 보고 있다.

(3) 금기어 : 마음에 꺼려서 하지 않거나 피하는 말. 관습, 신앙, 질병,
　　배설 따위와 관련되는 경우가 많다.

이러한 정의를 바탕으로 하면 일단 '금기어'란 "마음에 꺼려서 하지
않거나 피하는 말."로 관습이나 신앙, 질병, 배설 따위와 관련되어 사용
되는 어휘들을 가리킨다고 할 수 있다. 이와 같이 '금기어'를 정의하고
자 할 때, 참조할 수 있는 것이 바로 J. G. Frager(1922)에서 구분하고 있
는 금기의 유형이다. 즉, 앞에서 언급한 대로 J. G. Frager(1922)에서는
금기의 유형을 의식주와 관련된 일정한 행위를 비롯하여 인물이나 사
물, 언어 등으로 구분하고 있는바, 그 가운데 맨 마지막 유형인 '언어'
가 바로 '금기어'에 해당한다고 할 수 있는 것이다.[8]

한편, (2)에서 제시된 금기 표현, 곧 문장으로 표현된 형식은 "금기
행위를 지시하는 일종의 관용문구"를 의미하는 '금기담'에 해당하는 것
이다.[9][10] 심재기(1970 : 9)에서는 이러한 '금기담'을 다른 문화에서는 찾
기 어려운 금기의 한국적 양상으로 파악하고 있는바, 이러한 점에서 금
기 표현에 대한 기왕의 연구들은 대부분 '금기담'을 대상으로 하고 있
다고 할 수 있다.

'금기된 단어', 곧 '금기어'로 존재하는 금기 현상과 문장 형식으로

---

8) J. G. Frager(1922)에서 제시된 '금기된 언어', '금기어'는 특정인물의 이름, 금기된 사물과
　관련이 있는 이름, 사자(死者)의 이름, 임금 또는 신성시되는 사람의 이름, 신의 이름 등
　모두 이름과 관련된다는 점에서 특이한 범주를 이룬다.
9) 심재기(1970 : 9, 각주 17)에서는 '금기담'을 "금기의 대상이나 행위를 나타내는 형식이
　나타나는 관용문구의 뜻."으로 제한하였다.
10) '금기담'에 대해서는 몇 가지 다른 견해가 제시되어 있다. 단어 차원의 금기와 문장 차
　원의 금기 표현을 구별하지 않고 둘 다를 '금기어'라고 보는 견해(김성배 1962 ; 문효근
　1962 ; 허재영 2000, 2001)와 '금기언'이라고 보는 견해(최현섭 2013)이 그것이다.

존재하는 '금기담' 간에는 상당히 큰 차이가 존재하는데, 전자가 단순히 금기 대상이 되는 말이 무엇인지를 보여준다고 하면, 후자는 금기 대상은 물론 금기를 어겼을 경우 어떠한 재앙이 내리는지를 보여줌으로써 강력한 경고의 성격을 갖는 경우가 많다고 할 수 있다. 금기의 목적은 대부분 바라지 않는 결과를 피하는 데 있기 때문이다.

심재기(1970 : 9)에서는 금기담은 대체로 명백한 복문을 구성하는바, 그 문형은 다음과 같이 공식화될 수 있다고 보았다.

⑷ ㄱ. B하면 C가 D한다.(例. 갓난아기를 무겁다고 하면 살이 빠진다.)
   ㄴ. A가 B하면 D한다.(例. 아내가 이마에 손을 얹고 자면 남편이 죽는다.)
   ㄷ. B하면 D한다.(例. 손으로 턱을 고이면 부모와 이별한다)
   ㄹ. A가 B하면 C가 D한다.(例. 사람이 자면서 입맛을 다시면 근심이 생긴다.)

위와 같은 문형들 가운데 가장 기본이 되는 것은 (4ㄹ)이라고 할 수 있는데, 이러한 기본 문형은 금기담이 갖추어야 할 요건을 잘 보여준다는 점에서 좀 더 면밀한 관찰을 필요로 한다. (4ㄹ), 즉 기본 문형에서 종속절인 'A가 B하면'은 금기의 대상을, 주절인 'C가 D한다.'는 금기 위반의 결과로 나타나게 될 부정적 언술을 담고 있는 것이다. 이와 같은 사실을 토대로 할 때 금기 현상의 한국적 양상이라고 할 수 있는 금기담은 내용상 다음과 같은 요소로 이루어졌다고 할 수 있다.

⑸ 금기의 대상 또는 행위 + (금기 위반 시 나타날 부정적 언술)[11]

---

11) 경우에 따라 부정적 언술이 생략되기도 하여 (   ) 안에 넣어 기술하였다.

문제는 그동안 수집되어 온 자료들 가운데는 (5)에서 제시된 것과 같은 금기담의 구성요소를 갖고 있지 않은 것들이 상당수 포함되어 있다는 것이다. 이러한 문제는 금기담의 판단 기준을 분명히 함으로써 해결할 수 있을 것으로 보인다. 심재기(1970), 이석재(1982), 최현섭(2013) 등에서 논의된 것들을 토대로 몇 가지 판단 기준을 정리하면 다음과 같다.

첫째, 이른바, 길흉담(吉凶談) 혹은 길조어(吉兆語)의 경우는 금기의 대상이 나타나지 않는다는 점에서 금기담이라고 할 수 없다.

(6) ㄱ. 강변에서 묏새가 울면 사람이 죽는다.
ㄴ. 端午날에 비가 오면 흉년이 든다.

이러한 문장에서 제시된 '강변에서 묏새가 우는 것'이라든지, '단오날에 비가 오는 것' 등은 금기의 대상이 될 수 없다. 이러한 문장들은 단순히 길흉을 예언하는 길조어에 해당하는 것이라고 할 수 있는 것이다.

둘째, 금기담에는 당연한 사실의 서술이나 꿈의 해몽에 관한 문장은 포함될 수 없다.

(7) ㄱ. 주머니가 비면 자기 아내 배 곯린다.
ㄴ. 머리에 이가 많으면 궁하다.

(8) ㄱ. 꿈에 어린애를 안으면 재수 없다.
ㄴ. 꿈에 돈을 얻으면 재수 없다.

위의 예 가운데 (7)은 당연한 서술을, (8)은 꿈의 해몽에 관한 문장이다. (7)은 주절과 종속절이 긴밀한 인과관계를 보여주는 단순한 서술에 지나지 않으며, (8)은 꿈이 인간의 작위적 소산이 아닐뿐더러 꿈 자체가 금기의 대상은 될 수 없다는 점(심재기 1970 : 11~12)에서 금기담이 될 수 없다고 할 수 있다.

마지막으로, 관상학적 발언이나 단순한 속신에 해당하는 것들 역시 금기담에서 제외되어야 한다.

    (9) ㄱ. 귀가 작으면 명이 짧다.
       ㄴ. 눈두덩이 부은 사람은 심술이 많다.

    (10) ㄱ. 목기러기 주둥이가 방안을 향하면 아들, 누우면 딸을 낳는다.
       ㄴ. 신혼방에 목기러기를 던져서 서면 아들, 누우면 딸을 낳는다.

위의 예 가운데 (9)는 관상학적 발언에 해당하는 것이다. 주지하는 대로 관상학이란 사람의 얼굴을 보고 그의 운명, 성격, 수명 따위를 판단하는 방법을 연구하는 학문이다. 문제는 귀가 작다든지, 눈두덩이 붓는다든지 하는 것들은 타고난 것이지 인간이 작위적으로 할 수 있는 일은 아니라는 점에서 금기의 대상이 될 수 없다.

한편 (10)의 예들은 금기담이 아닌 단순한 속신(俗信)에 해당하는 것들이다. 금기는 사회적으로 전승되며, 금기를 범하면 신령의 노여움을 사거나 재앙을 받는다는 믿음 때문에 일종의 속신으로 자리를 잡는 경우도 있을 수 있다(정종진 2012 : 82).[12] 그러나 금기담 가운데는 속신에 해

---

12) 예를 들면 다음과 같은 금기담들이 거기에 속한다.
  a. 임신부가 닭고기를 먹으면 아기 피부가 닭살처럼 된다.
  b. 임신부가 오리고기를 먹으면 아기 손가락/발가락이 붙는다.
  c. 임신부가 토끼고기를 먹으면 아기 눈이 빨개진다.
  이러한 예들은 주로 출산에 영향을 미치는 나쁜 일을 금하는 금기 표현이 결과적으로 속신으로 자리 잡은 것이라고 할 수 있다.

당하는 것이 있을 수 있으나,13) 모든 속신이 금기담은 아니므로 단순히 속신에 해당하는 것은 금기담에서 제외해야 한다고 할 수 있는 것이다.

이상의 논의를 토대로 하면 본 연구의 대상인 '금기담'은 다음과 같은 요건을 갖추고 있어야 한다.

> (11) ㄱ. 금기의 대상 또는 행위가 금기 위반 시 나타날 부정적 언술과
> 함께 나타나야 한다.
> ㄴ. 길흉담(吉凶談) 혹은 길조어(吉兆語)가 아니어야 한다.
> ㄷ. 당연한 사실의 서술이나 꿈의 해몽에 관한 문장이 아니어야
> 한다.
> ㄹ. 관상학적 발언이나 단순한 속신에 해당하는 것들이 아니어야
> 한다.

3. 한국어 금기담의 유형 및 특징

앞에서 지적한 대로 한국어에서 나타나는 금기담에 대한 연구는 그동안 다양한 학문적 배경하에 상당히 활발하게 이루어져 왔다. 그러한 연구들 가운데 가장 광범위한 조사 성과로는 김성배(1975)를 들 수 있는데, 박정열·최상진(2003)에서는 김성배(1975)에서 수집된 금기담 가운데 전국의 모든 지방에서 공통으로 통용되는 금기담 625개의 내용을 분석한 결과 한국어 금기담의 범주 및 빈도를 다음과 같이 제시하였다.

---

13) 김시덕(2011)에서는 속신의 개념을 일상생활에서 개인의 행동이나 사고 등에 영향을 미치는 믿음체계의 언어적 표상이라고 정의하고, 여기에 '예조와 점복, 조짐, 금기' 등이 포함되는 것으로 보았다.

〈표 1〉 한국어 금기담의 범주 및 빈도(박정열 · 최상진 2003 : 50)

범주	빈도(백분율)
인간생활	754(70.3%)
꿈	136(12.7%)
동 · 식물	113(10.5%)
자연	70(6.5%)

위의 표를 보면 한국어의 금기담 가운데는 '인간생활'에 대한 것이 754개(70.3%)로 가장 높은 비중을 차지하며, 그 다음이 '꿈'(136개, 12.7%) > '동 · 식물'(113개, 10.5%) > '자연'(70개, 6.5%)의 순이다. 이 가운데 '꿈'에 관한 것은 앞에서 제시한 금기담의 요건을 충족하지 못하는 것이라고 할 수 있는바, 일단 금기담에서 제외될 가능성이 있다고 할 수 있다.

금기담 가운데 '인간생활'에 대한 것의 비중이 가장 높다는 것은 그만큼 언중들이 자신들의 삶과 직접적인 연관을 가지고 있는 금기 현상에 많은 관심을 가지고 있었음을 잘 보여주는 것이라고 하겠다. 본 연구 역시 주된 연구 대상을 '인간생활'에 대한 것으로 한정하였으므로, '인간생활'과 관련되는 금기담의 빈도를 각 범주와 유형별로 구분하여 제시하면 다음과 같다.

〈표 2〉 인간생활과 관련된 금기담의 범주 및 유형별 빈도(박정열 · 최상진 2003 : 50)

범주	유형	빈도(백분율)	소계
의식주	의복류	34(4.5%)	174(23.1%)
	음식 및 식사	107(14.2%)	
	집	33(4.4.%)	
가재도구, 생활용품	가재도구, 생활용품	121(16.0%)	121(16.0%)
통과의례	임신 및 출산	20(2.7%)	102(13.5%)
	결혼	16(2.1%)	
	장례 및 죽음	62(8.2%)	
	제사	4(0.5%)	

범주	유형	빈도(백분율)	소계
시간	하루 동안의 시(時)	42(5.6%)	67(8.9%)
	세시	25(3.3%)	
신체 부위	신체 부위	62(8.2%)	
질병	질병	52(6.9%)	
대인관계	대인관계	42(5.6%)	
남녀	남녀	41(5.4%)	
인물	어린 아이	13(1.7%)	32(4.2%)
	어머니	10(1.3%)	
	손님	9(1.2%)	
기타	생업	21(2.8%)	61(8.1%)
	자세	20(2.7%)	
	취침	16(2.1%)	
	산신	4(0.5%)	
총계			754(100%)

위의 표를 토대로 '인간생활'과 관련되는 금기담의 빈도를 범주별로 살펴보면 '의식주'에 관한 것이 174개(23.1%)로 가장 높은 비중을 차지하며, 그 다음이 '가재도구, 생활용품' 121개(16.0%)임을 알 수 있다. 인간생활에 필요한 가장 기본적인 요소는 의식주이며 그러한 생활을 영위하는 데는 가재도구나 생활용품이 매우 밀접하게 관련된다는 점에 비추어 볼 때, 금기담이란 이와 같이 생활 자체와 밀접한 관련이 있는 데서 발생할 가능성이 높으며, 이들은 대부분 부정(不淨)한 것을 꺼리는 데서 비롯된 것이라고 할 수 있다.

한편, <표 2>의 금기담 가운데 '인간생활'과 '가재도구, 생활용품' 다음으로 높은 빈도를 차지하는 것이 '통과의례'라는 것도 특기할 만한 점이다. 나경수(2010 : 37)에 따르면, 인간의 삶 자체가 통과의 연속이지만, 그 통과가 성스럽다고 여겨지거나 성스럽게 여겨야 할 필요가 있다고 집단적·관습적으로 동의한 것에 대해 의례를 장치하게 되는데, 이

를 일컬어 통과의례라고 할 수 있다. 이러한 의미의 통과의례란 대개의
경우 개인이 일생을 통해 반드시 통과해야 하는바, 그러한 과정에서 일
정한 금기가 발생하게 되며, 우리의 경우 임신 및 출산, 결혼, 장례 및
죽음, 제사 등의 의례와 관련되는 금기담이 비교적 높은 빈도로 출현하
고 있다고 할 수 있을 것이다.

그 밖에 인간생활과 관련되는 우리말 금기담으로는 '시간' 67개
(8.9%), '신체부위' 62개(8.%), '질병' 52개(6.9%), '대인관계' 42개(5.6%),
'남녀' 41개(5.4%), '인물' 32개(4.2%), 기타 61개(81.%)의 순서를 차지하며,
이러한 의미 범주 안에서 다양한 금기담이 존재해 왔다고 할 것이다.

이상에서 살펴본 일상생활 속의 금기 현상은 대부분 부정(不淨)한 것을
꺼리는 데서 비롯된 것이라고 할 수 있다. 이러한 금기의 목적은 바라지
않는 결과를 피하는 일이라고 할 수 있는바, 부정한 것을 꺼림으로써 금
기담이 담고 있는 부정적 언술들, 곧 '재수없다'든지 '나쁘다'든지, '해
로운' 일들을 피하려는 의도에서 금기담이 형성되었다고 할 것이다.

4. 금기담에 대한 대학생들의 언어 의식

김성배(1975)를 근거로 할 때 전국의 모든 지방에서 공통으로 통용되
는 금기담이 625개나 될 정도로 우리 문화에는 다양한 유형의 금기담
이 존재해 왔다. 그러나 무려 40년 가까운 세월이 흐른 오늘날, 그동안
급속도로 이루어진 사회·문화적 환경의 변화로 인하여 다분히 전통적
삶의 방식과 관련이 있는 금기담들이 계속적으로 기능을 발휘하고 있
다고 보기는 어려운 일이다. 따라서 본 연구에서는 <표 2>의 범주와
유형을 고려하되, 구체적인 금기담의 사례에서는 오늘날까지도 여전히

기능을 유지하고 있다고 볼 수 있는 금기담 90개를 대상으로 이에 대
한 광주광역시 소재 대학생들[14]의 인지 및 수용 양상을 계량적으로 분
석함으로써 금기담에 대한 대학생들의 언어 의식을 파악하고자 하였다.

자료 수집은 2단계에 걸쳐 이루어졌다. 1차 조사는 금기담 항목을 선
정하기 위한 것으로, <표 2>의 범주와 유형을 고려하되, 김성배(1975)에
수록된 목록 가운데 금기담의 요건을 갖춘 것으로 판단되는 금기담 120
개를 1차적으로 선정한 후, 본 연구의 조사대상자인 대학생들의 학부모
연령층에 해당하는 미화원 10명[15]을 대상으로 한 집단 면담[16]을 통해
그들의 성장지이자 생활 근거지인 광주·전남 지역에서 들어 보았거나
사용한 적이 있는 금기담과 함께, 본인들이 알고 있는 것들을 추가적으
로 확인하는 작업을 통해 모두 90개의 금기담을 최종적으로 선정하였다.

선정된 금기담의 목록은 크게 세 가지 부류로 구분하였다. <표 2>에
제시된 금기담 가운데 '통과의례'와 '세시' 관련 목록을 따로 구분하여
이 두 가지를 제외한 나머지에 해당하는 55개 금기담을 첫째 부류로, '통
과의례'에 해당하는 30개 금기담을 둘째 부류로, '세시'에 해당하는 나머
지 5개 금기담을 셋째 부류로 정한 것이다. 이와 같은 구분은 일상생활
관련 금기담 가운데 '통과의례'와 '세시'에 해당하는 금기담이 조사대상
자인 대학생들에게 어떻게 인지 혹은 수용되고 있는지를 확인하려는 의

---

14) 구체적으로는 필자가 재직하고 있는 광주광역시 소재 조선대학교의 국어국문학과 학생
들이 주이며, 그 밖의 몇몇 학생은 본 학과에서 복수전공이나 부전공으로 수강을 하고
있는 학생들이다.

15) 1단계 조사 대상자로 미화원을 대상으로 한 것은 이들의 사회·경제적 수준이 비교적
낮은 계층에 속하므로 금기담의 인지도가 높을 수 있다는 가정을 했기 때문이다.

16) 집단 면담은 2014년 9월 22일~26일까지 5일 동안 미화원들의 점심 휴식 시간을 이용
하여 이루어졌다. 장소는 미화원들의 휴게실이다.

도에서였다. 1차 조사 결과 선정된 90개의 금기담은 다음과 같다.

〈표 3〉 조사 대상 금기담 목록

범주	유형	금기 표현
의식주	의복	(1) 옷을 뒤집어 입으면 남에게 미움 받는다.
		(2) 떨어진 옷을 입은 채 꿰매면 옷 복이 없어진다.
		(3) 여자가 남자 옷을 입으면 재수 없다.
		(4) 여자 옷을 고쳐서 남자 옷을 만들면 재수 없다.
		(5) 수의를 만들 때는 실의 매듭을 짓지 않는다.
	음식 및 식사	(6) 다리를 떨면서 밥 먹으면 복 달아난다.
		(7) 음식을 훔쳐 먹으면 딸꾹질이 난다.
		(8) 그릇을 포개놓고 먹으면 좋지 않다.
		(9) 그릇을 손에 들고 먹으면 복 달아난다.
		(10) 이 빠진 그릇에 음식을 담아 먹으면 복 달아난다.
	집	(11) 문턱을 밟으면 좋지 않다.
		(12) 문턱을 베고 자면 입이 비뚤어진다.
		(13) 손 있는 날 이사하면 재수가 없다.
가재 도구 및 생활 용품	생활 용품	(14) 베개를 세워 놓으면 어머니가 돌아가신다.
		(15) 베개를 깔고 앉으면 안 좋다/치질 걸린다.
		(16) 밥그릇에 수저를 꽂아 놓으면 좋지 않다.
		(17) 숟가락 가지고 장난하면 복 달아난다.
		(18) 바늘로 창을 뚫어 놓으면 혼이 나간다.
		(19) 바늘에 실을 꿰어 줄 때 매듭을 짓지 않는다.
		(20) 깨진 거울을 보면 좋지 않다.
		(21) 손수건을 다림질하면 낯 뜨거운 일이 생긴다.
시간	새벽 (아침)	(22) 아침에 어깨를 짚으면 하루 종일 재수 없다.
		(23) 아침에 물건을 외상으로 주면 그날 장사가 잘 안 된다.
		(24) 아침에 꿈 이야기를 하면 그날 좋지 못하다.
		(25) 아침에 여자가 남자의 호주머니를 뒤지면 그날 재수 없다.
		(26) 아침에 거미를 죽이면 좋지 않다.
	저녁	(27) 해가 진 뒤에 방망이질하면 집안 망한다.
		(28) 저녁에 방망이질하면 이웃노인이 돌아가신다.

범주	유형	금기 표현
시간	밤	(29) 밤에 거울 보면 좋지 않다.
		(30) 밤에 빨래하면 가난해진다.
		(31) 밤에 피리 불면 뱀 나온다.
		(32) 밤에 휘파람 불면 귀신 나온다.
		(33) 밤에 화장하면 안 좋다.
		(34) 밤에 손톱/발톱을 깎으면 좋지 않다.
		(35) 밤에 불장난하면 오줌 싼다.
		(36) 밤에 서 있으면 도깨비가 키 잰다.
신체 부위	손	(37) 손으로 턱을 피면 복 달아난다.
	손/발톱	(38) 손/발톱을 깎아서 불에 넣으면 안 좋다./불길하다.
질병		(39) 돌베개를 베고 자고 나면 입이 비뚤어진다.
		(40) 바가지를 머리에 쓰면 부스럼 난다.
대인 관계		(41) 남의 어깨를 짚으면 재수 없다.
		(42) 남에게 침을 뱉으면 버짐 난다.
		(43) 공것을 너무 바라면 머리가 벗어진다.
인물	남자	(44) 남자가 누룽지를 먹으면 재수 없다.
		(45) 남자가 빨랫줄을 매면 재수 없다.
		(46) 남자가 바가지에 밥을 담아 먹으면 가난해진다.
	여자	(47) 여자가 남자 앞을 가로질러 가면 재수 없다.
		(48) 여자가 초하룻날 아침에 남의 집에 가면 재수 없다.
	어린 아이	(49) 갓난아기를 무겁다고 하면 살이 빠진다.
		(50) 갓난아기의 입을 맞추면 병이 생긴다.
기타		(51) 고양이를 죽이면 집안에 액운이 든다.
		(52) 두꺼비를 잡으면 죄가 된다.
		(53) 엄지손가락에 봉숭아물을 들이면 어머니가 일찍 돌아가신다.
		(54) 잠잘 때 이를 갈면 부모가 안 좋다.
		(55) 이름을 빨간 것으로 쓰면 안 좋다(죽는다).
통과 의례	임신 및 출산	(56) 임신 중에 오리고기를 먹으면 손발이 붙는다.
		(57) 임신 중에 개고기를 먹으면 부정 탄다.
		(58) 임신 중에 토끼고기를 먹으면 아기 눈이 빨개진다.
		(59) 임신 중에 게를 먹으면 아기가 옆걸음을 걷는다.
		(60) 임신 중에 고춧가루를 먹으면 아기의 항문이 빨개진다.

범주	유형	금기 표현
통과 의례	임신 및 출산	(61) 임신 중에는 모서리에 앉으면 안 좋다
		(62) 임신 중에는 산에 가서 산물을 먹지 않는다.
		(63) 임신 중에는 풀밭에 소변을 보지 않는다.
		(64) 임신 중에는 이장이나 묘비를 세우는 산일을 해서는 안 된다.
		(65) 맞삼신 든 사람들끼리(임신한 사람들끼리)는 만나면 안 된다.
		(66) 어린애 낳고 초상집에 가면 해롭다.
		(67) 어린애 낳고 3일 안에 못질하면 어린애 눈이 먼다.
		(68) 어린애 낳고 미나리 먹으면 탈장한다.
	결혼	(69) 약혼 후 구두를 선물하면 결혼 후 도망간다.
		(70) 날을 받아 놓으면 남의 결혼식에 가지 않는다.
		(71) 결혼식 날 그릇을 깨면 재수 없다.
		(72) 손 있는 날 결혼식하면 안 좋다/불길하다.
		(73) 윤달에 결혼하면 좋지 않다.
	장례	(74) 남의 집 초상났을 때 머리 감으면 안 좋다.
		(75) 남의 집 초상났을 때 바느질하면 안 좋다.
		(76) 상여를 메고 갈 때 피가 난다고 하면 더 흐른다.
		(77) 시체를 보고 나서 장독을 열면 장맛이 변한다.
		(78) 몸이 아플 때는 초상집에 가지 않는다.
통과 의례	제사	(79) 제삿날 빨랫줄을 매면 조상이 오다 돌아간다.
		(80) 제사 음식에 머리카락이 들어가면 안 좋다.
		(81) 제삿날 바느질하면 조상의 혼이 오지 않는다.
		(82) 제사 음식은 간을 보면 안 된다.
		(83) 제사 음식에 마늘을 넣으면 안 된다.
		(84) 제사상에 복숭아를 올리지 않는다.
		(85) 제사상에 비늘 없는 생선을 올리지 않는다.
세시 풍속	정초	(86) 설날 돈을 빌리러 가면 복 나간다.
		(87) 정초에 신발을 잃으면 그해엔 재수가 없다.
		(88) 정초에 그릇을 깨면 그해엔 재수가 없다.
	정월대보름	(89) 작은 보름날 자게 되면 눈썹이 하얘진다.
	섣달그믐날	(90) 그믐날 자게 되면 눈썹이 하얘진다.

2차 자료 조사는 1차 자료 조사를 통해 확인된 90개의 금기담 목록을 설문지 형식으로 구성하여 각각의 항목에 대한 인지 및 수용 양상을 확인하는 방법으로 이루어졌다. 조사 기간은 2014년 10월 6일~11일까지 1주일간이며 조사대상자는 남학생 59명, 여학생 83명으로 모두 142명이었다. 설문 조사 결과는 통계 처리를 하였는바, 성별(남자, 여자)에 따른 범주와 유형별 금기표현의 인식과 수용에 관한 비교는 독립 t-검정을 사용하였다. 통계적인 검정은 유의 수준 5%로 검정하였으며 통계 분석은 SPSS 21.0을 사용하여 분석하였다.

본 연구의 1차적인 목적은 조사대상자인 대학생들이 다분히 전통적 문화의 성격을 지니고 있다고 할 수 있는 금기담을 어느 정도나 알고 있으며, 그러한 금기담에 드러난 가치 체계를 어느 정도나 수용하고 있는지를 파악하는 데 있는바, 먼저 조사 결과 확인된 금기담에 대한 범주별 인지 정도를 제시하면 다음과 같다.

〈표 5〉 금기담에 대한 유형별 인지 정도

유형	성별	인지 문항 수 및 빈도			t	p
		N	M	%		
의식주(0~13)	남자	59	5.644	43.4	-1.084	0.281
	여자	83	6.169	47.5		
가재도구 및 생활용품(0~8)	남자	59	2.475	30.9	-2.099	0.038*
	여자	83	3.048	38.1		
시간(0~14)	남자	59	5.271	37.7	-2.638	0.009**
	여자	83	6.289	44.9		
신체부위(0~2)	남자	59	0.864	43.2	-0.231	0.818
	여자	83	0.892	44.6		
질병(0~2)	남자	59	0.339	17.0	1.046	0.297
	여자	83	0.241	12.1		

유형	성별	인지 문항 수 및 빈도			t	p
		N	M	%		
대인관계(0~3)	남자	59	0.983	32.8	0.258	0.797
	여자	83	0.952	31.7		
인물(0~7)	남자	59	0.763	10.9	-0.514	0.608
	여자	83	0.867	12.4		
기타(0~5)	남자	59	1.847	36.9	-1.346	0.181
	여자	83	2.048	41.0		
통과의례(0~25)	남자	58	6.655	26.7	-3.192	0.002**
	여자	83	9.651	38.6		
세시풍속(0~5)	남자	59	1.559	31.1	-1.878	0.062
	여자	82	2.024	40.5		
평균 빈도	남자			31.0		
	여자			35.1		

위의 표를 보면 몇 가지 특징적인 면이 드러나는데, 첫 번째로 지적할 수 있는 것은 모두 90개의 금기담에 대한 인지도가 남학생 31.1%, 여학생 35.1%로 여학생의 인지도가 더 높게 나타난다는 것이다. 물론어느 쪽이든 절반 수준에 훨씬 못 미치는 낮은 수준이긴 하지만 남학생보다는 여학생들이 우리의 전통 문화 가운데 하나로 유지해 오고 있던금기담에 대한 인식을 좀 더 폭넓게 하고 있으며, 남학생들의 경우 그러한 인식이 점차로 낮아지고 있음을 반영하는 것이라고 할 수 있다.

다음으로, 금기담에 대한 인지도는 범주별로 약간의 차이를 보이는데, 가장 높은 인지도를 보이는 것은 '의식주'(남학생 43.4%, 여학생 47.5%)에 관한 것이고, 그 다음이 신체 부위에 관한 것(남학생 43.2%, 여학생 44.9%)이다.

한편, 금기담의 범주들 가운데 가장 낮은 인지도를 보이는 것은 '인물'(남학생 10.9%, 여학생 12.4%)에 관한 것이다. '인물의 경우' 구체적인유형은 성별 역할이나 성 차별과 관련된 것이 포함되어 있는바, 젊은 세대에게 남녀의 역할과 관련된 고정 관념이나 성 차별적 인식에서 기인한 금기가 거의 인식되지 못하고 있음을 보여주는 것이라고 할 것이다.

그렇다면, 조사대상자인 학생들은 금기담에 드러난 가치 체계를 어느 정도나 수용하고 있을까? 다음은 금기담에 대한 수용 정도를 성별로 분석한 결과이다.

〈표 6〉 금기담에 대한 유형별 수용 정도

유형	성별	인지 문항 수 및 빈도			t	p
		N	M	%		
의식주(0~13)	남자	58	2.569	19.8	-0.649	0.517
	여자	82	2.866	22.0		
가재도구 및 생활용품 (0~8)	남자	59	1.186	14.8	-1.951	0.053
	여자	82	1.610	20.1		
시간(0~14)	남자	59	1.441	10.3	-2.237	0.027*
	여자	82	2.305	16.5		
신체부위(0~2)	남자	59	0.288	14.4	-0.295	0.768
	여자	82	0.317	15.9		
질병(0~2)	남자	59	0.119	6.0	-0.048	0.962
	여자	82	0.122	6.1		
대인관계(0~3)	남자	59	0.339	11.3	-0.288	0.774
	여자	83	0.373	12.4		
인물(0~7)	남자	59	0.237	3.4	-1.088	0.278
	여자	82	0.390	5.6		
기타(0~5)	남자	59	0.814	16.3	0.134	0.894
	여자	82	0.793	15.9		
통과의례 (0~25)	남자	58	2.862	11.4	-3.375	0.001**
	여자	82	5.232	20.9		
세시풍속 (0~5)	남자	59	0.746	14.9	0.262	0.793
	여자	81	0.679	13.6		
평균 빈도	남자			12.3		
	여자			14.9		

위의 표를 보면 금기담의 수용 정도는 여학생 14.9%, 남학생이 12.3%로 앞에서 살펴본 인지도 35.1%, 31.1%와 각각 비교해 보았을 때 거의 2.5배 정도나 차이가 나는 낮은 수준을 보여준다고 할 수 있다. 이와 같은 언어적 사실은 일단 한번 형성된 금기는 세대를 거쳐 강한 생명력을 가지고 전달된다고 본 박정열·최상진(2003 : 46)의 주장이 성립되기 어려울 수도 있음을 보여준다. 전통이 생겨난 이유나 정당성이 더 이상 객관적으로 타당하지 않게 된 상황에서라면 그러한 전통에 대한 인간의 추종이 그대로 지속되기 어려운 면을 가지고 있다는 것이다. 그러나 낮은 수준이긴 하지만 금기담에 대한 인지도 및 수용도가 남학생들에 비해 여학생들이 더 높게 나타나는 것은 여성들이 일상생활과 좀 더 친숙한 삶의 패턴을 유지하고 있기 때문이 아닐까 한다.

그런데 <표 5>와 <표 6>은 금기담에 대한 범주별 인지 및 수용 정도만을 보여주므로 유형별 혹은 개별 금기담의 인지 및 수용 양상에 대한 정보는 확인할 수가 없다. 이와 같은 문제의 해결을 위해 우선 일상생활 범주에 속하는 것들 가운데 가장 높은 인지 및 수용률을 보이는 금기담 및 빈도를 제시하면 다음과 같다.

〈표 7〉 일상생활 범주의 고빈도 금기담의 성별 양상

범주	유형	성별	구분	금기 표현	빈도(%)
의식주	의복	남	인지	(1) 옷을 뒤집어 입으면 남에게 미움 받는다.	24(40.7)
			수용	〃	15(25.4)
		여	인지	(5) 수의를 만들 때는 실의 매듭을 짓지 않는다.	34(41.0)
			수용	〃	26(31.7)
	음식 및 식사	남	인지	(6) 다리를 떨면서 밥 먹으면 복 달아난다.	53(89.8)
			수용	〃	25(42.4)
		여	인지	(6) 다리를 떨면서 밥 먹으면 복 달아난다.	81(97.6)
			수용	〃	47(56.6)

범주	유형	성별	구분	금기 표현	빈도(%)
의식주	집	남	인지	(11) 문턱을 밟으면 좋지 않다.	48(81.4)
			수용	〃	19(32.2)
		여	인지	(11) 문턱을 밟으면 좋지 않다.	77(92.8)
			수용	〃	33(39.8)
가재 도구 및 생활 용품	생활 용품	남	인지	(16) 밥그릇에 수저를 꽂아 놓으면 좋지 않다.	42(71.2)
			수용	(20) 깨진 거울을 보면 좋지 않다.	25(42.4)
		여	인지	(20) 깨진 거울을 보면 좋지 않다.	79(95.2)
			수용	〃	64(77.1)
시간	새벽 (아침)	남	인지	(26) 아침에 거미를 죽이면 좋지 않다.	23(39.0)
			수용	〃	11(18.6)
		여	인지	(24) 아침에 꿈 이야기를 하면 그날 좋지 못하다.	57(68.7)
			수용	〃	38(45.8)
	저녁 (밤)	남	인지	(35) 밤에 불장난하면 오줌 싼다.	54(91.5)
			수용	〃	15(25.4)
		여	인지	(31) 밤에 피리 불면 뱀 나온다.	79(95.2)
			수용	(34) 밤에 손톱/발톱을 깎으면 좋지 않다.	22(26.5)
대인 관계		남	인지	(43) 공것을 너무 바라면 머리가 벗어진다.	44(74.6)
			수용	〃	11(18.6)
		여	인지	(43) 공것을 너무 바라면 머리가 벗어진다.	81(97.6)
			수용	〃	23(27.7)
인물		남	인지	(47) 여자가 남자 앞을 가로질러 가면 재수 없다.	11(18.6)
			수용	(50) 갓난아기의 입을 맞추면 병이 생긴다.	6(10.2)
		여	인지	(50) 갓난아기의 입을 맞추면 병이 생긴다.	24(28.9)
			수용	〃	16(19.3)
기타		남	인지	(55) 이름을 빨간 것으로 쓰면 안 좋다(죽는다).	50(84.7)
			수용	(51) 고양이를 죽이면 집안에 액운이 든다.	20(33.9)
		여	인지	(55) 이름을 빨간 것으로 쓰면 안 좋다(죽는다).	81(97.6)
			수용	(51) 고양이를 죽이면 집안에 액운이 든다.	29(34.9)

위의 표는 전통적인 삶의 양식이자 문화에 속하는 금기담에 대한 인지 및 수용이 현저하게 낮아지게 된 상황에서도 몇몇 개별 금기담에 대

한 인지도 및 수용도는 상당히 높게 나타남으로써 젊은이들의 의식 속에서도 하나의 고정된 사고 체계로 자리 잡을 가능성을 보여준다고 하겠다. 예컨대 다음과 같은 것들이 거기에 해당하는 것들이라고 할 수 있다.

(12) ㄱ. 다리를 떨면서 밥 먹으면 복 달아난다.
ㄴ. 문턱을 밟으면 좋지 않다.
ㄷ. 깨진 거울을 보면 좋지 않다.
ㄹ. 공것을 너무 바라면 머리가 벗어진다.
ㅁ. 이름을 빨간 것으로 쓰면 안 좋다.

한편, 일상생활 범주에 속하는 금기담의 경우와 마찬가지로 통과의례나 세시풍속과 관련되는 금기담 가운데 비교적 높은 인지 및 수용도를 보임으로써 의식의 저변에 흐르고 있는 금기의 양상을 파악할 수 있도록 해준다고 할 수 있다.

〈표 8〉 통과의례 범주의 고빈도 금기담의 성별 양상

범주	유형	성별	구분	금기 표현	빈도(%)
통과 의례	임신 및 출산	남	인지	(66) 어린애 낳고 초상집에 가면 해롭다.	19(32.2)
			수용	(64) 임신 중에는 이장이나 묘비를 세우는 산일을 해서는 안 된다.	10(28.6)
		여	인지	(66) 어린애 낳고 초상집에 가면 해롭다.	54(65.1)
			수용	〃	37(44.6)
	결혼	남	인지	(69) 약혼 후 구두를 선물하면 결혼 후 도망간다.	41(69.5)
			수용	(71) 결혼식 날 그릇을 깨면 재수 없다.	12(20.3)
		여	인지	(69) 약혼 후 구두를 선물하면 결혼 후 도망간다.	67(80.7)
			수용	(71) 결혼식 날 그릇을 깨면 재수 없다.	30(36.1)

범주	유형	성별	구분	금기 표현	빈도(%)
통과 의례	장례	남	인지	(78) 몸이 아플 때는 초상집에 가지 않는다.	20(33.9)
			수용	〃	46(55.4)
		여	인지	(78) 몸이 아플 때는 초상집에 가지 않는다.	13(22)
			수용	〃	34(41)
	제사	남	인지	(80) 제사 음식에 머리카락이 들어가면 안 좋다.	22(37.3)
			수용	(84) 제사상에 복숭아를 올리지 않는다.	12(20.3)
		여	인지	(82) 제사 음식은 간을 보면 안 된다.	43(51.8)
			수용	(83) 제사 음식에 마늘을 넣으면 안 된다.	26(31.3)
세시 풍속		남	인지	(88) 정초에 그릇을 깨면 그해엔 재수가 없다.	28(47.5)
			수용	〃	48(58.5)
		여	인지	(88) 정초에 그릇을 깨면 그해엔 재수가 없다.	13(22)
			수용	〃	19(23.2)

위의 표를 보면 통과의례나 세세풍속 범주에 속하는 금기담 가운데 비교적 높은 인지도와 수용도를 보이는 것들로는 다음과 같은 사례를 예로 들 수 있다.

⒀ ㄱ. 어린애 낳고 초상집에 가면 해롭다.
　　 ㄴ. 결혼식 날 그릇을 깨면 재수 없다.
　　 ㄷ. 몸이 아플 때는 초상집에 가지 않는다.
　　 ㄹ. 정초에 그릇을 깨면 재수가 없다.

5. 결론

본 연구는 근대화 이후 우리 사회가 경험한 다양한 사회·문화적 변화는 다분히 전통적 문화의 성격을 지니고 있다고 할 수 있는 금기에 대한 의식에도 상당한 변화를 가져올 수 있다는 가정하에, 광주광역시 소재 대학 재학생 142명을 대상으로 금기담과 관련되는 언어 의식의 변화를 확인하는 데 관심을 두었다.

연구 결과 확인된 사실을 요약하면 다음과 같다.

첫째, 조사 대상인 90개의 금기담에 대한 인지도는 여학생 35.1%, 남학생 31.1%로 여학생의 인지도가 약간 높긴 하지만, 절반 수준에 훨씬 못 미치는 낮은 빈도를 보이고 있다는 것이다. 이러한 결과는 우리의 전통 문화 가운데 하나로 유지해 오고 있던 금기담에 대한 젊은 세대의 인식이 갈수록 낮아지고 있음을 반영하는 것이라고 할 수 있다.

둘째, 금기담에 대한 수용도는 여학생 14.9%, 남학생이 12.3%로 앞에서 살펴본 인지도 35.1%, 31.1%와 각각 비교해 보았을 때 거의 2.5배 정도나 차이가 나는 낮은 수준을 보였다. 전통이 생겨난 이유나 정당성이 더 이상 객관적으로 타당하지 않게 된 상황에서라면 그러한 전통에 대한 인간의 추종이 그대로 지속되기 어려운 면을 가지고 있음을 보여주는 것이라고 할 수 있다.

셋째, 전체적으로는 매우 낮은 수준의 인지도 및 수용도를 보이는 가운데서도 몇몇 금기담의 경우는 비교적 높은 인지도 및 수용도를 보임으로써 새로운 시대의 변화에 발맞추어 의식 체계 또한 변화를 거듭하면서도 우리의 의식의 저변에 남아 있거나 유지될 수 있는 금기 의식이 무엇인가를 보여준다고 할 수 있다. 다음이 그 예이다.

(14) ㄱ. 다리를 떨면서 밥 먹으면 복 달아난다.
ㄴ. 문턱을 밟으면 좋지 않다.
ㄷ. 깨진 거울을 보면 좋지 않다.
ㄹ. 공것을 너무 바라면 머리가 벗어진다.
ㅁ. 이름을 빨간 것으로 쓰면 안 좋다.

ㅂ. 어린애 낳고 초상집에 가면 해롭다.

ㅅ. 결혼식 날 그릇을 깨면 재수 없다.

ㅇ. 몸이 아플 때는 초상집에 가지 않는다.

ㅈ. 정초에 그릇을 깨면 재수가 없다.

참고문헌

김기설(1985), 「영동지방(嶺東地方)의 생업(生業)과 관련된 금기어연구(禁忌語硏究)」, 『韓國民俗學』 18, 한국민속학회.

김선풍(1994), 「한국인의 금기어와 금기담」, 『어문논집』 23, 중앙대학교 국어국문학회.

김성배(1962), 「한국 금기어고(上)」, 『국어국문학』 25, 국어국문학회.

김성배(1963), 「한국 금기어고(下)」, 『국어국문학』 26, 국어국문학회.

김성배(1975), 『한국의 금기어 · 길조어』, 정음사.

김시덕(2011), 「일생의례 관련 속신의 종류와 기능」, 『실천민속학연구』 18, 실천민속학회.

김열규(1978), 「금기의 사상 : 부정의 금기를 중심으로」, 『북악』 29.

김주영(2008), 「죽음에 관한 한일 금기어 연구」, 전남대학교 석사학위논문.

나경수(2010), 「한국의 전통적인 일생의례」, 『동아시아인의 통과의례와 생사의식』, 전남대학교 출판부.

남지미(2014), 「금기 및 금기어를 활용한 국어 교육 방안 연구 : 고등학교 문학 작품을 중심으로」, 인하대학교 석사학위논문.

문효근(1962), 「한국의 금기어」, 『인문과학』 8.

문효근(1963), 「한국의 금기어(속)」, 『인문과학』 9.

박규태 역주(2005), 『황금가지』, 을유문화사.

박영준(2004), 「한국어 금기어 연구」, 『우리말연구』 15, 우리말연구학회.

박정열 · 최상진(2003), 「금기어 분석을 통한 한국인의 심층심리 탐색」, 『한국심리학회지 : 일반』 22-1, 한국심리학회.

심재기(1970), 「금기 및 금기담의 의미론적 고찰」, 『논문집』 2, 서울대학교 교양과정부.

심재숙(2013), 「금기어(禁忌語)를 활용한 한국문화 교육 방안 연구」, 『국학연구』 23, 한국학 진흥원.

오 나(2014), 「한 · 중 상례문화와 죽음에 관련된 금기어 비교 연구」, 인하대학교 석사학위논문.

왕 뢰(2014), 「한국어와 중국어의 금기어 비교 연구 : 죽음에 관한 금기어를 중심으로」, 조선대학교 석사학위논문.

윤학중(2011), 「죽음에 관한 韓日 禁忌語 硏究」, 전남대학교 석사학위논문.

이석재(1982), 「한국의 금기담의 가치 의식에 관한 연구」, 『교육론집』 7.

이희진(2005), 「금기체계의 사례를 이용한 한국어 교육 방안 연구」, 이화여자대학교 교육대학원 석사학위논문.

정종진(2012), 「금기 형성의 특성과 위반에 대한 사회적 대응의 의미」, 『인간연구』 23, 가톨릭대학교 인간학연구소.

진 신(2012), 「한·중 금기어의 변형 양상 대조 연구」, 경희대학교 석사학위논문.

최상진·양병창·박정열·김효창(2002), 「여성 관련 금기어의 타당성 및 수용성 지각 : 성차를 중심으로」, 『한국심리학회지 : 여성』 7-1, 한국심리학회.

최현섭(2013), 『한국 금기언 조사 연구』, 민속원.

허재영(2000), 『생활 속의 금기어 이야기』, 역락

허재영(2001), 「금기어의 구조 및 발생 요인」, 『사회언어학』 9-1, 한국사회언어학회.

Frazer, J. G.(1922), *The Golden Bough*, London : Mcmillan

Lehmann, Fr. R.(1930), *Die Polynesischen Tabusitten*, Leipzig : Voigtlander.

제3부
아시아 언어의 금기어와 금기담의 양상

금기어에 나타난 죽음에 대한
중국인들의 공포 의식

왕 뢰

1. 서론

어떤 어휘나 언어 표현은 실제 대화 상황에서 특유한 문화적 배경 때문에 언급하면 안 되거나 간접적인 방식으로 사용하여야 하는데 이러한 언어를 바로 금기어(禁忌語)라고 한다. 허재영(2001 : 194)에서는 "금기란 '마음에 꺼리거나 피함'을 뜻하는데 어떤 행위를 금지하거나 특정한 말을 하지 않도록 하는 기능을 하고 있으며 이와 같은 의도에서 형성된 말을 금기어라고 한다."라고 정의하였다. 또한 금기어의 형식은 어휘적 금기어와 통사적 금기어로 나눌 수 있는데 대부분의 금기어는 통사적 표현으로 구성된다고 밝히고 있다.[1]

---

1) 허재영(2001 : 194)에서는 어휘적 금기어란 완곡어법에 의해 형성되며 어떤 대상이나 행위를 회피하여 꺼리기 때문에 이를 대신하는 표현으로 이루어진 낱말이며 통사적 금기어는 문장 형식으로 진술되며 가정적 조건문의 형식을 취하여 금기 대상과 방법을 표시한다고 서술하였다.

금기어는 특별한 언어 현상으로서 옛날부터 사람의 일상생활 속에서
매우 중요한 역할을 하고 있다. 『禮記・曲禮上』에는 "入境而問禁, 入國
而問俗, 入門而問諱"[2]라는 구절이 있다. 이는 다른 나라나 다른 지역에
가기 전에 해당 국가나 지역의 금기 풍속을 알아 둘 필요가 있음을 의
미한다. 그렇지 않으면 담화 과정에서 말실수를 하거나 상대방을 불쾌
하게 만들 수 있으며 오해나 갈등이 생길 수도 있다. 따라서 다른 나라
나 지역의 금기어에 대한 인식이 필수적이라고 할 수 있다.

이와 같이 금기어는 한 사회의 구성원으로 살아가면서 누구나 경험
할 수 있는 현상이며 중요한 문화적 요소로서 그 사회의 풍속, 생활문
화, 언어습관도 담겨 있다. 그러므로 본 연구는 금기어에 나타난 중국
인들의 죽음에 대한 공포 의식을 밝히는 데 그 목적이 있다.

2. 이론적 배경

1) 금기어의 개념 및 유형

금기어는 중요한 문화요소로서 오래 전부터 수많은 학문적 관심의
대상이 되어왔던바, 금기어의 개념 및 범위는 학자에 따라 다를 수 있
다. 따라서 금기어의 개념과 범위를 정확하게 파악하기 위해서는 먼저
금기어의 정의를 살펴볼 필요가 있다. 기존 연구들에서 제시한 금기어
를 정리하면 다음과 같다.

---

2) 다른 지역에 가면 그 지역에서 금하고 있는 것들에 대하여 묻고, 다른 나라에 가면 그 나
라의 풍속에 대하여 물으며, 다른 가문에 가면 그 가문에서 싫어하는 것에 대하여 묻는다
는 뜻.

〈표 1〉 금기어의 정의

구분	연구	정의
언어학적 관점	文孝根 (1962)	使用을 忌避하는 言語나 文字.
	심재기 (1970)	禁忌語라는 용어가 되어 왔으나 '語'라고 할 때에, 單語라는 뜻이 强하게 느껴지므로 禁忌語는 禁忌된 單語의 뜻으로 한다.
	劉昌惇 (1980)	도덕적으로나 신앙(迷信)적으로 꺼리는 말.
	박영준 (2004)	한 언어 공동체에서 사용하기를 꺼려하는 언어의 표현.
민속학적 관점	金聖培 (1962a)	경계(警戒)와 주의(注意)를 주고, 금지(禁止)와 기의(忌義)를 일으켜 어떠한 행동을 못하게 하는 말.
	秦聖麒 (1973)	금기어(禁忌語)라는 것은 글자 그대로 금하고 꺼리는 말.
	허재영 (2001)	'마음에 꺼리거나 피함'을 뜻하는데 어떤 행위를 금지하거나 특정한 말을 하지 않도록 하는 기능을 하고 있으며 이와 같은 의도에서 형성된 말을 금기어라고 부를 수 있는데 다른 관용표현과 마찬가지로 금기어는 어휘 자체로 존재하는 경우와 통사적 구조에 존재하는 경우가 있기 때문에 '금기담'이라 부르는 경우도 있다.
	허재영 (2002)	금기어는 '꺼려하고 싫어하는 대상 또는 행위'를 표현하는 말

위의 표에 나타난 금기어의 개념은 크게 두 가지로 나눌 수 있다. 첫째, 文孝根(1962), 沈在箕(1970), 劉昌惇(1980), 박영준(2004)에서 금기어는 언어학의 연구 대상으로서 단어 형식의 구조로 된 일반 어휘 중에서 두려움, 불쾌감, 공포 등의 심리적인 감정을 일으킬 수 있는 성격을 지니고 있다. 그러므로 언중의 특정 행동에 대한 금기나 특정 행동을 금기하는 언어 표현('금기담'[3], '통사적 금기어')은 제외되어야 한다는 결론을 제

---

3) 沈在箕(1970 : 9, 각주 9)에서는 언어학적 차원에서 '금기어'와 구별하여 '금기담'이라는 용어를 제안하였다. 즉, 일반적으로 금기어라는 용어가 통용되어 왔으나 '어(語)'라고 할 때는 단어라는 뜻이 강하게 느껴진다. 그러므로 금기어는 '금기된 단어'의 뜻으로, 금기담

시하였다. 둘째, 金聖培(1962a), 秦聖麒(1973), 허재영(2001), 허재영(2002)에
서는 민속학적 관점에서 접근하여 금기어는 금기하는 단어만 있는 것
이 아니라 금기하는 행동을 표현해 주는 말까지 포함되어 있다고 주장
하고 있다. 다시 말하면 민속학자들은 금기어를 어휘적 금기어와 통사
적 금기어로 분류해서 분석하고 있다.

2) 금기어와 완곡 표현

언어 속의 금기 현상은 완곡한 언어의 생성과 밀접한 관계를 가지고
있다. 예로부터 사람들은 완곡한 표현을 통하여 쌍방이 모두 알지만 직
접적으로 말하기를 피하는 표현을 하고자 하였다.

의사소통의 과정에서 금기된 이름이나 동작을 어쩔 수 없이 말해야
할 때 다른 사람이 듣기 좋은 단어로 대신하거나 완곡하게 사용하는 어
휘 표현을 일컬어 완곡 표현이라고 한다. 이렇게 듣기 좋은 대체언어
혹은 암시성 단어가 완곡 표현인 것이다(김주영 2008 : 17). 왕소단(2010 :
11~13)에 따르면, "금기어와 완곡어는 동전의 양면처럼 얼굴은 다르지
만 가치가 비슷하다고 볼 수 있다."라고 하였다. 이는 완곡하게 표현을
함으로써 서로 간의 불편함이나 관계 악화를 줄일 수 있고 심리적인 위
안을 얻기 때문이다.[4]

은 금기의 대상과 행위를 지시하는 관용문구의 뜻으로 제한하고 있다. 하지만 허재영
(2011 : 194)에서는 금기어의 형식은 어휘적 금기어만 있는 것이 아니라 통사적 금기어도
존재하고 있으므로 금기어는 '금기담'이라고도 할 수 있다고 주장하였다.
4) 조영구(2006 : 22)에서는 일반적으로 완곡어는 감정의 대리 분출, 공손한 예의 표현 증진,
의미 약화, 자문화(自文化) 혹은 타문화(他文化) 사이의 원활한 의사소통에서 효과를 거둘
수 있다고 하였다.

금기어(禁忌語)와 완곡 표현 모두 한 민족의 전통문화, 사회 풍속 등의 영향을 받아서 생성되었기 때문에 결과적으로 서로 매우 밀접한 관련이 있다. 특히, 사회 문명의 발전과 진보에 따라 현대 사회에서는 그에 적합한 또 다른 새로운 금기어가 다시 생성되고 있다. 이렇게 언어의 금기 대신 완곡 표현을 사용하는 경우는 시대와 사회, 국가에 따라 다양한데, 이를 분류해 보면 다음과 같다.

첫째, 사람들이 꺼려하는 말, 혹은 행동을 완곡하게 표현하면 공포 심리를 완화할 수 있고, 그리고 초탈과 존중의 태도를 보일 수 있다. 예를 들면 '죽음'을 '돌아가다', '다른 세상에 가다' 등의 말로 표현하는 것으로 이는 인간의 생사와 관련되거나 질병 같은 금기시된 일에 대하여 직접적으로 표현하지 못하고 일상적인 언어로 완곡하게 표현한다.

둘째, 신앙이나 종교 등 신성한 대상과 연관된 명칭에 나타난 완곡 표현들이다. 인류가 힘을 숭배하고 자연을 신앙하는 동시에 그들로 하여금 하느님 혹은 신령의 이름을 마음대로 입에 올리기를 꺼리게 만들었고, 여기에서 완곡 표현이 생겨나게 되었다. 예를 들면 사람들이 호랑이를 '시군(弑君)', '산신령(山神靈)' 등 완곡한 표현으로 산중의 왕인 호랑이가 짐승의 침략을 면하게 하고 행복을 줄 수 있다고 믿었다.

셋째, 인류의 진보와 발전에 따라 보편적으로 저속한 것을 피하려는 심리적인 경향으로 나타난 완곡 표현들이다. 사람들은 공공장소에서 성기나 생식기, 배설물 등 외설적인 사물에 대해서 직접적으로 말하면 교양이 없거나 저속해 보인다고 여겨서 우아하게 표현하였다. 예를 들면 '화장실'은 '변소'라는 말을 대신하는 셈이다.

넷째, 사회의 발전에 따라 인간 교류에서 정치와 심리의 원칙이 점점 선명하게 드러나는바, 주로 장애인, 노인문제, 빈곤 낙후된 국가 및 사

람들에게 저급한 직업으로 여겨지는 것들을 화제에 올릴 때 자주 나타
나는 표현으로 정치, 군사, 외교 용어에도 보인다. 사람들은 '장님'을
'시각장애인', '장사꾼'을 '상인'이라고 불렀다(楊德峰 1999). 정치 외교 영
역에서는 완곡 표현을 더욱 대량으로 사용하여 '이해할 수 있다(可以了
解)', '받아들일 수 있다(可以接受)', '유감스럽다(表示遺憾)' 등 사안에 따라
서 다양하게 표현한다(吳穎 1996 : 36~39).

3. 죽음에 관한 중국어 금기어의 양상

동서고금을 막론하고 죽음은 생로병사 중의 하나로 인간 생활에서
매우 중요한 의미를 지니고 있을 뿐더러 누구나 장수하기를 원한다는
점에서 죽음에 대한 금기사항이 다른 것보다 다양하고 가짓수도 많이
존재하고 있는 것이 사실이다. 죽음은 사전에서 '생물의 목숨이 끊어지
는 일'이라고 정의하고 있으므로 모든 살아 있는 생명체를 통틀어 사용
하는 단어이다. 굳이 인간의 존엄성을 이야기하지 않더라도 인류가 최
초로 출현한 이후부터 인간에게 죽음이란 공포의 대상이고 신성시하는
것임에 틀림없다. 본 장에서는 죽음에 관한 중국어 금기어의 양상을 살
펴보고자 한다.

1) 사(死)의 완곡 표현

왕소단(2010)에서는 중국에서는 예로부터 신분에 따라서 죽음 표현에
대한 규정이 있다고 하였다. 예를 들어 <禮記 曲禮>에서 '天子死曰
崩, 諸侯曰薨, 大夫曰卒, 士曰不祿, 庶人曰死.'5)라고 하고 있다. 여기

에 기록된 것을 보면 사람의 귀천존비에 따라 죽음에 대한 표현이 다르
게 나타나는데 이는 옛날 사람들의 강한 계급관념 때문에 이러한 현상
이 나타난 것이다. 죽음에 대한 완곡 표현은 '황제·황후의 죽음', '부
모나 어르신의 죽음', '젊은 나이에 죽음', '영웅 및 열사의 죽음' 등으
로 나눌 수 있다.

〈표 2〉 사의 완곡 표현(왕소단, 2010 : 26)

황제·황후와 고급 관료	駕崩, 暴崩, 崩, 崩逝, 大行, 歲, 賓空, 賓天, 崩諸, 大優, 大諱, 長逝, 仙逝, 升眠, 駕, 登假, 登遐, 千秋, 晏駕, 晏歸, 棄天下, 棄群臣, 陵崩, 千秋萬歲, 萬歲千秋
유명인사와 일반 사람들	辭堂, 大故, 風木, 風樹, 風枝, 達養, 棄養, 病逝, 病危, 逝世, 歸天, 吹燈, 安眠, 離開人世, 謝世, 永世, 去世, 過世, 辭世, 安息, 過世, 永世, 就世, 永訣, 謝世, 長眠, 永眠, 故去, 老了, 過世, 走了, 不在了, 永眠, 長眠, 閉眼了, 病故, 身故, 見馬克思了
젊은 나이	短世, 夭逝, 夭折, 早世
영웅 및 열사와 같은 사람	獻身, 光榮, 成仁, 殉職, 犧牲, 就義, 千古赫然, 捨身就義, 以身殉國, 永遠離開了我們, 殺身成仁
불교	圓寂, 坐化, 寂滅, 登蓮界, 無常, 涅槃
도교	蟬蛻, 登仙, 循化, 蹉鶴, 羽化, 物化, 物故, 仙去
기독교	上天堂, 見上帝, 歸天

2) 죽음에 관한 통사적 금기어

본 절에서는 죽음에 관한 중국어의 통사적 금기어6)를 사람과 관련된
것, 명절과 관련된 것, 초상·장례·제사와 관련된 것, 동식물과 관련
된 것, 의식주와 관련된 것, 기타 행위와 관련된 것 등 여섯 가지로 나

5) 천자의 죽음을 崩, 제후의 죽음을 薨, 대부의 죽음을 卒, 병사의 죽음을 불록(不祿), 서민
  의 죽음을 사(死)라고 한다는 뜻.
6) 본장에서는 죽음에 관한 금기어는 줄여서 금기어라고 한다.

누어서 제시하고자 한다.

〈사람과 관련된 금기어〉

老人抱孩童，孩童躲閃，死亡預兆.
(어른이 아기를 안을 때 아기가 피하면 어른한테 죽음의 전조이다.)

直呼長輩的名字，長輩折壽.
(어른의 이름을 부르면 어른이 일찍 죽는다.)

淸明不回娘家，方死公婆.7)
[청명(淸明)에 친정집에 안 가면 시부모가 돌아가신다.]

已婚男人正月洗脚死妻子，已婚女人正月洗脚死丈夫.
(부부가 정월에 발을 씻으면 남편이나 부인이 죽는다.)

洞房睡空(新)床，不死丈夫也死妻.
(결혼한 첫날밤에 새 침대에서 자면 남편이나 부인이 죽는다.)

忌無春之年嫁娶.8)
(입춘이 없는 해에 결혼하면 남편이 죽는다.)

---

7) 청명(淸明)에는 친정집에 가서 집안 식구들과 함께 성묘를 하는 전통이 있다.
8) 중국에서는 입춘이 없는 해를 과년(寡年)이라고 부른다. 과(寡)는 과부(寡婦)를 뜻하므로 입춘이 없는 해(과년)에 결혼하지 않는다.

已定的結婚日期忌改他日，改日死婆家人.
(정해진 결혼 날짜가 바뀌면 남자집안 사람이 죽는다.)

新娘入男家忌踏門檻，否則男家遇喪病之災.
(신부가 신랑 집에 들어갈 때 그 집 문턱을 밟으면 신랑의 가족들이
아파서 죽는다.)

禁忌窺視僑中的新娘，看到會瞎眼或死亡.
(꽃가마 안에 있는 신부를 엿보면 눈을 실명하거나 죽는다.)

早剃胎髮新生兒會夭折.
(새로 태어난 아기의 배냇머리를 일찍 자르면 아기가 죽는다.)

孕婦房內釘釘子，腹中胎兒夭折.
(임부의 방에서 못을 박으면 배 안의 아기가 죽는다.)

禁忌婦女走路時抬頭挺胸，克子克夫.
(여자가 머리를 치켜들고 가슴을 내밀고 다니면 남편과 자녀가 죽는다.)

〈명절과 관련된 금기어〉

正月姑娘打袼褙，死舅舅.
(여자가 정월에 헝겊 조각이나 넝마 조각을 붙여서 신발을 만드는 조
각을 만들면 외삼촌이 돌아가신다.)

春節忌喪家拜年.

(설에 상주는 세배하지 않는다.)

清明不戴柳, 命付黃泉.9)

(청명일에 버드나무 가지를 달지 않으면 죽는다.)

回家過重陽, 死她婆婆娘.

(친정에 가서 중양절을 쇠면 시어머니가 돌아가신다.)

〈초상 · 장례 · 제사와 관련된 금기어〉

隣居有喪事時, 春米不能發出用力的聲音.

(동네에서 초상이 났을 때 정미하는 소리가 나면 안 된다.)

忌死者屍體不僵, 屍軟後代不發.

(죽은 사람의 시신이 뻣뻣하지 않으면 자손이 부자가 못 된다.)

服喪忌理發.

(복상기간에 이발하면 안 된다.)

複式房屋, 忌死在樓上.

(사람은 이층집의 위층에서 죽으면 안 된다.)

---

9) 청명일에는 성묘하는 전통이 있다. 묘지 근처에 가면 자신을 보호하기 위해 버드나무가지를 달고 다니는데 이것은 버드나무가 악귀를 물리치는 기능이 있다고 믿었기 때문이다.

斷氣不抽氈, 來世難轉人.

(사람이 죽은 후에 밑에 까는 이불이나 담요를 바로 빼지 않으면 환생하기 힘들다.)

用段子做壽衣, 斷子絶孫.[10]

(비단으로 수의를 만들면 자손이 끊어진다.)

影子入落墓穴 爲死人陪葬.

(그림자가 묘지에 반사되면 순장한다.)

殯葬歸途中哭, 還有喪事.

(장사를 끝내고 집에 올 때 울면 집에 초상이 다시 난다.)

家中有祭祀時, 忌孩童大聲說話.

(제사를 지낼 때 아기가 큰 소리로 말하면 안 된다.)

黃鱔尾巴是尖的, 是'絶尾巴'.

(드렁허리[11]를 제사음식으로 사용하면 자손이 끊어진다.)

祭拜祖先忌用不帶皮的肉、去搗鱗的魚, 否則對祖先不恭, 不孝.

---

10) '段子(비단)'과 '斷子(자손이 끊어지다)'는 두 단어의 발음이 같기 때문에 자식은 비단으로 수의를 만들지 않는다.

11) 몸길이 40센티미터 이상으로 뱀장어 모양이며 가슴지느러미와 배지느러미가 없다. 몸빛은 적갈색 바탕에 암갈색과 흑색의 반점이 있다.

(제사를 지낼 때 껍질이 없는 고기나 비늘이 없는 물고기를 쓰면 조
상한테 불경하다.)

泥湫, 鱔魚等沒有鱗的魚, 因其形狀像龍, 不能用祭祀.
(미꾸라지와 드렁허리 같이 비늘이 없는 생선은 모양이 용과 비슷해
서 제물로 쓰면 안 된다.)

〈동식물과 관련된 금기어〉

人家猫進自家門, 有喪事.
(남의 집 고양이가 집안에 들어오면 초상이 난다.)

打蛇不死蛇討命.
(뱀을 덜 때려죽이면 뱀이 다시 살아나서 사람에게 복수한다.)

狗挖坑, 埋主人.
(개가 땅을 파면 주인이 죽는다.)

門前烏鴉叫, 主有喪事.
(집 앞에서 까마귀가 울면 집주인이 죽는다.)

房屋後院不栽柳.[12]

---

[12] 장례에서 쓰는 일부 물건이 버드나무로 만들어져 있고, 버드나무를 돈을 벌기 위한 목적
으로 심으면 불길하다고 생각한다. 이뿐만 아니라 버드나무는 씨를 맺지 않으므로 집 뒤
에 심으면 자손이 끊어지는 것을 의미한다(任騁 2004 : 304).

(집 뒤에 버드나무를 심지 않는다.)

竹子開花，家破人亡.[13]

(대나무 꽃이 피면 집안이 망해 식구들이 다 죽는다.)

忌院中种梅，俗以爲梅花屬媚，主人沾花，克妻敗家.

(정원에 매화를 심으면 남자 주인이 여색을 탐하고 부인을 죽인다.)

樹不能种在朝南窓前的正中央,不然要傷人或死人的.

(나무를 남쪽 창문 앞의 가운데에 심으면 사람이 죽는다.)

〈의식주와 관련된 금기어〉

忌諱晾晒干的衣服不疊好放一段時間就直接穿在身上，會變成鬼.

(말린 옷을 개어 두지 않고 바로 입으면 귀신이 된다.)

忌將衣服反穿着，詛咒自己的親人死去.

(옷을 거꾸로 입으면 가족들이 죽는다.)

魚子与豬肝忌同食　食之危險.

(생선 알과 돼지 간을 같이 먹으면 죽는다.)

---

13) 대나무는 땅 속 줄기에서 영양을 섭취하여 자라는 식물로 충해(蟲害)가 있거나 가뭄으로
　　말라 죽기 전에만 꽃이 핀다. 그러므로 대나무가 꽃이 피는 현상을 사람의 죽음과 연관
　　시켰다.

葱与蜜忌同食 食之危險.

(파와 꿀을 같이 먹으면 죽는다.)

花生與黃瓜忌同食 食之危險.

(땅콩과 오이를 같이 먹으면 죽는다.)

吃秋薑會早死.

(가을 생강을 먹으면 죽는다.)

房屋大門與隣家門窓相對, 家中連續出現喪事.

(대문이 이웃집의 문이나 창문과 서로 마주 향하면 집에 줄초상이 난다.)

房檐滴水滴門帮, 一年之內死一雙.

(주택의 처마에 물이 떨어지면 일 년 안에 집안 식구가 두 명 죽는다.)

建房向西北, 家破人亡.

(서쪽이나 북쪽을 향해 집을 지으면 집이 망하고 집안 식구가 죽는다.)

〈기타 행위와 관련되 금기어〉

出門在外, 陽傘不能倒拿.14)

(밖에 나갈 때 우산을 거꾸로 들고 다니면 안 된다.)

---

14) 집에 초상이 났을 때 우산을 거꾸로 들고 다닌다.

忌以鍾送人.

[종(鍾)은 종(終)과 발음이 같아서 선물로 주면 안 된다.]

床底下不能用盆盛水.15)

(침대 밑 대야에 물을 담으면 불길하다.)

快子一長一短, 表示三長兩短, 預死亡.

(젓가락의 길이가 다른 것을 사용하면 사람이 죽는다.)

弄倒香油瓶, 家中有喪事.

(참기름을 담는 병을 엎으면 집에 초상이 난다.)

在墳墓地便溺, 暴死.

(묘지 주변에서 대소변을 보면 돌연사한다.)

有人離家忌掃地, 否則離家人死亡.

(집에 안 들어온 사람이 있을 때 땅을 쓸면 안 들어온 사람이 죽는다.)

忌用手指星月 會有亡命之災.

(손가락으로 별이나 달을 가리키면 죽는다.)

禁忌提到凶禍一類的字眼, 惟恐凶禍眞正來臨.

---

15) 죽은 사람의 상례와 장례 때 대야에 물을 담아 관 밑에 둔다.

[흉(凶)과 화(禍)를 언급하면 나쁜 일이 생긴다.]

忌諱提及死亡事.
(집안에 상을 당한 사람한테 상사에 대해 물어보면 안 된다.)

辰日哭, 有重喪.
(새벽에 울면 집에 큰 초상이 난다.)

4. 금기어에 나타난 죽음에 대한 중국인들의 공포 의식

동서고금을 막론하고 '죽음'은 사람들이 가장 무서워하는 것이라고 할 수 있다. 사람들은 죽음에 대한 공포의식이 있기 때문에 죽음에 대해 언급하기를 기피한다. 특히 유교 문화가 발달된 중국에서는 죽음에 관한 것을 완곡하게 표현하는 것이 많이 있다. 이것은 중국 사람들이 '죽음'을 좋지 않게 보는 것도 있지만 죽음에 대해 공포와 불안을 가지고 있기 때문이다.

중국 사람들은 보편적으로 인생의 최대한 불행은 죽음이라고 생각하는 경우가 많다. 그래서 예로부터 언어 사용에 있어 '죽음'을 피했기 때문에 다양한 완곡한 표현을 찾음으로써 죽음과 관련된 완곡 표현들이 많이 생겨나게 된 것이다. 예를 들면 다음과 같다.

(1) a. 毛主席永遠的安息了.
    (모택동 주석이 영원히 돌아가셨다.)
  b. 爺爺病故了.
    (할아버지가 돌아가셨다.)

예문 중 '安息'는 '편안하게 쉬다'의 뜻을, 病故는 '세상을 떠나다'의 뜻을 나타낸다.

이뿐만 아니라 죽음은 생로병사 중의 하나로 인간 생활에서 매우 중요한 의미로 지니고 있을 뿐더러 누구나 죽음을 두려워하고 장수하기를 원한다. 그리고 굳이 인간의 존엄성을 이야기하지 않더라도 인류가 최초로 출현한 이후부터 인간에게 죽음이란 공포의 대상이었다. 따라서 죽음에 관한 금기사항이 많이 생기게 되었고 다른 금기사항보다도 죽음에 관한 금기어가 더 많이 생기게 된 것이다. 죽음에 관한 금기어는 구체적으로 다음과 같이 몇 가지로 나눌 수 있다.

1) 부모님과 관련된 금기어

부모님과 관련된 금기어에서는 전반적으로 하지 말아야 할 것과 꼭 해야 하는 것들을 명시하고 지키게 함으로써 효에 대한 사상을 고취시키는 데 그 목적이 있다고 할 수 있다. 자기가 죽는 것보다 자기의 잘못으로 부모가 돌아가시는 것을 더 두려워하기 때문에 부모와 관련된 금기어는 사람들에게 중요시되고 있다. 또한 중국에서는 '부모님이 돌아가신다.'라는 표현이 휘로 인정된다. 따라서 중국어 금기어에서는 '부모님' 대신 '어른'이라는 단어가 많이 쓰인다. 예를 들어 다음과 같은 경우이다.

⑵ 直呼長輩的名字, 長輩折壽.
(어른의 이름을 부르면 어른이 일찍 죽는다.)

2) 자식과 관련된 금기어

현대 사회에서 대부분의 사람들에게 자식은 다른 무엇보다도 소중하다고 할 수 있다. 출생과 더불어 아무 문제가 없이 자라주기를 바라는 마음은 어느 부모나 마찬가지일 것이다. 자식에 관한 금기어는 부모가 자녀들에게 좋지 않은 일이 생기는 것을 두려워하거나 자녀들의 죽음을 걱정하는 마음을 바탕으로 이루어지고 있다. 예를 들면 다음과 같다.

(3) 早剃胎髮新生兒會夭折.
(새로 태어난 아기의 배냇머리를 일찍 자르면 아기가 죽는다.)

위와 같은 금기사항이 있기 때문에 부모들이 아기의 배냇머리를 일찍 자르지 않는다. 또한 아기가 태어난 뒤 일정한 기간까지 건강하게 키우기가 어렵기 때문에 부모들은 더 조심한다.

3) 초상과 관련된 금기어

사람들은 신령과 죽은 사람의 영혼을 존경하면서도 두려워하는 경향이 있으며, 따라서 이에 대한 금기어의 비중도 매우 높다. 그 이유는 중국 사람들은 귀신이 존재하는 것을 믿으며 초상에 관한 금기어를 통해서 살아 있는 사람이 망자를 애도하기 때문이다.

(4) ㄱ. 影子入落墓穴 爲死人陪葬.
(그림자가 묘지에 반사되면 순장한다.)

ㄴ. 殯葬歸途中哭, 還有喪事.

(장사를 끝내고 집에 올 때 울면 집에 초상이 다시 난다.)

중국 사람들은 그림자를 자신의 영혼으로 생각할 정도로 매우 중요시하므로 그림자를 밟거나 안 좋은 곳에 반사되면 죽는다고 믿는다. 예컨대, 남의 그림자를 밟는 것은 그 사람을 죽인 것과도 같은 뜻이 여긴다. 또한 예 (4ㄱ)에서 제시한 바와 같이 그림자가 묘지에 반사되는 것을 기피한다.

이뿐만 아니라 (4ㄴ)처럼 잘못된 행위 때문에 초상이 다시 날 것을 우려해서 생겨난 금기어도 있다.

4) 동식물과 관련된 금기어

동식물은 예로부터 인간과 떨어져 살 수 없을 정도로 가까운 존재이므로 이에 따른 수많은 금기어가 존재한다. 특히 인간과 아주 밀접한 관계인 가축이나 애완동물의 경우에는 더욱 그러하다. 다른 금기어와 달리 동식물에 관한 금기어는 주로 꺼림의 대상으로 나타난다.

(5) ㄱ. 人家猫進自家門，有喪事.
　　　(남의 집 고양이가 집 안에 들어오면 초상이 난다.)

　　ㄴ. 狗挖坑，埋主人.
　　　(개가 땅을 파면 주인이 죽는다.)

(5ㄱ)에서는 남의 집 고양이가 집 안에 들어오면 집안에 초상이 일어난다는 전조이기 때문에 남의 집 고양이가 집 안에 들어오는 것을 보면

마음이 불안하다.

5) 의식주에 관한 금기어

의식주는 사람이 살아가는 데 빼놓을 수 없는 중요한 요소이다. 그중에 '의'에 해당하는 옷은 일상생활의 필수품이고 인간에게 매우 중요한 것이라고 할 수 있다. 옷은 몸을 가려 주는 효과만 있는 것이 아니라 그 사람의 됨됨이가 반영될 수 있다. 따라서 옷을 단정하게 입고 잘 보관하는 것이 매우 중요하다. 그렇지 않으면 사람을 죽게 할 수도 있으므로 매우 중시한다. 여기서 다루어진 옷에 관한 금기어는 대부분 이와 관련이 있는 것들이다. 예를 들면 다음과 같다.

⑹ ㄱ. 忌將衣服反穿着, 詛咒自己的親人死去.
　　(옷을 거꾸로 입으면 가족들이 죽는다.)

　　ㄴ. 忌諱晾晒干的衣服不疊好放一段時間就直接穿在身上, 會變成鬼.
　　(말린 옷을 개어두지 않고 바로 입으면 귀신이 된다.)

위의 예들은 주로 옷을 바르게 입고 개어두지 않으면 액운이 온다는 뜻의 금기어다.

5. 결론

대부분의 사람들은 죽음은 두렵고 불길한 일이라고 생각한다. 사망이 우리에게 주는 공포의식을 줄여주기 위해서 사망을 완곡하게 표현하게 된다. 그러므로 '죽다(死)' 대신에 과세(過世), 병고(病故)라는 표현을 쓴다.

또한 위에서 살펴보았듯이 죽음에 관한 통사적 금기어도 매우 다양하고 그 숫자도 다수 존재한다. 이는 동서양을 막론하고 어느 사회에서나 죽음은 공포 그 자체이므로 금기어들을 통해서 죽음에 이르게 하는 행동들을 제약하여 공포의식을 줄이고자 하는 뜻에서 생겨난 것들이라 하겠다. 특히 중국의 죽음에 관한 금기어는 중국이 넓은 영토로 구성된 나라이다 보니 지역에 따라 또는 민족에 따라 다양한 내용으로 구성되어 있는 것이 특징이라 하겠다.

이런 여러 종류의 금기어들이 사람, 자연, 사물, 신에 빗대어 조심해야 하는 것들을 나열하고 있으며 이는 나약한 존재인 인간의 힘으로만 공포심을 이겨낼 수 없으므로 다른 존재에 기대는 내용들을 담고 있다고 볼 수 있다.

참고문헌

김선풍(1994), 「韓國人의 禁忌語와 禁忌談」, 『語文論集』 23, 중앙어문학회.

김주영(2008), 「중국어의 언어금기에 관한 연구」, 계명대학교 대학원 석사학위논문.

劉淸波(2003), 『禁忌・禁忌語・委婉語』, 『段都學刊』, 第2期.

万建中(2005), 『中國民間禁忌風俗』, 中國電影出版社.

문회선(2002), 「중국 광고언어에 대한 수사학적 고찰과 교육적 활용에 관한 연구」, 이화여자대학교 교육대학원 석사학위논문.

문효근(1962), 「韓國의 禁忌語」, 『人文科學』 8, 연세대학교 인문연구원.

박영준(2004), 「한국어 금기어 연구」, 『우리말연구』 15, 우리말학회.

박정열・최상진(2003), 「금기어(禁忌語) 분석을 통한 한국인의 심층심리 탐색」, 『한국심리학회지』 22-1, 한국 심리학회.

백승잔(2013), 「한국 대중음악 가사에 나타난 수사법의 시대적 사용 양상 연구」, 상명대학교 대학원 석사학위논문.

심재기(1970), 「禁忌 및 禁忌談의 意味論的 考察」, 『論文集』 2, 서울대학교 교양과정부.

심재기(1983), 「국어 문장의 바른길 찾기를 위한 어휘론적 연구」, 『외국어로서의 한국어교육』 8-1, 연세대학교 한국어학당.

楊德峰(1999), 『漢語与文化交際』, 北京大學出版社.

양태종(1992), 「고대의 수사학 정의들에 대하여」, 『독일학 연구』 8, 부산동아대학교 독일학연구소.

吳 穎(1996), 「關於禁忌語與委婉語的區別與聯繫」, 『洛陽大學學報』, 第11卷 第1期.

王立廷 主編(1998), 『現代文化語彙叢書－委婉語』, 新華出版社.

왕소단(2010), 「한국어와 중국어 완곡 표현의 대비 연구」, 충남대학교 대학원 석사학위논문.

云中天(2006), 『永遠的風景-中國民俗文化』, 百花洲文藝出版社.

柳炳泰(1985), 「禁忌語와 婉曲語法의 言語學的 役割」, 『關大論文集』 13-1, 관동대학교.

윤학중(2011), 「죽음에 관한 韓日 禁忌語 研究」, 전남대학교 대학원 석사학위논문.

任 騁(2004), 『中國民間禁忌』, 中國社會科學出版社.

田蘭玉(2006), 「漢語死亡累禁忌語研究」, 『중국어문학논집』 41, 중국어문학연구회.

조영구(2006), 「중국어 금기어와 그 교육적 활용 연구」, 한국외국대학교 교육대학원
    석사학위논문.
조희무(2008), 「漢語禁忌硏究」, 『中國人文科學』 40, 중국인문과학회.
최승희·김수옥(1995), 『심리학 개론』, 박영사.
한명숙(2008), 「해음에 나타난 중국문화 고찰」, 목포대학교 대학원 석사학위논문.
허재영(2001), 「금기어의 구조 및 발생 요인」, 『사회언어학』 9-1, 한국사회언어학회.
허재영(2002), 『생활 속의 금기어 이야기』, 한국학술정보.

한국인과 중국인의 색채 감정 비교 연구

기본 색채어에 대한 감정을 중심으로

장 웨 이

1. 머리말

색채에 대한 감지는 인간의 가장 기본적인 인지 중 하나이다. 색채를 언어로 나타내는 말에 해당하는 색채어의 수와 내용은 언어마다 다르지만 Berlin & Kay는 기본 색채어[1]라는 색채어의 전형을 만들어 냈다. 개별 언어의 색채어는 이러한 기본 색채어를 근거로 하여 각기 다른 색채어 범주로 나뉠 수 있다(구경숙 2010 : 129).

색채어는 단순히 대상의 색깔만을 표현하는 데 그치는 것이 아니라 일정한 사회, 문화 속에서 일상생활과 밀접한 관련을 맺고 있다. 물론 색채는 나라나 민족에 따라서 다른데 백의민족이라는 상징적 의미를

---

[1] 색채어 연구로 가장 잘 알려진 것은 Berlin & Kay(1969)의 연구이다. 여기에서는 98개 언어의 색채어를 분석하였는데 그 가운데 영어는 기본 색채어가 11개라고 보았다. 11개 기본 색채어는 white(白), black(黑), red(紅), green(綠), yellow(黃), blue(藍), brown(褐), violet(紫), pink(粉), orang(橙), grey(灰)로, 7단계로 나눠 나열할 수 있다.

가지고 있는 한국민족과 빨간색에 대한 열정을 갖고 있는 중화민족의 색에 대한 상징 의미가 다르기 때문에 가지고 있는 감정도 다르다. 따라서 이 연구에서는 한국어와 중국어에 나타난 색채어의 기본 의미와 확장 의미를 고찰하고 그 확장 의미를 통해 반영된 한국인과 중국인의 감정색채를 살펴보고자 한다. 여기서 다루어질 색채어는 음양오행설을 기반으로 한 다섯 가지 기본 색채어로 한정한다.

지금까지 이루어져 온 한·중 두 언어에서의 색채어에 대한 비교 연구는 크게 세 가지로 구분할 수 있다. 형태와 어휘에 관련된 연구, 인지 언어학 측면에서 다룬 연구, 교육과 관련된 연구 등이 그것이다.

첫째, 한·중 색채어의 형태와 어휘에 관련된 연구로서 1980년대부터 한·중 색채어에 대한 대조 연구가 시작되었다. 崔奉春(1984)에서는 한국어와 중국어 색채어의 어휘를 대조 연구하였고, 강보유(1989)는 한·중 색채어 형용사의 특징을 대조 연구하였다. 2000년 이후에는 대조 연구가 훨씬 더 활발해졌는데 具敬淑(2004), 徐銀春(2005), 金容勳(2009), 婁小琴(2012), 원선영(2013), 세연령(2013) 등이 그것이다. 具敬淑(2004)에서는 현대 중국어 색채어를 연구 대상으로 하여 한·중 번역에서 나타난 차이, 문화 의미 차이, 관용 표현의 차이 등 세 가지를 대조하였다. 徐銀春(2005)에서는 색채어의 구조와 어휘 특징을 전통적인 오행을 중심으로 한·중 색채어를 대조하였다. 그중에서 어휘 특징의 대조는 색채 의미와 문화적 상징으로 나뉘다. 세연령(2013)에서는 색채에 관련된 언어학 이론 원칙을 설명하고, 한·한(漢·韓) 색채어의 의미를 분석하였으며, 한·한 기본 색채어 활용 사례를 통하여 기본 색채어의 의미를 기본 의미와 확장 의미로 나누고 두 언어 색채어에 나타나는 의미를 분석하였다.

둘째, 인지언어학 측면에서 색채를 다룬 연구로는 최려나(2011), 송원찬(2013) 등이 있다. 최려나(2011)에서는 기본 색채어를 연구 대상으로 하여 설문지를 통해서 중국인과 한국인의 색채에 대한 인지 양상을 고찰하였다. 형태, 의미 범위에 벗어나 다양한 의미의 변화 과정에 대해 분석하였다. 송원찬(2013)에서는 온라인으로 제공되는 패션·연예 잡지와 신문 등의 뷰티 영역에 나타난 색채어를 대상으로 한국어와 중국어의 신체 묘사 색채어의 공통점과 차이점을 고찰하였다.

셋째, 교육과 관련된 연구를 들 수 있다. 유가양(2010), 이한비(2012), 진사위(2013), 리리(2013)는 어학적 측면에서 색채어를 연구하였으며 유초군(2012)은 문학적 측면에서 한국어 색채어를 연구하였다. 유가양(2010)은 한국어 색채어의 속성을 고찰하고 한·중 색채어의 어원적, 형태적, 의미적 대조를 통해 양국 색채어의 공통점과 차이점을 알아보고 현존 색채어 교육의 문제점을 중심으로 중국인 학습자를 위한 한국어 색채어의 교육을 살펴보았다. 이한비(2012)는 설문지 조사를 통해 한·중 색채어의 상징의미를 대조·분석하여 중국인 학습자를 위한 한국어 색채어 교육 방안을 제시하였다. 유초군(2012)은 한국어와 중국어 색채어의 어원적, 형태적, 의미적 측면에서 대조해 보고 그 공통점과 차이점을 살펴보았다. 그리고 그것을 활용하여 중국인 학습자에게 효과적이고 실용적인 한국어 문화 교육 방안을 제시하였다. 진사위(2013)는 한·중 색채어의 형태적, 의미적 특징을 제시하고 중국인 학습자들의 색채어에 대한 인식 및 오류 분석을 통해 중국어권 학습자를 위한 한국어 색채어의 학습 방안을 연구하였다. 그는 기존의 연구들에서 치중해 온 문법적 특징이나 낱말밭 구성의 분석을 강조하는 시각에서 탈피하여 한국어 색채어와 중국어 색채어의 대조 분석을 통해 구체적인 색채어

교수·학습 방안을 모색하였다. 리리(2014)는 색채어에 대한 논저들을
살펴보고 색채어의 형태적 특징을 제시하여, 한국어 교재와 중국어 교
재에 나타난 색채어를 분석하면서 중국인 학습자들이 쉽고 효율적으로
색채어를 학습할 수 있도록 하는 교육 방안을 제시하였다.

이상에서 살펴본 바와 같이 한·중 색채어 대조 연구는 주로 색채어
의 어휘, 형태, 의미나 상징에 대한 연구가 주를 이루며, 감정이나 심리,
금기와 관련된 대조 연구는 거의 이루어지지 못하였다. 따라서 본 연구
에서는 한·중 색채어의 기본 의미와 확장 의미 고찰을 통하여 한국인
과 중국인은 색채어에 대해 어떤 감정을 가지고 있는지 색채에 대한 선
호와 금기는 어떻게 되는지를 탐구하는 데 주된 관심을 두고자 한다.

2. 한·중 기본 색채어 체계 및 특징

한국어와 중국어의 기본 색채어는 중국 고대 음양오행(陰陽五行)설의
영향을 받아서 형성되었다. 음양오행(陰陽五行)은 중국을 중심으로 한 동
양 문화권에서 우주에 대한 인식과 사상 체계의 중심이 되어 온 원리로
서 우주의 본원에는 음(陰), 양(陽)의 두 기(氣)가 있으므로 천지 만물은
이 두 개의 기로 이루어졌다는 역학적인 이론과 천문학적 철학에 의해
발전한 것이다.

음양오행설의 영향을 받은 기본 색채어 범주는 청(靑), 홍(紅), 황(黃),
백(白), 흑(黑) 다섯 가지 오색(五色)으로 나눌 수 있다. 오행은 만물을 다
섯으로 나누는데 '색채·방위·덕목·미(味)·신체' 등을 오행과 배합
하고 있다. 이를 간략하게 표로 정리하면 다음과 같다.

〈표 1〉 오행과 '색채 · 방위 · 계절 · 덕목 · 음미 · 신체' 상관표 (박완호, 2009 : 126)

오행(五行)	목(木)	화(火)	토(土)	금(金)	수(水)
오색(五色)	청(靑)	홍(紅)	황(黃)	백(白)	흑(黑)
오방(五方)	동(東)	남(南)	중(中)	서(西)	북(北)
사계(四季)	춘(春)	하(夏)	-	추(秋)	동(冬)
오덕(五德)	인(仁)	예(禮)	신(信)	의(義)	지(智)
오음(五音)	각(角)	치(徵)	궁(宮)	상(商)	우(羽)
오미(五味)	신맛(酸)	쓴맛(苦)	단맛(甛)	매운맛(辣)	짠맛(咸)
오장(五臟)	간장(肝臟)	심장(心臟)	비장(脾臟)	폐(肺)	신장(腎臟)

　　음양오행설의 영향을 받아서 전통적으로 인정되어 온 기본 색채어는 '靑, 紅, 黃, 白, 黑' 다섯 가지이지만 언어학자들에 따라 기본 색채어의 선정에 차이를 보이기도 한다.[2] 한국어 역시 기본 색채어가 오색(五色) 체계를 이룬다는 데 대해서는 논자들의 의견이 일치하지만, 어떤 어휘를 기본 색채어로 잡는지에 따라 논의가 크게 달라진다.[3] 이 글에서는 최현배(1971),[4] 김창섭(1985)에 따라 푸르다[靑], 붉다[紅], 누르다[黃], 희다[白], 검다[黑]'를 기본 색채어로 보고 논의를 진행하기로 한다.

---

2) 劉鈞杰(1985)은 중국어의 기본 색채어를 '黃, 白, 黑, 紅, 綠, 靑, 紫, 灰, 褐'의 10가지로 설정하였다. 劉丹靑(1990)은 중국어의 기본 색채어를 8가지, 즉 '白, 黑, 紅, 黃, 綠, 藍, 紫, 灰'로 설정하였다.

3) 김창섭(1985), 구본관(2008)을 비롯한 대부분의 논자들이 기본 색채어는 '희다, 검다, 붉다, 푸르다, 누르다'로 삼고 있는데, 홍선희(1982)에서와 같이 '흰색, 검은색, 붉은색, 푸른색, 누른색'을 명사형으로 제시되는 경우가 있다. 또한 '하양, 까망(검정), 빨강, 파랑, 노랑'과 같이 명사형으로 제시하거나, '하얗다, 까맣다, 빨갛다, 파랗다, 노랗다'와 같이 형용사형으로 제시하는 경우도 있다. 1964년 한국공업규격의 기본색 이름으로 제정된 '흰색, 검정색, 빨강, 파랑, 노랑' 등이 있다.

4) 최현배(1971)에서는 시각적 형용사를 다음과 같이 분류한다.
　가. 빛(色) : 푸르다, 붉다, 누르다, 희다, 검다.
　나. 빛(光) : 밝다, 어둡다.
　김창섭(1985)에서는 시각 형용사를 색채에 관련된 것(푸르다, 붉다, 검다 등)과 명암(밝다, 어둡다 등)과 청탁에 관련된 형용사(맑다, 흐리다 등)로 나눈다.

한·중 색채어 조어 형태는 공통점을 가지고 있다. 한국어 색채어는 고유어 색채어와 한자어 색채어로 나눌 수 있는데, 이들의 조어 형태는 크게 단일어와 합성어로 나뉜다.[5] 중국어 색채어의 조어 형태도 크게 단순어와 합성어로 분류할 수 있는데, 합성어는 다시 복합어와 중첩어로 나뉜다.[6] 색채어의 조어 형태는 양국의 언어적 특징을 잘 보여주고 있다. 한국어 한자어 색채어의 조어 형태는 중국어 색채어의 조어 형태와 유사한 부분이 많으며, 고유어 색채어는 한국어가 교착어라는 특징을 잘 나타내고 있다.

한국어 기본 색채어는 자음 교체나 모음 교체를 통하여 다양한 파생형의 어간을 형성하기도 한다. 예컨대, '검다'는 모음 교체를 통해서 '검다, 감다'로 변이하며, 자음 교체를 통해 '껌다, 깜다'로 변이할 수 있다. 또한, '검다'는 접미사 '-엏-/-앟-'을 결합한 파생형으로 '거멓다, 가맣다, 꺼멓다, 까맣다'가 되고 접두사 '새-/시-'와 다시 결합하여 '새까맣다, 시꺼멓다, 새카맣다, 시커멓다' 등의 색채어가 형성되기도 한다(강희숙 외, 2011 : 112). 이와는 달리 중국어는 고립어이므로 그 특성상 한국어처럼 접사 파생이 활발하지 못하다. 그러므로 중국어 색채어의 구성 형태는 어근 합성법이 많은 비중을 차지하고 있다.[7] 예를 들

---

5) 한국어에서 '푸르다, 붉다, 누르다, 희다, 검다'는 고유어 색채어라고 하며, '청색(靑色), 홍색(紅色), 황색(黃色), 백색(白色), 흑색(黑色)'은 한자어 색채어라고 한다.

6) 중국어 색채어에서는 '靑, 紅, 黃, 白, 黑'을 단순어라고 하고, 藍＋黑 → 藍黑(검푸른색), 金＋黃 → 金黃(싯누런 색), 咖啡＋色 → 咖啡色(커피 색, 갈색) 같은 형식은 합성 색채어라고 할 수 있다.

7) 劉丹靑(1990)에 따르면 중국어 복합어 색채어는 128개가 있지만 파생어 색채어는 55개밖에 없다. 복합어 색채어는 '색채와 색채'의 결합(색채어 22개), '색채와 사물'의 결합(색채어 55개)과 기타 색채어(색채어 51개)로 나눌 수 있다. 파생어 색채어는 '단순어＋색'(5개), '복합어＋색'(7개)과 '사물＋색'(43개)으로 나뉜다.

면, '색채어+紅'으로 구성된 색채어는 '黑紅'(검붉은색), '丹紅'(붉은색), '緋紅'(새빨간색), '紫紅'(붉은 자주빛) 등이 있다. '사물+紅'으로 구성된 색채어는 '火紅'(시뻘겋다), '桃紅'(연분홍색), '橘紅'(귤빛, 오렌지색) 등이 있다.

3. 한·중 기본 색채어의 의미

1) 한·중 기본 색채어의 기본 의미

『표준국어대사전』과 『현대중국어사전』을 통해 한국어와 중국어 기본 색채어의 의미를 정리하면 다음과 같다.

〈표 2〉 한·중 기본 색채어의 기본 의미 대조

	『표준국어대사전』	『현대중국어사전』
푸르다 (靑)	맑은 가을 하늘이나 깊은 바다. 청색이다.	1. 맑은 날씨의 하늘의 색깔.(晴天時天空的顏色) 2. 푸른 풀이나 아직 성숙하지 않은 작물. (指綠草或者尚未成熟的作物) 3. 성 (姓)
붉다 (紅)	빛깔이 핏빛 또는 익은 고추의 빛과 같다.	1. 피나 석류꽃 같은 색깔이다.(像鮮血的顏色) 2. 성 (姓)
누르다 (黃)	황금이나 놋쇠의 빛깔과 같이 다소 밝고 탁하다.	1. 금이나 해바라기 꽃과 같은 색이다.(像黃金或者向日葵花一樣的顏色) 2. 성 (姓)
희다 (白)	1. 눈이나 우유의 빛깔과 같이 밝고 선명하다. 2. =희떱다. 3. 『물리』 스펙트럼의 모든 광선이 섞이어 눈에 반사된 빛과 같다.	1. 서리 혹은 눈과 같은 색깔.(像霜或者雪的顏色) 2. 밝다. 빛나다. (光亮, 明亮) 3. 성 (姓)
검다 (黑)	숯이나 먹의 빛깔과 같이 어둡고 짙다.	1. 석탄 혹은 먹과 같은 색깔. '백'과 대립. (像煤或者墨的顏色(跟'白'相對)) 2. 어둡다. 암흑. (黑暗) 3. 성(姓)

위 표를 통해서 알 수 있듯이 한·중 기본 색채어의 기본 의미는 큰 차이가 없다. 다만 색채를 표현할 때 사용하거나 비유하는 사물들이 두 나라의 자연환경이나 생활 풍습 등의 문화 차이로 인해 표현되는 대상이 서로 다르게 나타나고 있으나 전체적인 표현 방식에는 별반 다르지 않음을 보여주고 있다. 그러나 다섯 가지 기본 색채어는 중국에서는 사람의 성(姓)으로 사용할 수 있지만 한국에서는 이를 사용하지 않는다는 것은 한·중 기본 색채어의 또 다른 특징으로 나타난다.

2) 한·중 기본 색채어의 확장 의미

개별 언어의 색채어는 색채를 나타내는 기본 의미 이외에 각기 다른 민족의 문화적, 사회적 특성으로 인해 그 의미가 확대되는 경향이 보인다. 이는 인간사회가 끊임없는 발전과 더불어 역사적 원인, 자연 환경, 지리적 위치, 풍속 습관, 사고방식 등이 다르기 때문이다.

확장된 의미란 단어가 원래 지니는 의미에서 은유(隱喩) 또는 환유(換喩) 등의 기제를 통해 기존 단어의 의미 범위가 넓어지는 것을 말한다 (구경숙, 2010). 한·중 색채어의 확장 의미8)는 긍정과 부정의 의미를 갖는 것이 특징인데, 기본 색채어의 확장 의미를 구체적으로 살펴보면 다음과 같다.

---

8) 색채어의 확장 의미와 예는 주로 <표준국어대사전>, <우리말큰사전>, <현대중국어사전>을 참조하였다.

(1) 푸르다[9][靑]

'푸르다[靑]'는 오행의 목(木)과 대응하는데, 이는 초목의 색이 푸른색이기 때문이다. 한국어에서 '푸르다'는 '청춘', '청년' 같은 단어에서 사용하며, '젊음'의 뜻을 가지고 있다. 이외에도 '청산녹수', '푸른 하늘' 등 '맑고 깨끗한', '자연' 같은 긍정적 의미를 가지고 있는 단어들도 있다. 반면에 '청포도', '푸른 과일' 등 '미성숙'의 부정적 의미를 가지고 있는 경우도 있다.

중국어도 한국어처럼 '靑'으로 초목을 형용하며 '청송(靑松)', '청초(靑草)' 등과 같은 어휘를 만들었고 '젊음', '희망, 기대', '맑고, 깨끗함' 등 긍정적 의미로 사용한다. 물론 '미성숙', '아직 관직을 받지 않은 사람', '기생이나 술집' 등의 부정적 표현에도 사용되고 있다.

(2) 붉다[紅]

'붉다[紅]'는 오행의 화(火)와 대응하며 남쪽에 해당한다. 양기가 충만하고 만물이 무성하여 생명을 낳고 지키는 힘으로 상징되는 색이다. 한국어에서 '붉다[紅]'는 '열정'과 '여성의 아름다움' 같은 긍정적 의미를 가지고 있는 반면 '부끄러움', '분노', '위험', '전과' 등 부정적 의미를 더 많이 가지고 있다. 중국어 '붉다[紅]'의 확장 의미[10]는 '경사를 기념함', '성공', '인기' 등 긍정적 의미를 가지고 있으며, '위험', '경고', '부

---

9) 김성대(1977)에서는 조선전기(15세기)에 '푸르다'는 '靑, 綠, 碧'을 포함하고 있었다고 하였다. 따라서 이 글에서는 한국어의 청색, 녹색, 남색을 모두 구분하지 않고 '푸르다'라는 한 가지 말로 사용하였다.

10) 이 글에서 한국어 '붉다' 계열 색채어는 붉은색을 뜻하는 한자어인 '홍(紅)', '적(赤)'을 포함하고, 중국어 '紅' 계열 색채어는 '赤'을 포함하였다.

끄러움', '질투' 등 부정적 의미도 가지고 있다.

(3) 누르다[黃]

'누르다[黃]'는 오행의 토(土)로 우주의 중심에 해당하고 오방색의 중심이며 가장 고귀한 색으로 인식되고 있다. 한국어 '누르다[黃]'의 확장 의미는 권력, 존귀, 금이나 돈 등 긍정적 의미를 가지고 있으며 '미래나 가망성이 없음', '구두쇠' 등 부정적 의미도 가지고 있다.

중국어도 마찬가지로 '황금', '땅, 흙', '황제', '길함' 등 긍정적 의미를 지니고 있지만 '영양 부족', '경고', '실패', '음란' 등 부정적 의미를 더 많이 가지고 있는 것으로 보인다.

(4) 희다[白]

'희다[白]'는 오행의 금(金)과 대응하며 서쪽에 해당한다. 이는 결백과 진실, 삶, 순결 등을 뜻한다. 그래서 한국어 '희다[白]'는 '깨끗함', '고결, 청렴', '정확하고 분명함'의 긍정적 의미를 가지고 있다. 물론 긍정적 의미 외에 부정적 의미를 더 많이 지니고 있는데, '텅 빔', '터무니 없음', '장례', '신분이 낮음' 등의 확장 의미가 있다. 중국어 '희다[白]'의 긍정적 의미는 한국어와 비슷하게 나왔는데, 부정적 의미는 차이를 많이 보인다. '효과 없음', '가진 것이 없음', '무시함', '반동, 반혁명' 등의 의미가 그것이다.

(5) 검다[黑]

'검다[黑]'는 오행의 수(水)와 대응하며 북쪽에 해당한다. 검은색은 계절로는 겨울인데 이것은 만물이 소생하기 전의 깊은 수면 상태를 뜻한다.

한국어에서 '검다[黑]'는 '이익', '웰빙 식품' 두 가지 긍정적 의미를 가지고 있지만 '악독함', '사악', '불길', '죄', '무지' 등 부정적 의미도 적지 않다. 중국어 '黑' 역시 '이익'과 '웰빙 식품' 등 두 가지 긍정적 의미 외에 한국어에는 없는 '엄숙함, 정의로움' 등의 의미도 가지고 있다. 부정적 의미로는 '어두움', '은밀함', '악독함', '숨김', '범죄', '수치' 등이 있다.

4. 한·중 기본 색채어의 의미와 감정색채

한·중 기본 색채어의 확장은 긍정적 의미와 부정적 의미를 가지고 있다. 긍정적 의미 때문에 사람들은 그 색채를 선호하게 되었고, 부정적 의미 때문에 금기가 형성되었다. 다시 말하면 한국인과 중국인들의 색채에 대한 선호와 금기가 색채어의 긍정적 의미와 부정적 의미를 결정하는 요인으로 작용한다고 볼 수 있다. 예를 들면 흰색은 '깨끗함', '순결' 등 긍정적 의미를 지니기 때문에 한국인은 흰색을 선호하게 되었으며, 한국인이 흰색에 대한 좋은 감정을 가지고 있는 것을 볼 수 있다. 따라서 이 글에서는 한국인과 중국인이 기본 색채어에 대해 어떤 감정을 가지고 있는지에 대해 살펴보도록 한다.

1) 푸르다 [靑]

한국어와 중국어의 '푸르다[靑]'는 공통점을 많이 가지고 있다. 우선 '푸르다[靑]'는 '젊음', '희망, 기대', '맑고, 깨끗함', '자연 그대로', '호의적인 태도' 같은 긍정적 의미를 지니고 있다.

한국의 전통 생활에서는 이상(理想), 품위, 푸름, 고귀함을 표현하기 위해 푸른색을 많이 사용하였다. '독야청청(獨也靑靑)'이라는 말 속에서 청청(靑靑)은 절개와 같은 의미를 나타내고 있으며, '청렴결백(淸廉潔白)'이라는 말 속의 '청(靑)'과 '백(白)'은 마음의 투명성을 나타내는 말로 사용되고 있다. 또한 입신출세하려는 청년의 희망을 '청운(靑雲)의 꿈'이라고 하고, 학덕이 높은 사람이나 높은 벼슬에 오른 사람을 '청운지사(靑雲之士)'라 한다.

중국어의 '푸르다[靑]'도 한국어와 마찬가지로 '희망', '맑음', '신선한' 등과 같이 긍정적인 의미로 인식되고 있다. 또한, 색채심리학자들은 일반적으로 푸른색이 불안한 마음을 안정시키는 색이며, 편한 분위기를 만드는 색으로서 무정한 일상생활로부터 도피시켜 주기도 하고, 성인들에게 어린 시절의 추억을 되살리게도 하는 색이라고 말한다(박영수, 2014 : 78).

한·중 두 언어에서 '푸른색[靑色]'의 긍정적 의미는 비슷하지만 부정적 의미는 차이가 있다. 한국어의 '푸른 목소리'에서는 '날카로움, 서늘함'의 뜻을 가지고 있는데, 중국어 '靑色'은 이런 의미가 없다. 대신 중국어 '白衣藍衫' 속에는 '아직 공명을 얻지 못함'이라는 뜻이 있는데, '靑樓, 靑衫' 속에는 '술집, 기생'의 뜻이 있고, '靑面獠牙' 속에는 '얼굴이 보기 흉함'과 같은 부정적 의미를 가지고 있기 때문에 중국인은 푸른색 복식과 푸른색 모자(녹색 모자)를 선호하지 않는다. 고대로부터 중국인 남성들은 푸른색 두건이나 모자를 쓰지 않는 풍속이 있었는데 이는 원(元), 명(明), 청(淸) 시대에 노예, 기생 등 천업(賤業)에 종사하는 사람들이 푸른색 복장을 하였기 때문이다.

당나라 때 이봉(李封)은 연릉(延陵)[11]의 현령(縣令)을 할 때 죄가 있는 사

람들에게는 머리에 푸른색 두건을 쓰게 하였다. 그래서 당시 강소성 남
부지역 사람들은 청색 두건을 쓰면 영금을 본다고 생각하였다. 원·명
(元·明)시기에는 기생의 남편에게만 푸른색 두건을 쓰게 하였으며, 청(淸)
나라 때에는 기생이 푸른색 비단옷을 좋아하고 잘 입었기 때문에 보통
사람들은 청의(靑衣), 녹의(綠衣)를 입는 것을 꺼려하였다. 당시에 '푸르다
[靑]'는 '부정', '더럽다'의 뜻을 가지고 있었기 때문이다. 오늘날에도 중
국인들은 푸른색(또한 녹색, 綠色) 모자를 거의 쓰지 않는데 이는 '戴綠帽
子(푸른색 모자를 쓰다)'는 자기 남편(부인)이 바람을 피웠다는 뜻을 가지고
있기 때문이다.

2) 붉다[紅]

한국어와 중국어에서 '붉다[紅]'의 공통점을 보면 '열정', '여성의 아
름다움' 등 두 가지 긍정적 의미를 가지고 있다. 또한 '붉다[紅]'는 사악
한 기운이나 귀신을 쫓는 벽사색(辟邪色)의 의미를 지니고 있다. 예를 들
면 한국에서는 아들을 낳았을 때 문 밖에 '금줄'을 쳐놓아 부정한 것이
집안으로 들어오는 것을 방지하고자 하였는데 이때 금줄에 붉은 고추
를 함께 매달아 놓았다. 오늘날에도 부적은 반드시 주서(朱書)로 하며,
한국의 전통 혼례 예식에서도 혼례용품에 붉은색을 사용하여 왔으며,
중국에서도 마찬가지로 결혼이나 출산할 때 붉은색의 용품만 사용한다.
이외에도 '붉은색[紅色]'은 해가 뜨는 동쪽을 상징하기 때문에 '생명'
과 '권위'의 의미를 지니고 높은 신분을 상징하기도 한다. 조선시대에

---

11) 연릉(延陵)은 오늘날에 중국 강소성(江蘇省) 단양(丹陽) 일대를 일컫는다.

붉은색은 왕족의 색으로 정1품, 정2품, 정3품의 관직에 있는 사람에게
만 붉은색 옷을 입도록 허락하였으며, 일반 백성에게는 붉은색 의복이
나 기타 용품 사용은 금지되었다(강희숙 외, 2011 : 100).

중국에서도 한국과 비슷한 기록을 찾을 수 있는데 붉은색 또는 홍색
(紅色)[12]은 오랜 세월에 걸쳐 중국인들로부터 사랑을 받아 온 고상한 색
이다. 붉은색이 고귀한 색깔로 칭송되기 시작한 것은 주(周)나라 때부터
이다. 주나라는 관리(官吏)들의 공복(公服, 또한 관복, 官服)을 만들면서 관복
의 색으로 그 지위 고하를 구별하였는데 붉은색 옷은 당상관인 1품, 2
품, 3품 관리들만 입었다. 한(漢)나라 고조(高祖) 유방(劉邦)은 스스로 태양
신의 아들이라는 의미로 적제지자(赤帝之子)라고 칭하였으며, 초(楚)나라와
의 전투에서도 적색(赤色)의 깃발인 적치(赤幟)를 사용하였다. 유방(劉邦)이
천하의 패권을 차지한 이후로 적색(赤色)은 절대 권력과 부귀를 상징하
는 색이 되었다. 그래서 큰 공로(功勞)를 세운 제후나 장군의 집 대문과
기둥 그리고 창문 등을 붉은색으로 도색하였는데, 이러한 귀족의 집을
주문(朱門)이라고 하였다.

반면에 오늘날에 와서는 '붉다[紅]'는 '부끄러움', '경고', '금지', '외
설적임' 같은 부정적 의미를 지니고 있다. 그래서 한국인과 중국인은

---

12) 홍색은 붉은색이고, 같은 의미로서 한자 적(赤)과 주(朱)가 있다. 적(赤)은 원색(原色)이지
만, 홍(紅)은 분홍색으로 원색은 아니다. 고대에는 원색인 적(赤)이 붉은색을 상징하였지
만, 당(唐)나라 때 이후에는 적색과 백색의 혼합색인 홍색이 붉은색을 대변하게 되었다.
적(赤)자의 자형(字形)을 『說文解字(설문해자)』에서 보면 "대(大)와 화(火)의 결합으로 불
이 활활 탈 때의 색깔에서 나왔다."라고 설명하고 있다. 적(赤)과 백(白)이 합쳐서 생긴
홍(紅)은 자형(字形)상 좌방(左旁)에 실 사(糸) 변이 있는 것으로 보아, 본래 견직물의 염
색과 관련이 있었으나 후에 색상만을 취한 것으로 보인다. 붉은색을 뜻하는 이러한 적
(赤)과 홍(紅)은 현대에 들어서 사용빈도가 높아진 반면 적(赤)과 주(朱)는 갈수록 사용빈
도가 낮아지고 있다(박완호, 2009 : 125).

사람의 이름은 붉은색 펜으로 쓰지 않는데, 이는 '절교'나 '죽음'을 뜻하기 때문이다.

현대사회에서도 붉은색에 대한 한국인과 중국인들의 선호는 결혼식 행사에서 극명하게 나타나고 있다. 중국에서는 옛날부터 오늘날까지 결혼과 관련된 일에는 대부분 붉은색을 사용한다. 결혼식장 바깥에서는 귀신을 쫓아내기 위해 굉음을 내는 폭죽을 다발로 터뜨리는데, 이 폭죽 색깔 역시 홍색으로 되어 있다. 결혼식장 내부에서도 붉은색이 많이 사용되는데 신부가 입는 예복, 신발, 머리에 꽂는 장미도 붉은색이고, 결혼 피로연에 사용되는 식탁에도 붉은 식탁보를 깐다. 또 결혼식에 초대하는 초청장도 바탕이 붉은색으로 된 경우가 많고, 결혼식에 참석하는 손님들이 내는 축의금 봉투도 붉은색이다. 붉은색이 '경축', '행복', '즐거운' 등의 뜻을 가지고 있기 때문이다.

3) 누르다[黃色]

한국어와 중국어에서 '누르다[黃]'의 공통점을 보면, '흙, 땅', '황금', '귀중한 것'과 같은 긍정적 의미는 물론 '영양부족이나 병약함', '주의, 경고', '시들다'와 같은 부정적인 의미에서도 공통점을 지니고 있다.

오늘날까지도 누르다[黃]은 변함없이 가장 가치 있는 황금(黃金)을 나타내는 색으로 한국어에서는 '휘황찬란함', '황금기', '황금계절' 등의 단어를 사용하며, 중국어에서는 '黃金時間(황금시간), 黃金時代(황금시대)[13]'

---

13) 정치, 경제나 문화에서 최고로 번영한 시절 또는 사람의 일생 중 가장 소중한 시기라는 뜻이다.

같은 단어를 사용하고 있다.

또한, 음양오행에서 누른색은 중앙을 의미하며 서울을 상징하는 색깔이라고 하였다. 김종효(1984)에 따르면 조선의 태조 이성계는 서울을 개성에서 한양으로 옮길 때 오방의 지신에 제사를 지냈다고 하였다. 오방신의 각 방위색인 파랑, 하양, 빨강, 검정, 노랑의 제물을 올려서 하늘에 제사를 지냈는데, 여기서 노랑 제물이 바로 중앙의 빛깔을 상징했다.

중국에서도 마찬가지이다. 중국 문화의 발상지인 황하(黃河) 유역(流域)은 대지가 온통 붉은 황토(黃土)의 황토고원(黃土高原)으로, 중국인들에게 먹을거리를 제공하는 근원(根源)이었다. 먹을거리를 하늘로 여기는(以食爲天) 중국인들에게 황토고원의 색인 '누른색[黃色]'은 가장 존귀한 색이었고 숭상의 대상이었다. 음양오행설에서 누른색은 동서남북을 아우르는 중앙의 색이고 만세불변(萬世不變)인 토지의 색을 의미하며, 한(漢)민족의 시조의 하나로 여겨지는 황제(皇帝)가 바로 이 토덕(土德)의 상서로움을 지니고 있다. 따라서 유사한 문화적 배경을 지니고 있는 한국인과 중국인은 누른색[黃色]에 대해 좋은 감정이 있음을 확인할 수 있을 것이다.

또한, '누른색[黃色]'은 권력을 상징하는 의미를 가지고 있기 때문에 두 나라 모두 임금의 복장을 누른색으로 지정하였다. 곤룡포에 황룡을 금실로 수놓은 조선시대 임금의 복장이 누른색이었다는 기록이 있다(박완호, 1999 : 136). 중국에서 누른색이 존귀한 색으로 인식된 것은 한(漢)나라14) 때부터인데 일체의 관복(官服)이 누른색으로 대체되었다. 당(唐)대에 이르러서는 '누른색[黃色]'은 오로지 황제(皇帝)만이 사용하는 색으로 자

---

14) '유가의 부흥(復興儒家)'을 가치로 내걸었던 한무제(漢武帝 : B.C. 156~ B.C. 87) 때부터 황색은 한(漢)왕조를 상징하는 색으로 정해졌다.

리 잡았다. 예를 들면 '황제(皇帝)', '황제의 공문서(黃榜)', '관서(黃門)', '임금의 옷(黃袍)', '청조의 황족(黃帶子)' 등이 있다.

이처럼 중국어에서 누른색은 임금을 상징하며, '길함'[15]의 의미를 지니고 있는 것에 반해 한국어에서는 '노랑돈', '노랑이'라는 말 속에 '구두쇠', '인색함' 뜻이 있어서 누른색은 '욕망'과 '집착'의 감정[16]을 가지고 있다.

중국어 '누른색[黃色]'은 이중성이 아주 강한 색채라고 볼 수 있는데 고귀한 의미를 가지면서도 '실패', '철부지', '음란함', '야함'의 부정적 의미를 가지고 있다. 이는 중국이 1991년 신해혁명 이후에 서구 문화의 영향을 받아서 고대의 부귀와는 정반대되는 저질이나 형편없음을 상징하는 색으로 변질되었다(박완호, 2009 : 136). 이때부터 퇴폐적이고 야한 내용을 다룬 야한 소설을 黃色小說(야한 소설)이라고 하고, 포르노 영화를 '黃色電影(야한 영화)'이라고 부르게 되었다.

고대 중국에서도 비슷한 양상을 볼 수 있는데, 중국 전통사회에서 누른색은 계층에 따라 조심해야 할 색이기도 하였다. 즉, 전통적으로 중국에서는 '붉은색[紅色]' 이외에 '누른색[黃色]' 등이 귀한 색으로 대접받아 이들 색은 과거에서 황실이나 귀족 계층의 전용색(專用色)이었기 때문에 일반 백성들이 특히 복장에 사용해서는 안 되는 금기의 색이었다.

다시 말해서 중국 전통 예교(禮敎)의 관념은 사회계층에 따라서 사람들의 옷의 색깔이 다르고, 사람이 있는 장소에 따라서 옷이나 옷의 색

---

15) 중국어로 아주 좋은 날짜를 '黃道吉日'라고 표현하고 있다.
16) 색채 심리에서도 누른색을 좋아하는 사람은 밝고 낙천적인 성격의 소유자로서 큰 이상과 야망을 갖고 있다고 하였다. 누른색을 좋아한다면 욕구불만일 가능성이 높다고 하였다.(박영수, 2014)

깔이 달라야 한다고 보았다. 동중서(董仲舒)는 <춘추번로 · 복제(春秋繁露 · 服制)>에서 "散民不敢服雜彩, 百工商賈不敢服狐貉, 刑余戮民不敢服絲元纁, 乘馬"[17]라고 기록하고 있는데, 이를 통해 동한(東漢) 무제(武帝) 시기에 복식의 색채와 관련된 금령(禁令)이 있었음을 알 수 있다. 복장에 사용되는 색은 단지 색 자체가 아닌 신분의 고귀함을 나타내는 상징이기 때문에, 일반 백성들이 이들 색의 복장을 착용하지 못하는 것은 사실상 서민으로서는 신분상 넘겨다보지 못할 금기체(禁忌體)에 대한 금기였던 것이다. 물론 이런 구분은 시대가 바뀐 오늘날에는 과거 역사상의 흔적으로만 남아 있다.

4) 희다[白]

한국어와 중국어의 '희다[白]'에 대한 의미를 살펴보면 먼저 긍정적 의미로는 '깨끗함', '고결, 청렴', '분명함'과 같은 공통점을 가지고 있다. 흰색은 잡스러움이 섞이지 않은 색이기에 '고결함'과 '상서로움'의 의미도 있다.

반면에 부정적 의미로는 '신분이 낮음', '가진 것이 없음', '나이를 먹음', '마약', '장례'와 같은 의미를 가지고 있다. 중국어 '희다[白]'는 '신분이 낮음(白丁)', '직위(職位)가 없음'을 나타내는 색이기도 하다. 이는 수(隋)나라 때에 시민들에게 흰옷을 입도록 규정한 복식 제도에서부터 유래하며, 당(唐)나라 때에도 일반 백성들은 곱고 아름답게 염색한 천으로

---

17) 보통 백성은 색깔 있는 옷을 입으면 안 되고, 상인은 동물의 모피(毛皮)로 만든 옷을 입으면 안 되며, 형벌(刑罰)을 받은 사람을 비단이나 분홍색 옷을 입을 수 없으며 말을 타도 안 된다.

만든 옷을 입지 못하였다. 또한, 중국에서는 과거에 급제하지 못한 자를 '白身', '白丁'이라고 하였으며, 이는 흰색이 '저급함', '무지함', '무능함'을 나타내고 있음을 알 수 있다.

한편, 한국어와 중국어에서 '희다[白]'의 차이점은 부정적 의미에서 찾아볼 수 있다. 즉, 한국어에서 흰색은 '희떱다'에서 나온 '터무니 없음'의 뜻과 '백기를 들다'에서 나온 '굴복, 항복'의 뜻이 있다. 중국어에서 흰색은 이런 의미는 없지만 '효과 없음', '무시함', '일회용품', '반동, 반혁명', '공짜' 등 한국어보다 더 많은 부정적 의미를 가지고 있다.

'희다[白]'에 대한 한국어와 중국어의 차이점은 한국인과 중국인의 감정의 차이에 기인하고 있다. 전통적으로 한국인은 흰색을 좋아하고 선호하지만 중국인은 흰색을 천한 색으로 여겨 제일 싫어하고 기피한다. 고대부터 한국인들은 흰옷을 잘 입었다. 한국어에서 '흰색'은 또한 상복(喪服)의 색채로서 수의의 흰색은 밝음과 영원을 의미하며 영원불멸을 상징한다. 한국에서 제사를 지낼 때 흰옷을 입고, 흰떡, 흰술, 흰밥을 쓰는 것은 상위자에 대한 하위자의 공경이나 두려움을 나타내기 위한 것으로 보인다.

한국의 시조인 단군이 개국하면서 국호를 조선이라고 한 것은 태양 숭배 사상에 연원이 있다. 한민족의 나라 이름, 강 이름, 마을 이름에는 모두 해와 달과 빛의 밝음을 뜻하는 것이 많은데, 예로부터 한국인을 '백의민족'이라 부르면서 흰색을 '순결'과 '청렴결백'의 이미지로 나타내고 있다. 물론 흰색이 상복이나 장례의 의미도 있지만 부정적인 의미가 아니라 흰옷을 입고 저승길을 밝혀준다는 긍정적인 의미도 담고 있으며, 예로부터 한국에서는 흰 동물을 귀한 동물로 여겨왔다(곽은희, 2012). 또한 한국의 미를 '자연미'라고 정의한 것처럼 한국 전통 색채는

지극히 자연의 색을 선호하며, '담백(淡白)'의 미를 추구한다(강희숙 외, 2011 : 96).

　이와는 달리 중국인들이 흰색을 싫어하는 것은 '죽음'의 의미를 가지고 있기 때문이다. 박완호(2009 : 132)에 따르면 고대 점성술사들은 28개의 별자리로 사방(四方)을 표시하면서 서쪽의 7개 별자리를 합하여 백호(白虎)라 칭하였다. 민간에서는 백호(白虎 : 오른쪽)를 주작(朱雀 : 남쪽), 현무(玄武 : 북쪽), 청룡(靑龍 : 왼쪽)과 함께 사방을 지키는 수호신으로 간주하였다. 오른쪽은 방위로 서쪽에 해당하며, 서쪽은 찬바람이 불어오는 방향이다. 찬바람이 부는 가을이 되면 만물이 시들어 죽어 간다. 백호(白虎)는 흉신(凶神)에 속하며, '흰색[白色]'은 죽음을 상징하는 색으로 인식되었다. 그래서 상복은 흰색의 천으로 만들어 입는다. 이와 관련하여 중국의 <예기(禮記) · 곡례(曲禮)>에서는 "爲人子者, 父母存, 冠衣不純素"라고 기록하고 있다. 즉, 부모가 살아 있을 때 자녀는 순수한 흰색의 의관(衣冠)을 착용하지 않는데 이는 흰색 옷이 상복(喪服)이기 때문이다. 송(宋)나라 이후에 민간 복식으로 흰색은 금지되었으며 흰색을 흉색(凶色)으로 공식화하였다. 이러한 전통은 오늘날에도 이어져 일반적으로 중국인의 장례식에서는 흰색으로 된 복장과 검정 두건을 두르는 지역이 많다.

　따라서 흰색은 흉사나 장례 등 불길한 일을 연상시키기 때문에 결혼식이나 아이의 탄생 혹은 춘절 때에는 흰색 복장을 착용하지 않는 것이 원칙이다. 특히 중국에서 흰색은 죽음을 의미하는 금기의 색으로 결혼식 부조에는 절대로 흰 봉투를 사용해서는 안 되며, 붉은색 봉투인 홍빠오(紅包)를 사용해야 한다.

5) 검다[黑]

한국어와 중국어의 '검다[黑]'는 '이익'과 '웰빙 식품' 두 가지 긍정적 의미를 지니고 있다. 특히, 검은색을 갖고 있는 식품에는 항산화, 항암, 항궤양 효과가 있다고 알려진 안토시아닌이라는 수용성 색소가 있다(강희숙 외, 2011). 대표적인 식품으로 검은콩이나 검은깨 음료, 오징어 먹물 스파게티, 과자, 숯가루를 넣은 냉면, 흑마늘 등이 있다. 이처럼 검은색은 건강식품, 웰빙 식품의 뜻을 가지고 있어 검은색[黑色] 음식을 보면 건강한 느낌을 먼저 떠올리게 된다.

한국어와 중국어에서 '검다[黑]'는 '밤', '어두움', '사악'과 '죽음' 등의 부정적 의미를 지니고 있다. 한국어에는 '검은 돈', '검은 기운', '검은 마수', 중국어에는 '黑錢', '黑心', '黑手' 등의 표현이 있다.

반면에 중국어 '검다[黑]'는 한국어에는 나타나지 않는 '엄숙함', '정의로움' 등의 긍정적 의미를 지니고 있는 차이점이 있다. 중국 송나라 때 청렴한 판관으로 유명한 포청천(包青天)으로 인해 검은색은 엄숙함, 정의로움의 뜻도 지니고 있어 중국 전통 경극(京劇)의 극중에 나타나는 검은색 얼굴은 정의로운 사람으로 표현되어 왔다. '검다[黑]'와 관련하여 중국에서는 하(夏)나라 때 숭상했던 색이고, 또 왕조가 수덕(水德)에 속한다고 보았던 진시황(秦始皇)이 숭상하던 색이었다. 특히 황제가 제사를 지내거나 의식을 행할 때 검은 옷을 입었다.

하지만 중국어에서도 '검다[黑]'는 한국어와 마찬가지로 긍정적 의미보다는 부정적 의미가 더 강하다. 즉, 중국어 '검다[黑]'는 '숨김, 감춤', '수치, 누명'과 '반동, 반혁명[18]'의 의미를 가지고 있기 때문에 검은색은 중국인들에게 흰색 다음으로 싫어하거나 기피하는 색깔이 되었다.

이로 인해 중국인의 색채 관념 속에는 흰색과 검은색은 귀신을 불러들이는 색이라는 믿음이 강하게 자리 잡고 있다(박완호, 2009 : 123). 그래서 사람들은 검은색을 보면 바로 부정적인 의미를 연상하게 된다.

이상을 통하여 확인한 한국어와 중국어에 사용되는 다섯 가지 기본 색채어에 대한 한국인과 중국인의 감정색채를 정리하면 다음 <표 2>와 같다.

<표 2> 한·중 기본 색채어의 감정색채 대조

			한국어	중국어
푸르다〔青〕	긍정적	공통점	젊음, 희망, 기대, 호의	
		차이점	×	
	부정적	공통점	미숙	
		차이점	날카로움	보기 흉함, 저급함, 기생
붉다〔紅〕	긍정적	공통점	아름다운 여인, 벽사	
		차이점	×	성공, 경축, 행복, 기쁨, 운이 좋음, 혁명
	부정적	공통점	금지, 경고, 위험, 외설적임	
		차이점	전과, 사실과 어긋남	질투, 손해,
누르다〔黃〕	긍정적	공통점	권력, 황금, 귀중한 것	
		차이점	×	길함, 좋은 날
	부정적	공통점	병약함, 늙음	
		차이점	구두쇠	실패, 색정, 음란
희다〔白〕	긍정적	공통점	순결, 깨끗함,	
		차이점	×	
	부정적	공통점	장례, 죽음, 신분이 낮음	
		차이점	터무니 없음, 굴복	무능, 무지, 헛됨, 반동
검다〔黑〕	긍정적	공통점	이익, 웰빙식품	
		차이점	×	엄숙함, 정의호움
	부정적	공통점	밤, 어두움, 악독함, 사악, 죽음	
		차이점	무지	불법, 은밀

---

18) 중국어에서 붉다〔紅〕는 혁명의 상징 색채이고 희대〔白〕와 검다〔黑〕는 '반동, 반혁명'의 의미를 가지고 있다. 그중에서 희대〔白〕는 주로 다른 나라의 반동 세력을 지시하고 검다〔黑〕는 주로 중국 내부의 반동 세력을 지시한다.

5. 맺음말

본 연구에서는 한·중 문화를 이해하는 하나의 방식으로서 두 언어의 색채어를 감정과 관련하여 비교하였다. 이에 따라 이 글은 다섯 가지 기본 색채어인 '푸르다[靑], 붉다[紅], 누르다[黃], 희다[白], 검다[黑]'에 대한 기본 의미와 확장 의미를 살펴보고 한국인과 중국인의 감정색채를 집중적으로 대조하였다.

연구 결과 한국인과 중국인은 주어진 환경과 전통 풍습 및 가치관 등 문화에 따라 각기 다른 감정색채를 지니고 있어 기본 색채어에 대한 감정 또한 차이를 보인다는 사실이 확인되었다. 이를 정리하면 다음과 같다.

첫째, '푸르다[靑色]'는 한국어와 중국어에서 모두 '젊음', '희망', '신선함'을 의미하고 이상, 품위, 푸름, 고귀함을 표현하기 위해 많이 사용된다. 다만, 중국인은 원·명(元·明) 시기에 기생의 남편만이 푸른색 두건을 쓴다는 원칙이 있었던 까닭에 중국인은 지금도 푸른색 모자를 선호하지 않는다.

둘째, '붉다[紅]'는 한국어와 중국어에서 모두 '열정', '여성의 아름다움'이라는 의미를 가지고 있지만, 중국어에서는 한국어에는 없는 '경사를 기념함', '잘 되는 일', '행운' 등 긍정적 의미를 가지고 있다. 그러나 두 나라 모두 붉은 색은 악한 기운을 쫓는다는 벽사색(辟邪色)으로 사용되었다.

전통 의상과 관련하여서 붉은색 의복은 높은 신분을 상징하기도 했다. 오늘날에도 중국에서는 명절이나 결혼식, 특별한 날에는 꼭 붉은색 의복이나 물건을 사용하는 문화를 선호하고 지켜가고 있는데, 이는 붉은색이 '성공', '경축', '행운'의 의미를 가지고 있기 때문이다. 그러나 현대 사회에서 한국인은 중국인의 경우처럼 붉은색에 대한 애착을 많이 나타내지 않는다. 하지만 다른 한편으로 한국어와 중국어에서 '붉다[紅]'는 '위험', '금지', '경고' 등 부정적 의미를 가지고 있기 때문에 두 나라 모두 붉은 색으로 사람의 이름을 쓰는 것을 금기시하고 있다. 왜냐하면 이는 절교나 죽음의 의미를 가지고 있기 때문이다.

셋째, '누르다[黃]'는 '권력의 상징', '신선한 것', '금'과 '돈'의 의미를 가지고 있기 때문에 긍정적인 감정 색채로 여겨진다. 한국인과 중국인들은 고대 전통 사상의 영향을 받아서 권력을 상징하는 고귀한 '누른색[黃色]'을 좋아하며, 특히 중국의 경우는 누른색이 중화민족을 상징하고 액(厄)을 막아 좋은 운을 받을 수 있는 색으로 여기고 선호한다. 다만, 19세기 이후에 중국어에서 누른색은 '음란, 야한' 등 부정 의미를 가졌는데, 이를 통해 고귀한 색채인 '누르다[黃]'가 지닌 양면성이 분명하게 나타난다.

넷째, '희다[白]'는 장례와 관련이 많아서 피할 수 있으면 피해야 할 색채가 되었다.[19] 한국인들에게 흰색은 '담백(淡白)'의 자연스러운 색깔로 인식됐으며, 예로부터 '청렴'을 상징하기 때문에 가장 선호되는 색채이다. 물론 흰색은 중국어에서도 '순수', '청결함' 같은 의미를 가지고 있지만, '지위가 없음', '공짜', '헛수고', '냉대하다', '죽음' 등의 부정적인 의미를 더 강하게 나타내기 때문에 한국인의 경우와 달리 중국인들은 흰색을 많이 선호하지 않는다. 특히, 결혼식 부조금이나 뇌물을

---

19) 물론 현대 중국 사회에서도 한국처럼 공식적인 장소에서 흰색(白色)이나 검은색(黑色) 정장을 많이 입는다.

줄 때는 흰색 봉투를 절대 사용하지 않는다.

다섯째, '검다[黑]'는 '희다[白]'처럼 긍정적 의미는 아주 적고 부정적 의미를 많이 가지고 있는 색채어로 한국인과 중국인에게는 두려움과 암흑의 감정을 나타내고 있다.

이상과 같이 특정 색채가 어떤 확장 의미를 부여받게 되는가는 문화와 가장 밀접한 관계가 있다. 많은 문화 요소 중에서 색채는 가장 감정을 잘 나타내는 언어이며 생동적인 문화 요소로서 한 민족의 문화적 상징을 대표하는 것이라 볼 수 있다. 따라서 다문화 사회 구조의 비중이 커질수록 문화 상대주의적 관점에서 색채에 대한 새로운 이해와 접근이 필요하다. 아울러 지금까지 살펴 본 색채어에 대한 감정 연구뿐만 아니라 한국어와 중국어의 색채어에서 구체적으로 발견되는 금기 양상에 대한 연구도 필요할 것이다.

참고문헌

강보유(1989), 「조선어 빛깔형용사의 문화상징의미 구조분석」, 연변대학교 석사학위논문.

강희숙 외(2011), 『색채와 문화』, 조선대학교 출판부.

곽은희(2012), 「속담 속 색채어의 의미 연구」, 『한남어문학』 36, 한남대학교 한남어문학회.

구경숙(2004), 「현대한어색채어의 구조 조직」, 『중국어문학논집』 57, 중국어문학연구회.

구경숙(2010), 「중국어 색채어의 의미 확장 고찰」, 『중국어문학논집』 61, 중국어문학연구회.

국립국어연구원(1999), 『표준국어대사전』, 두산동아.

구본관(2008), 「한국어 색채 표현에 대한 인지언어학적 고찰」, 『형태론』 10, 형태론 편집위원회.

권세라(2011), 「한·중 색채어 비교 연구 : 오색 계열 색채어를 중심으로」, 부산대학교 석사학위논문.

김성대(1977), 「이조 중세 및 근세의 색채어 낱말밭에 대하여」, 고려대학교 박사학위논문.

김성대(1979), 「우리말의 색채어 낱말밭」, 『한글』 164.

김창섭(1985), 「시각 형용사의 어휘론」, 『관악어문 연구』 10, 서울대학교 국어국문학과.

리 리(2013), 「중국인 학습자를 위한 한국어 색채어 교육 방안 연구」, 명지대학교 석사학위논문.

문은배(2005), 『색채의 이해와 활용』, 인그라픽스.

박영수(2014), 『색채의 상징, 색채의 심리』, (주)살림출판사.

박완호(2009), 『문화로 이해하는 중국 CHINESE CULTURE』, 한국학술정보.

세연령(2013), 「韓·漢 기본 색채어의 의미 대조」, 『중국인문과학』 53, 중국인문학회.

스에나가 타미오(2010), 『색채심리』, 예경.

양계초, 충우란, 김홍경(1993), 『음양오행설의 연구』, 신지서원.

우 박(2012), 「한·중 빛깔말의 인지의미론적 대비 연구」, 부산대학교 석사학위논문.

원선영(2013), 「한·중 '검다' 계열 색채어의 대조 : 형태, 의미, 관형표현 중심으로」, 고려대학교 석사학위논문.

유가양(2010), 「중국인 학습자를 위한 한국어 색채어 교육 연구」, 전남대학교 석사학
위논문.

유초군(2012), 「한·중 어휘 대조를 통한 한국문화교육 방안 : 색채어를 중심으로」, 상
명대학교 석사학위논문.

이금희(2007), 「색채어에 반영되는 중국인의 감정색채」, 『중국언어연구』 24, 한국 중
국언어학회.

이정애(2008), 「국어 색채어의 의미와 시각의 보편성」, 『한국어 의미학』 27, 한국어의
미학회.

이한비(2012), 「중국인을 위한 한국어 색채어 교육 방안 연구」, 경희대학교 석사학위
논문.

장범성(2004), 『중국인의 금기』, 살림출판사.

지사위(2013), 『중국어권 학습자를 위한 한국어 색채어 교육 연구』, 서울대학교 석사
학위논문.

최려나(2011), 「한국 색채어 파생접사와 중국어의 대응관계 연구 : 한국인과 중국인 색
채인식의 비교를 통하여」, 숭실대학교 석사학위논문.

최창렬(1993), 『우리말 어원연구』, 일지사.

최현배(1971), 『우리말본』, 정음사.

홍선희(1982), 「우리말 색채어 낱말밭―현재 사용되고 있는 색채어를 중심으로」, 『한
성어문학』1, 한성대학교 한성어문학회.

崔奉春(1984), 「朝漢語匯對比講義」, 延邊大學校.

金容勛(2009), 「比較研究」, 山東大學校碩士學位論文.

劉釣杰(1985), 「顏色詞的構成」, 『言語教學与研究』 2, 北京語言大學.

劉丹青(1990), 「現代漢語基本顏色詞的數量序列」, 『語言文字』 3, 中國社會科學院語言研究所.

婁小琴(2012), 「漢韓基本顏色詞對比」, 延邊大學校, 碩士學位論文.

任　驍(1985), 『中國民間禁忌』, 作家出版社.

萬建中(2005), 『中國民間禁忌風俗』, 中國電影出版社.

徐銀春(2005), 「漢韓顏色詞語對比研究」, 延邊大學校, 碩士學位論文.

玄貞姬(1999), 「漢朝語表'紅' 顏色詞群 對比」, 延邊大學校, 碩士學位論文.

Berlin, B & P, Kay(1969), *Basic color terms: their universality evolution*. Berkeley and Los
Angeles : University of California Press.

일본 금기담 연구

가와무라 마치코

1. 서론

우리는 생활 주변에서 '터부'라는 말을 자주 듣는다. 특히 권위적인 조직이나 단체, 위험한 직장 등에서 터부[1]라고 할 만한 현상을 많이 볼 수 있다.

터부는 대개 미신이라고 생각되어 왔고, 그것을 깨야 하는 것이 근대 인의 자랑처럼 느껴질 때도 있었다. 그러나 터부는 옛 공동체의 생활을 유지시키기 위한 하나의 방법이었던 것으로 보인다. 아무리 과학이 진 보를 해도 자신의 생활과 직접 관련된 경우에는 금기를 깰 수 없을 때 가 많다. 예를 들면 "불멸에는 결혼해서는 안 된다"라는 말을 듣고, 그 말의 근거가 없다는 것을 알지만, 막상 자신의 결혼식이 불멸에 이루어 지지 않도록 그 날을 피하게 되는 것을 들 수 있다. '터부'는 이와 같이 머리로는 이해하고 있어도 마음으로는 내키지 않는 경우들이 있다는

---

1) 개별적인 징크스(jinx)가 보편적인 터부(taboo)로 굳어진다고 볼 수 있다.

것을 보여준다. 그리고 이러한 터부는 특히 관·혼·상·제와 같은 일
상생활에 밀착되어 있다.

이 글에서는 터부는 원래 어떤 것이었으며, 그것이 인간생활에 어떤
의미를 갖고 있는지를 알아보고자 한다. 특히 일본의 금기를 통해 터부
가 가진 의미와 기능을 살펴보고자 한다. 이 글에서 설펴보고자 하는
금기는 어떤 행위를 명확하게 금지하거나 우회적으로 금지하는 표현을
이른다.

2. 금기의 발생

금기에 대한 세계 공통어는 터부(taboo)이다. 그것은 남태평양제도의
폴리네시아 단어로서 두 가지의 정설이 있다. 하나는 "북을 치는 것",
또 하나는 "확실히 표시한다."라는 것인데 전자는 추장(酋長)이 포고나
금지령을 낼 경우 북을 쳤기 때문에 터부가 생겼고, 후자는 신성인지
아닌지를 구별하기 위해 표시를 한다는 것에서 생긴 말이다. 대부분은
후자의 터부를 본래 뜻으로 삼고 있는 것 같다.[2]

남방제도에서는 특히 왕의 권위는 절대적이었다. 왕의 권위를 신앙적
으로 해석하고 신의 계시라는 형태로 나타냈다. 따라서 규칙이나 포고
는 절대적이므로 신성을 모독하지 못한다고 생각되었던 것이다. 이와
같이 폴리네시아의 터부에는 계층관념이 포함되어 있어서 신권제적 성
격이 강하다. 그 외에 시체나 임신이나 월경 중의 여성 등과 접촉하는
것을 금지하는 터부가 있다.

---

2) 竹中信常(1971)『日本人のタプー』, 講談社.

일본의 경우, 금기는 시대나 지역에 따라 많은 차이가 있어서 원래 뜻을 찾기 어렵다. 보통 "いむ(imu)", "いみ(imi)", "ものいみ(monoimi)" 긍의 단어가 사용되고 이들을 총괄해서 "禁忌(kinki)"라고 한다. 이 "いみ(imi)"는 동사 "いむ(imu)"의 명사형인데 "忌"와 "齋"로 표현되었다. 전자는 부정을 싫어하고 멀리하는 것, 즉 忌避·排除·嫌惡하는 것을 나타내는 반면 후자는 신성한 것을 더럽히지 않도록 조심하는 것이다. 이들은 신성하기 때문에 가깝게 다가가면 안 된다는 뜻과 더러우니까 가까이 하면 안 된다는 두 가지 뜻으로 해석되기도 한다. 원래는 경원과 기피가 구별되지 않고 齋라는 뜻에서 나온 일원적 개념이다.

"齋む(imu)"는 일본 고어로 "齋う(iwau)"에서 "祝う(iwau)"로 되었다. 柳田國男(Yanagida Kunio)는 "축하하는 것은 원래 신심을 밝게 하여 축제를 행하기에 알맞은 상태에 들어간다는 것을 말한다, 원래는 齋う(iwau)라고 쓰고 신사의 축제준비도 「いわう(iwau)」이었다"[3]라고 한다. 그러나 그들이 습관화됨으로써 "신성한 것에 대한 외경"과 "부정한 것에 대한 기피"[4] 행동으로 나타난다. 다음에서 '죽음'과 같은 '부정'에 대처하는 예를 알 수 있다.

> ⅰ) 친척에게 불행이 생기면 부정이 있다고 해서 공적인 장소에 나가는 것을 삼가거나 몸이 더러우니까 신사의 鳥居(torii)[5]를 지나가지 않게 한다.

---

3) 祝うとは本來心身を淸くし祭りを營むに適した狀態に入ゐことをいったもとは齊うと書き、神の社の祭りの用意も『いわう』であった ― 柳田國男(1975)『先祖の話』, 筑摩書房. 이 글에서는 번역은 필자가 하였다. 참고로 일본어 원본을 제시한다.

4) 竹中信常(1971)『日本人のタブー』, 講談社.

5) 신사 입구에 세운 기둥 문.

ii) 장례식에 참석한 경우에 자기 집에 들어오기 전에 소금을 뿌려
몸을 맑게 해서 부정을 타지 않도록 한다. 또한, 죽음으로 불이
부정하게 되므로 그 불로 요리한 음식을 먹으면 안 된다.

이러한 금기는 『古事記』 속에서 발견할 수 있다.

iii) 伊邪那美(이자나미)가 죽었으니 남편인 伊邪那岐(이자나기)는 아내
를 찾아서 黃泉(요미) 나라로 갔다. 간신히 죽은 아내를 만나 같이
돌아가자고 말하자 아내는 이미 요미나라 음식을 먹어버렸으니
돌아가지 못한다고 이야기했다. 요미나라 신에게 돌아갈 수 있도
록 물어보는 동안 절대로 아내를 보지 말라고 했다. 그러나 이자
나기는 기다리지 못하고 아내의 모습을 봐버렸다. 이자나미의 몸
은 구더기가 끓어 부패하고 있었기 때문에 이자나기는 놀라서 도
망을 쳤다. 그 후 이자나기는 부정해진 몸을 불제(祓除)하기 위해
강물에서 몸을 씻었다.6)

이와 같이 죽음과 같은 부정을 피하는 의식이 『고사기』 이후로 전해
져 온 것을 알 수 있다.

부정은 死穢(黑不淨), 血穢(赤不淨), 産穢(白不淨)의 세 가지가 있다. 血穢는
여자의 월경, 産穢는 출산에 의한 것이기 때문에 적·백의 부정을 가진
여성을 죄가 많은 존재라고 여긴 시기도 있었다. 그러나 제2차 대전 후,
금기의식의 종교성이 점차 사라졌고 건축공사, 地鎭祭, 관혼상제와 같
은 일부 영역을 제외하고는 여성에 대한 금기가 많이 없어졌다. 그러나
大安·不減·友人이라는 六曜7)를 고르는 것은 지금까지도 남아있다.

---

6) 渡邊昇一(1995)『日本神話からの贈り物』, PHP研究所 참조.
7) 六曜 (先勝·友引·先負·仏滅·大安·赤口) 이 순서대로 매일 돌아가고 있다.

이러한 금기가 말에 나타난 것이 忌み言葉(imikotoba)[꺼리는 말]이다. 그 것은 원래 다른 단어로 대용해서 쓰는 말을 일컫는다. 예를 들면 최근 까지 일본에서 부인이 남편이름을 부를 일이 없었다. 남편에게는 "おま え(omae)", "ねえ(nee)", "お前さん(omaesan)"으로, 타인에게는 "主人(syujin)", "內の人(uchinohito)" 등 다른 말을 대용해서 불렀다.[8] 또, 시골에 가면 집마다 屋號가 있어서 다르게 이름을 부른다. 친척의 경우에는 그 사람 이 살고 있는 지역의 이름으로 부르는 경우도 많다. 이것은 말에는 알 수 없는 힘이 있다고 생각되어, 이름을 부르면 불린 사람 이름이 부른 사람에게 영을 뺏긴다고 생각했기 때문이다.

3. 금기의 특성

금기가 가진 의미와 기능은 무엇인가? 프레이저[9]는 금기의 종류를 행위, 인물, 사물, 언어로 구별하고 있다. 그는 터부의 대상보다 거기에 내포되어 있는 관념이 중요하다고 했다. 폴리네시아에서는 왕에 관한

先勝日 : 급하게 하는 것이 吉인데 오후가 되면 凶이 된다. 오전 중 급하게 일을 하면 잘
   된다.
友引日 : 장례식을 행하지 않는다.
先負日 : 先勝日과 반대. 천천히 일을 보면 스스로 운이 열린다.
仏滅日 : 무엇을 해도 凶이다. 결혼식, 가옥 신축은 피한다. 상업계에서는 회사성립, 개점
   은 하지 않는다.
大安日 : 모두 일에 대해서 吉. 특히 결혼식은 이 날을 택한다. 개점, 이사, 여행 등 특히 吉.
赤口日 : 訴訟이나 싸움은 진다.

8) 평안시대의 궁중소설을 표사한 장편소설 『源氏物語』의 작가 紫式部도 원래 이름은 藤式部 라고 불렸다. 그의 아버지 관위가 式部丞이었기 때문에 거기서 딴 것이다. 淸少納言도 마 찬가지로 아버지 관위가 淸少納言이었기 때문에 淸少納言이라고 불렸다.

9) J・G・Frazer, 永橋卓介 譯(1966) 『金枝篇』, 岩波文庫.

터부가 많이 있다. 왕이나 지위가 높은 사람들이 터부를 통해 위험을
피하고 있는 것이다. 이른바 터부는 생명을 보호하기 위한 것이었다.
그래서 인간은 터부로 인해서 살아갈 수 있다고 말할 수 있는데, 반대
로 생각하면 터부는 인간이 살아가면서 지켜야 되는 것이라고 할 수가
있다. 프레이저는 그런 인간이 살아가기 위한 생활사상에 대해 분류하
고 있다.

또 E. Durkheim는 터부를 주술적 터부와 종교적 터부로 나누었다.[10]
주술적 터부는 접촉과 유사 두 가지 면이 있다. 예를 들어 남자는 여자
하고 접촉하면 안 된다는 것은 '접촉' 터부이고, 임산부는 토끼 고기를
먹으면 비슷한 아이가 태어나니까 안 된다는 것은 '유사' 터부이다. 종
교적인 터부 중에서 죽은 사람을 만지지 말라는 것은 접촉 터부이다.
그것은 부정이 전염하는 것을 금지하는 터부라고 할 수 있다.

일본의 경우도 이와 유사한 면을 찾아볼 수 있다. 『國史大辭典』을 찾
아보면 금기에는 "내용적으로는 종교적 금기·주술적 금기·전설적 금
기·관습적 금기 등이 있다."[11]고 한다. 또한 樋口淸之(Higuchi Kiyoyuki)[12]
는 금기의 종류를 크게 신앙적·주술적 금기, 도덕적·규제적 금기, 그
리고 오해나 전설에 유래하는 금기로 나누었다.

신앙적·주술적 금기는 "~하면 안 된다"라는 형식으로 질서를 유지
하기 위한 규칙이다. 따라서 일반의 관습은 지키고 사람들이 하지 않는
것이라든지 이상하다고 생각하는 것을 피하는 것이다. 도덕적 금기는
넓은 의미에서 생각하면 "食後のすぐ横になると牛になっている(식후

---

10) E·Durkheim, 古野淸人 譯(1941)『宗敎生活の原初形態』, 岩波文庫.
11) 國史大辭典編集委員會(1984)『國史大事典』, 吉川弘分館.
12) 樋口淸之(1982)『禁忌と日本人』, 講談社.

바로 누우면 소가 된다)[13]", "寝ながら食べると角が生える(누워서 먹으면 뿌리가 생긴다)" 등의 종류가 있고, 규제적 금기는 근친상간 등을 이른다. 근친상간은 불구 아이가 태어날 가능성이 크다는 것을 경험상 알고 있었기 때문에 규제적 금기라 할 수 있겠다. 오해나 전설에 유래하는 금기는 "夜爪を切ると親の死目にあえない(밤에 손톱을 깎으면 부모의 임종을 지키지 못한다)"와 같이 왜 그렇게 되는지 합리적인 설명을 못할 경우의 금기를 이른다.

금기를 현상 면에서 분류하면 인간에 관한 것(왕·사제·남녀·복상자[14]·신생아 등), 상태에 관한 것(임신·출산·병·죽음 등), 사물에 관한 것(제구·식물·피·동식물 등), 행위에 관한 것(전투·생산·식사·언어 등), 방향에 관한 것(귀문·성역 등), 날짜에 관한 것(우인·불멸·밤·명절 등)으로 나눌 수 있다고 한다.[15]

이 글에서 모든 금기를 분류하는 것은 불가능하다. 금기는 시대에 따라 변화하며 새롭게 생성되기 때문이다. 따라서 이 글에서는 크게 금기의 대상에 따라 신체, 상태, 사물, 행위, 방향, 날짜·때, 꿈, 꺼리는 말 여덟 가지로 분류해서 금기의 일본적 양상을 밝혀보고자 한다.

4. 금기의 일본적 양상

금기는 일반적으로 「~하면 안 된다. 그것을 하면 꼭 좋지 않는 결과가 생긴다.」라는 형태로 나타낸다. 그러나 이러한 금기의 유형은 지역

---

13) 필자 직역함.
14) 상복을 입고 있는 사람.
15) 國史大事典編集委員會(1984) 『國史大事典』, 吉川弘文館.

에 따라 차이도 많고 전혀 쓰이지 않는 곳도 있다.

1) 〈신체〉

금기어 중에는 특히 인간의 신체에 관한 것이 많이 있다.[16] 그리고 이것은 '밤'이라는 시간과 잘 나타난다.

- 夜爪を切ってはいけない (밤에 손톱을 깎으면 안 된다)
- 夜爪を切ると親の死目にあぇない (밤에 손톱을 깎으면 부모의 임종을 지키지 못한다)
- 爪を切って火に入れてはいけない (손톱을 깎고 불에 넣으면 안 된다)
- 毛髪、爪を火に燃やしてはいけない (머리카락, 손톱을 불에 태우면 안 된다)
- 爪や髪の毛を火にくべると頭がおかしなる (손톱이나 머리카락을 불에 태우면 머리가 이상해진다)

일본사람들은 옛날부터 모든 사물에 영이 깃들여 있다고 믿고 있다. 물론 사람에 대해서도 같은 생각인데 육체에도 영이 깃들여 있다고 생각한 것이다. 머리카락에는 영이 깃들여 있으니 함부로 자르거나 태워버리면 안 된다는 믿음 때문에 그런 말이 나온 것 같다. 손톱에 대해서도 마찬가지다. 밤에 손톱을 깎으면 자른 손톱이 어디로 튀었는지 모른다. 그 결과 자기 영이 약해지고 죽음에 가깝게 된다고 생각한 것이다. 또한, 손톱이나 머리카락을 태우면 이상한 냄새가 나기 때문에 태우면

---

16) 한국에는 身體髮膚受之父母(신체발부수지부모)라 하여 인간의 신체를 소중하게 여기는 관습이 있다.

안 된다는 말이 생겼을 수도 있다.

2) 〈상태〉

[죽음]

- 同じ年に二人死ぬ三人死ぬといつて人形を埋葬すろ
  (같은 해에 둘 죽으면 세 명 죽는다고 해서 인형을 매장한다)
- 身內に不幸があった場合、四十九日の間は神社の鳥居をくぐっては
  いけない
  (친척에 불행이 있는 경우 49일 동안은 신사의 도리이를 지나가면
  안 된다)
- 命日に魚を食べてはいけない
  (명일에 물고기를 먹으면 안 된다)
- 葬式の手伝いを受けその禮を受けた者は門送りをしてはいけない
  (장례식 도움을 받고 그 보답을 받은 사람을 배웅을 하면 안 된다)
- 葬式に行った後は鹽で淸あなければ家に入ってはいけない
  (장례식에 간 후에 소금으로 맑게 하지 않고 집에 들어가면 안 된다)

이것들은 죽음을 부정(不淨)이라고 생각했던 것에서 나온 말이다. 옛
사람들은 부정은 불이나 물에 의해 전염된다고 생각을 했다. 따라서 상
가에서 조리한 음식을 먹는 것은 상가의 불로 조리했으므로 부정이 옮
길 수 있다고 생각하여 식사하는 것을 금기로 하기도 하였다.

그리고 죽은 사람이 있는 집에는 부정이 사람들에게 옮기지 않도록
일정기간 세상 사람들과 격리해서 살았다. 그 기간은 지역이나 시대에
따라 가지가지다. 그리고 장례식에 간 후 소금으로 밝게 하는 것은 소금
에는 소독작용이 있어서 소금을 뿌리면 부정이 맑게 된다고 생각하는

것이다. 또한, 상중에는 피와 관련이 있어서 고기를 먹지 않는 것 같다.

[출산]

- 妊婦が火事を見る赤痣の子を産む
  (임부가 화재를 보면 반점이 있는 아이가 태어난다)
- 妊婦が火事の夢を見ると赤痣の子を産む
  (임부가 화재 꿈을 꾸면 반점이 있는 아이가 태어난다)
- 妊婦が兎の肉を食うと三ツ口の子を産む
  (임부가 토끼 고기를 먹으면 언청이가 태어난다)
- 妊婦中兎の肉を食うと三ツ口の子を産む
  (임신 중 토끼 고기를 먹으면 언청이가 태어난다)
- 妊婦中二つ栗を食うと二つ子ができる
  (임신 중 두 개로 된 밤을 먹으면 쌍둥이가 태어난다)
- 厠に初湯を捨てると産後の日立ちが悪い
  (뒷간에 어린아이의 첫 목욕물을 버리면 산후 회복이 나쁘다)

출산에 대한 것은 어떤 것을 명확하게 금지하는 금기라기보다는 민간에서 믿고 있는 세속적인 믿음과 관련되어 있다. 이것은 특별히 인과성이 존재하는 것도 아니고 단순하게 유사성에 의한 경계를 보이고 있는 것이다. 특히 "임부가 ~하면"이라는 형식을 통해 대상과 비슷한 아이가 태어난다는 것을 경계시키고 있다.

또한 산모의 자궁에서 빠져나온 몸의 일부를 뒷간에 버리는 것은 '접촉'에 의한 행위를 금지하는 것으로 보인다. 아이의 첫 목욕물은 산모의 피와 탯줄 등이 포함되어 있는 것이므로 이를 잘 처리하지 않고 뒷간에 버리는 것은 산모의 건강과 밀접한 문제라고 생각했던 것 같다.

[산예(産穢)]

- 家にお産があったとき、夫は三日間、あゐいは七日間、獵や炭燒きをしてはならない(집에 출산이 있을 때, 남편은 3일 혹은 7일 동안 사냥을 하거나 숯을 구우면 안 된다)
- 産穢の忌みの期間中は、夫は他家を訪ねてはらない(산예 기간 중에 남편은 다른 집을 방문하면 안 된다)
- 女房が出産すると山に入れない(아내가 출산을 하면 산에 들어가지 못한다)

이런 금기는 남편에게도 영향을 미쳤다. 월경이나 출산 전후의 부인이 있으면 접촉을 금지한다. 또한, 그런 상태에 있는 가족이나 남편은 출어나 사냥을 나갈 수 없었다. 왜냐하면 출산 시에 출혈에 대한 부정이 강하기 때문일 것이다. 사냥을 하게 되면 피를 흘리게 되니까 금기가 생긴다고 생각을 했던 것이다. 또한, 출산한 모체를 염려해서 출산한 장소에 출입을 금지한 말들도 있었다.

3. ⟨사물⟩

[소나무][17]

- 小庭のマツが枯れると、その家の主人が死ぬ

---

[17] '소나무'와 관련하여 다음과 같은 예들도 발견된다.
- 屋敷內にマツを植えると誰かが一人死ぬ
  (대지 안에 소나무를 심으면 누군가가 한 명 죽는다)
- 屋敷內にマツを植えると位負けの爲身上がよくならぬ
  (대지 안에 소나무를 심으면 구라이마게(상대방의 지위·품위에 압도됨) 때문에 신상이 좋아지지 않는다)

(뜰에 있는 소나무가 시들면 그 집주인이 죽는다)
- マツの新芽が枯れるとその家の主人が病氣たはる
  (소나무 새싹이 시들면 그 집주인이 병이 난다)

소나무는 다른 나무에 비하여 살균작용이 뛰어나다고 한다. 그래서 소나무가 시든다는 것은 그 집 주위에 나쁜 균들이 많이 있다는 것으로 해석할 수 있을 것 같다. 나쁜 균들에 의해 소나무가 병이 들면, 당연히 소나무 가까이에 있는 집의 주인도 아프게 될 것이라고 짐작할 수 있다.

이 밖에도 가지가 세 개로 갈라진 나무는 산에 있는 신의 휴게소이기 때문에 자르면 안 된다는 말도 있다. 또한, 동쪽에 똑바로 자라고 있는 나무는 天狗(멩구)[18]가 사는 나무라서 자르면 뒤탈이 무섭다고 한다. 그런 말이 나온 것은 산에서 방향을 잃지 않기 위한 것 같기도 하다.

[동식물]

- トロロを食べた茶碗でお茶をのむと中氣たなゐ
  (참치를 먹은 그릇으로 차를 마시면 중기[19]가 된다)
- 梅干しとウナギを一緖に食べゐと腹が下ゐ
  (매실장아찌와 뱀장어를 같이 먹으면 배탈이 난다)
- 天ぷらとイカス(튀김과 수박)
- 天ぷらと水(튀김과 얼음물)

일본에서 제일 낡은 의학서라고 하는 平安朝의 丹羽康賴『医心方』이라는 책에 음식의 조합이 자세하게 쓰여 있고, 貝原益軒의 『養生訓』 등

---

18) 불교에서 말하는 악귀의 한 가지.
19) 중풍(中風).

그것을 설명하는 의서가 많다.[20] 장어와 우메보시는 지방이나 단백질이 유기산에 의해 독이 될 수 있고 조개나 연골동물 등 식중독에 걸리기 쉽거나 소화가 잘 안 되는 음식으로 소개되어 있다. 따라서 생활하면서 겪은 음식의 조합에 대한 지식을 금기의 형태로 자손들에게 전달한 것으로 볼 수 있다.

4) 〈행위〉

[장례식]

- 着物を左前に著てはいけない (옷을 왼쪽을 위에 덮어서 입으면 안 된다)
- 木の箸と竹の箸で物をはさんではいけをい
  (나무 젓가락과 대나무 젓가락으로 물건을 집어서는 안 된다)
- 食物を箸と箸でやりとりしてはいけない
  (음식물을 젓가락과 젓가락으로 주고받고 해서는 안 된다)
- 食べ物を箸ではさみ合うと仲が惡くなる
  (음식을 젓가락과 젓가락으로 집으면 사이가 나빠진다)
- 食べ物は二人ではさむと緣起が惡い
  (음식을 두 사람이 동시에 집으면 재수가 없다)
- 北枕に寢るものではない
  (베개를 북쪽 방향으로 돌려서 자면 안 된다)
- こ飯な山盛りにして眞ん中に箸を立ててはいけない
  (밥을 수북이 담아서 한가운데에 젓가락을 세워서는 안 된다)
- しつけ糸をとらずに着物を著ると死ぬ
  (시침질을 빼지 않고 옷을 입으면 죽는다)

---

20) 竹中信常(1971)『日本人』, 講談社.

- しつけ糸をとらず著ると親が早死にする
  (시침질을 빼지 않고 옷을 입으면 부모님이 일찍 죽는다)
- しつけ糸をとらずに著ると不幸になる
  (시침질을 빼지 않고 옷을 입으면 불행이 온다)

위의 예들은 모두 장례식 때의 행위들에서 나온 금기어이다. 여기에서 장례식 때 왜 이런 행위들이 행해지는지에 대한 질문이 나올 수 있다. 이것은 사람들에게 죽음이 아주 이상한 일로 인식되어서 '일상'과 '이상'을 확실히 구별하려고 했기 때문인 것으로 보인다. 예를 들면, 여자들은 평소에는 오른쪽으로 옷을 덮지만 죽어서는 방향을 바꿔 왼쪽으로 옷을 덮는다. 일상생활의 행위가 관습화되면서 다르게 행동을 하면 이상하게 느껴지고, 그러한 이상 행위가 죽음에 대한 금기로 굳어졌다고 할 수 있을 것이다. 따라서 이런 행동은 평소에는 해서는 안 된다고 할 수 있다.

또한 특정한 행위와 죽음을 연관시킨 금기가 존재한다. 여기에는 접촉에 의한 금기와 특정한 인과관계가 없는 우연에 의한 금기가 존재한다.

[행위 & 죽음][21]

- 手を洗つた水をふりかけられると死ぬ
  (손 씻은 물을 털 때 그 물에 닿으면 죽는다)
- 二人で髮を結い合うと早死にする
  (둘이서 머리를 묶으면 일찍 죽는다)

---

21) 행위에 관한 것으로 다음과 같은 예들도 있다.
- 子供の寢言をまねると死(아이 잠꼬대를 흉내 내면 죽는다)
- 尺とり蟲に足の先から頭の先まで測られると死ぬ(자벌레가 다리 끝에서 머리끝까지 재면 죽는다)

- 便所の履物を他へはくと死にやすい
  (변소의 신발을 밖으로 신고 나가면 죽기 쉽다)
- 池の水に顔を寫すと死ぬ(연못에 있는 물에 얼굴을 비치면 죽는다)
- 二人連れの間を人に通られゐとそのなかの誰かが死ぬ
  (둘 사이의 가운데를 뚫고 지나가면 그중 누군가가 죽는다)

옛날 사람들은 사진을 찍으면 그 사진에 영혼을 빼앗긴다고 생각을 했다. 그래서 물이나 사진과 같은 매체에 대한 금기가 있었다. 또한 변소와 같이 부정한 공간의 물건이 밖에 돌아다니는 것을 경계했는데 이는 질병을 미리 막고자 했던 데에서 나온 것 같다. 두 사람의 가운데를 뚫는 것은 외부에 의해 내부의 연결선이 끊어지는 것을 의미하는 것 같다. 따라서 이런 행동에 대한 금기가 존재했던 것을 알 수 있다. 이 밖에 모양에 대한 금기가 있다.

- 橦木型にねゐとその人が死 れ(정자형으로 자면 그 사람이 죽는다)
- 障子の紙のつぎ目を揃えて張ゐと早死にす
  (장지문을 바를 때 딱 맞추면 일찍 죽는다)

모양에 대한 금기는 원형이 아닌 방형을 경계했던 것으로 보인다. 방형의 모서리에 대한 경계는 한국에서도 발견되는데 다치는 것을 경계하는 데에서 나온 것 같다. 또한 위의 예문의 경우에는, 지나치게 바르거나 딱 맞는 행위는 오히려 경계해야 한다는 '과유불급'의 원리를 전달하려고 한 것이 아닌가 한다.

일본의 금기에서 독특한 것으로 숫자에 대한 금기를 들 수 있을 것 같다.

- 柿の木から落ちゐと三年以内に死ぬ

  (감나무에서 떨어지면 3년 이내에 죽는다)

- 梯子の三段目から飛び降りゐと3年目に死ぬ

  (사다리의 세 번째 발판에서 뛰어내리면 3년 후에 죽는다)

- 人まわりを3回まわゐと、まわられた者が死ぬ

  (사람 둘레를 세 바퀴 돌면 돌린 사람이 죽는다)

- 三人で一緖に寫眞をつゐと、そのなかの一人が死ぬ

  (세 명이 같이 사진을 찍으면 그 중의 한사람이 죽는다)

위의 예들은 대상이 핵심인지 3이라는 숫자가 핵심인지 사실 판단하기 어렵다. 두 가지 모두 가능할 것이라고 생각되지만, 이들이 공통적으로 갖고 있는 3이라는 숫자를 무시할 수 없을 것 같다.

5) 〈방향〉

- 鬼門の位置に出入り口をつゐとよくない

  (귀문 위치에 출입구를 만들면 안 좋다)

- 鬼門に便所、風呂、井戸、池、ごみ捨て場、門、裏門などをつくい
  けない

  (귀문에 변소, 목욕탕, 우물, 연못, 쓰레기장, 문, 뒷문 등을 만들면
  안 된다)

- 鬼門の位置に梅、桃の木などを植えゐとよい

  (귀문 위치에다 매화, 복숭아나무를 심으면 좋다)

- 鬼門に便所を作ってはいない(귀문에 변소를 만들면 안 된다)

- 家の中心からみて東北にたゐところは、座敷や寢室、床の間など
  をつくってはならない

  (집 중심에서부터 동북에 해당하는 곳은 거실이나 침실을 만들면
  안 된다)

• 初湯を金神様の方に捨てゐと子が夜泣きをすゐ
  (어린아이의 첫 목욕물을 금신[22] 쪽에 버리면 아이가 밤에 운다)

방향에 있어서 제일 신경을 쓰는 것은 귀문이다. 귀문 쪽에는 화장실이나 문, 창문을 만드는 것은 금물이다. 그리고 이것은 생활의 문제와 관련된 것 같다. 집의 동북 부분은 햇볕이 아침밖에 들지 않기 때문에 항상 습기가 많고 위생적으로 좋지 않다. 이런 장소에다 우물, 목욕탕, 변소를 만들면 습기는 더하고 사람 건강에 나쁜 영향을 미친다고 생각할 수 있다. 따라서 이것을 귀문으로 경계한 것 같다.

6) 〈날짜・때〉

• 夜口笛を吹いてはいけない(밤에 휘파람을 불면 안 된다)
• 夜口笛を吹くとお化けが出ゐ(밤에 휘파람을 불면 귀신이 나온다)
• 夜口笛を吹くとヘビが出ゐ(밤에 휘파람을 불면 뱀이 나온다)
• 夜口笛を吹くと鬼が出ゐ(밤에 휘파람을 불면 귀신이 나온다)
• 夜口笛を吹くと幽靈が出ゐ(밤에 휘파람을 불면 유령이 나온다)
• 夜笛を吹くとヘビが出ゐ(밤에 피리를 불면 뱀이 나온다)
• 夜笛を吹くと鬼が出ゐ(밤에 피리를 불면 귀신이 나온다)
• 夜爪を切ってはいけいけない(밤에 손톱을 깎으면 안 된다)
• 夜爪を切ゐと親の死目にあえない(밤에 손톱을 깎으면 부모의 임종을 지키지 못한다)
• 夜爪を切ゐと望みが葉えられない(밤에 손톱을 깎으면 소망을 이룰수 없다)

---

22) 도교(道敎)・음양도(陰陽道) 등에서 섬기며 제사지내는 신으로 방향을 지배하며 재앙을 부른다고 한다. 금신이 있는 방향은 매사에 길하지 못하다고 하여 건축이나 토목 등의 공사를 삼갔다. 심지어는 그 방향으로 뻗은 나뭇가지도 자르지 않았다.

- 夜口笛を吹くと三里先に行った泥棒が戻ってくる(밤에 휘파람을 불면 삼리 멀리 간 도둑이 돌아온다)
- 夜髪を洗ったりしてはいけない(밤에 머리카락을 감으면 안 된다)
- 夜新しいものをおろしてはいけない(밤에 새로운 것을 신으면 안 된다, 집 안에서 새 신발을 신고 나가면 안 된다)
- 夜下駄をおろしてはいけない(밤에 집안에서 下駄(geta)를 신고 나가면 안 된다)
- 夜干しは死に神を招く(밤에 빨래를 말리는 것은 죽음의 신을 초대한다)
- 夕方以後、塩を持ち運んではいけない(저녁 이후 소금을 가져가면 안 된다)

밤에 행동하는 것을 구속한 것도 많다. 이것은 밤에는 사람의 소리를 듣고 습격하는 동물이 있었을 것이고 때로는 생명을 앗아가는 경우도 있으니까 밤에 행동을 하지 말라는 뜻이다. 밤에 활동하는 동물을 옛날 사람들은 요괴라고 생각했다. 그리고 밤에 손톱을 깎고 그 손톱을 요괴가 가져가면 자신의 영을 빼앗긴다고 생각했던 것이다.

밤에 대한 이와 같은 금기는 다르게 해석할 수도 있다. "夜爪(yozume)"는 "夜詰め(yozume)=通夜[죽은 사람의 유해를 지키며 하룻밤을 샘]"하고 발음이 비슷해서 죽음과도 연결될 수 있기 때문이다.

"밤에 새 신발을 신고 나가면 안 된다"라는 등의 금기는 "履きおろし(hakioroshi)[신발을 신은 채 집안에서 나가는 일]"라고 해서 장례식 때 행해지는 일이기 때문에 금기로 되어 있다.

- 友引の日に葬式を行うとまた誰か死ぬ
  (友引日에 장례식을 행하면 또 누군가가 죽는다)
- 八専に結婚式を行うのはよくない

(八專에 결혼식을 행하는 것은 안 좋다)
- 丙午に生まれた女性は氣性が荒い
  (丙午에 태어난 여성은 기성이 거칠다)
- 丙午に生まれた女性は夫を早死にさせる
  (丙午에 태어난 여성은 남편을 일찍 죽게 한다)
- 丙午に生まれた女性は火事を呼ぶ
  (丙午에 태어난 여성은 화재를 일으킨다)
- 庚申の夜に姙娠して生まれた子は長じて盗人になる
  (庚申 밤에 임신해서 태어난 아이는 나중에 도둑이 된다)
- 歲神を迎える大晦日から元旦にかけては眠ってはならない
  (제신을 마중하는 그믐날부터 설날에 걸쳐서 잠을 자면 안 된다)
- 犬の日に結婚すれば必ず歸る (개의 날에 결혼을 하면 꼭 돌아간다)
- 八日の旅入ちと七日歸りを忌む (8일의 여행과 7일의 귀가를 꺼린다)
- 元日に針を使うと一年中金が殘らない
  (설날에 바늘을 사용하면 일 년 내내 돈이 남지 않는다)
- かまどの滅は四日、八日に取ってはいけない
  (부뚜막의 재는 4일, 8일에 제거해서는 안 된다)
- 結婚は四の日はいけない (결혼은 4가 있는 날에 해서는 안 된다)
- お盆の月と彼岸中は、病氣見舞いを避ける
  (백중맞이의 달과 피안 중에는 문병을 피한다)
- 大晦日に早く寢ると老人になる (그믐날에 일찍 자면 노인이 된다)

날짜에 대한 금기는 음양도에서 나오는 것이 많다. 음양도는 고대 중국에서 일어난 음양설, 오행설, 십간,[23] 십이간,[24] 역 등이 결합하여 체계화

---

23) 甲・乙・丙・丁・戊・巳・庚・辛・壬・癸
오행의 木火土金水에는 음과 양이 있는데 그것을 두 개로 나누어 兄과 弟로 했다. 이것을 십이지에 맞춰서 甲을 木의 兄, 丙을 木의 弟……로 했다. 이것과 십이지가 겹쳐서 甲子, 乙丑라고 한다. 오행은 십이지에다가 배분되었다.
24) 子・醜・寅・卯・辰・巳・午・未・申・酉・戌・亥

된 것인데, 거기에다가 일본의 고유 민간신앙까지 더해져서 복잡하다.

八專은 12일 동안(壬子부터 癸亥까지)을 말하는데 丑辰午戌을 뺀 8일을 말한다. 이 8일은 오행이 겹치는 날이기 때문에 모든 일이 언다고 해석을 하는 것이다. 그래서 그 날에 결혼을 하는 것이 좋지 않다고 한다. 丙午는 오행이 火火가 된다. 火火라는 이미지 때문에 이 해에 태어난 여자는 성격이 거칠거나 불을 일으킨다고 한 것이다. 날짜에 대한 금기는 "특정한 날에 특정한 금기"가 존재한다고 할 수 있다.

7) 〈꿈〉 흉길

- めでたい夢を見ると逆夢と言つて反對の凶事がある(奈良)
  (경사스러운 꿈을 꾸면 역몽이라고 해서 반대로 흉사가 있다).
- 水の夢を見ると火事になる(宮城)(물 꿈을 꾸면 화재가 된다)

꿈에 대한 금기는 '역몽'의 해석이 가장 적합할 것 같다. 꿈에 나오는 것과 반대되는 상황을 가정하는 것이다. 좋은 꿈은 나쁜 꿈을 예고하고, 물을 보면 화재를, 불을 보면 수재를 생각하게 된다. 이것은 기대하고 바라는 일이 꿈에 나타나더라도 지나치게 들뜨지 말고 차분하게 할 일을 돌아보라는 생활적인 태도에서 나온 해석들인 것 같다.

8) 〈꺼리는 말〉

꺼리는 말은 사람 이름뿐만이 아니라 동·식물, 물건, 행위 등 때와 장소에 따라 사용하는 풍습이 있다. 특히 특수 직장에서 꺼리는 말이 많다. 사냥꾼이나 어업을 하는 사람들은 생활하기 위한 음식을 산이나 바다에서 가져오기 때문에 해당 장소가 신성하면서 무서운 곳이었다. 楳垣實(1973)[25])에는 산에 대한 말 713개 중 뱀은 77개, 원숭이는 64개, 곰은 38개 있다.

[산에서 꺼리는 말]

「血(chi)[피]」 = 「赤(aka)[빨갛다]」「ひだり(hidari)[왼쪽]」
「熊の血(kumanochi)[곰의 피]」 = 「さじろ(sajira)」「やご(yago)」
「熊(kuma)[곰]」 = 「山親父(yamaoyaji)」 북해도 지역 「黒毛(kuroge)」 동
　　　　　　　　　북지방
「犬(inu)[개]」 = 「へだ(heda)」「せた(seta)」「ししのこ(shishinoko)」
「死(si)[죽음]」 = 「過ぎる(sugiru)[지나가다]」「枯れる(kareru)[시들다]」
　　　　　　　　「終わる(owaru)[끝나다]」
「米(kome)[쌀]」 = 「草(kusa)」「草の實(kusanomi)」
「飯(meshi)[밥]」 = 「つもの(tsumono)」「柔(yawara)」
「握り飯(nigirimeshi)[주먹밥]」 = 「あも(amo)」
「餅(mochi)[떡]」 = 「こだたき(kodataki)」
「団子(dango)[경단]」 = 「まる(maru)」

산에서 꺼리는 말은 산에 있는 동물이다. 그래서 독특한 이름으로 부른다. 곰은 몹시 무섭다는 생각에서 山親父(yamaoyaji)라는 말이 나온 것 같다. 개는 사냥을 하기 위한 중요한 동물이었다. 그래서 「개」라고 하면 사냥감이 도망을 친다고 생각을 해서 「개」라는 말을 꺼린 것이다.
　음식에 대한 것은 사냥감을 요리해서 먹는 데에서 생긴 것 같다. 사

---

25) 楳垣實(1973) 『日本の忌みことば』, 民俗民芸双書.

냥감을 요리하는 용구, 그릇, 음식까지도 꺼리는 말을 쓴다.

옛날에 쌀은 사치식품이었다. 그것을 신 앞에서 먹는다는 것은 실례이다. 따라서 다른 말로 바꿔서 표현했다.

바다에서 꺼리는 말

「貓(neko)[고양이]」 = 「かぎ(kagi)」「ぐゐ(guru)」
「物(mono)[물건]」 = 「むん (mun)」
「飮料水(inryousui)[음료수]」 = 「雨(天)むん(amamun)」
「雲(kumo)[구름]」 = 「輕む (karumun)」
「風(kaze)[바람]」 = 「根むん(nemun)」
「雨(ame)[비]」 = 「長むん(nagamun)」

어업을 하는 사람에게 고양이는 귀중한 동물이다. 고양이의 습성으로 날씨를 알아볼 수 있기 때문이다. かぎ(kagi)는 등이 동그랗다는 뜻이고 ぐゐ(guru)는 목을 울리는 소리에서 나온 말인 것 같다.

여기서 소개한 '꺼리는 말'은 일부이다. 그 외에 식물이나 자연현상 등이 있다. 지금은 방언이라고 생각되는 것도 있어 현실 생활에서 살아 있는 '꺼리는 말'은 점점 사라지고 있다.

이상에서 금기의 특이한 성격을 살펴보았다. 그것은 일상생활에 너무나 밀착되어 있고, 상식화되어서 원래 뜻을 찾기 어렵다. 금기가 인간생활에 깊게 관련되어 있기 때문에 우리가 그 금기의 뜻을 찾으면 일본 사람의 생활과 지혜를 알 수 있을 것 같다.

5. 맺는 말

지금까지 일본 금기담을 살펴보았다. 일본의 금기는 원래 경원과 기피가 구별되지 않고 일원적인 것이었지만 습관화됨으로써 '신성한 것에 대한 외경'과 '부정한 것에 대한 기피'의 행동으로 나타났다. 그것은 『古事記』에서 발견할 수 있는데 죽음에 대한 부정에서 부정을 피하는 의식이 전해지고 있다. 2차 대전 후 금기 의식은 종교성이 점차 없어졌지만 지진제나 관혼상제를 할 때 남아 있는 것을 알 수 있었다. 이러한 금기가 말에 나타난 것은 '꺼리는 말'이다. 그것은 원래의 단어를 다른 단어로 대용해서 쓰는 말을 이른다.

이 글의 1장에서는 이와 같은 일본 금기의 발생에 대해서 정리했다. 2장에서는 금기 특성에 있어서 금기가 어떻게 분류되는지를 살펴보았다. 3장에서는 금기의 일본적 양상을 신체, 사물, 상태, 행위, 장소, 날짜·때, 꿈, 꺼리는 말의 8가지로 분류해서 금기의 예들을 살펴보았다.

그러나 금기는 우리 일상생활에 너무나 밀착되었기 때문에 원래의 뜻을 찾기 어려웠다. 이 글에서는 현재 발생하고 있는 금기들에 대해서는 알아보지 못하였다. 앞으로 옛 금기와 발생하고 있는 금기의 상관관계와 경쟁에 대해서 보완이 이루어져야 할 것이다.

참고문헌

藤井乙男(1910),『諺語大事典』, 日本図書センター複製發行.

小笠原俊郎(1932),「備後の俗信」,『旅と伝説』, 第六卷三号.

近藤喜博(1932),「鳥取縣の俗信一束」,『旅と伝説』, 第六卷三号.

美根生(1933),「農事に關する俗信」,『旅と伝説』, 第七卷六号.

E・Durkheim, 古野淸人 譯(1941),『宗敎生活の原初形態』, 岩波文庫.

民俗學硏究所編(1951),『民俗學辭典』, 東京堂出版.

渡邊昇一(1995),『日本神話からの贈り物』, PHP硏究所.

秦聖麒(1958),『南國의 俗談』, 濟州民族硏究所.

島根縣敎育委員會(1962),『島根縣下三十地區の民俗』, 島根縣.

朝山村史編集委員會編(1963),『朝山村史』後編, 朝山村.

J・G・Frazer, 永橋卓介 譯(1966),『金枝篇』, 岩波文庫.

竹中信常(1971),『日本人のタブー』, 講談社.

秦聖麒(1972),『南國의 禁忌語硏究』, 濟州民族硏究所.

桂井和雄(1973),『俗信の民俗』, 岩崎美術社.

大塚民俗學會編(1973),『日本民俗辭典』, 弘文堂.

楪垣實(1973),『日本の忌みことば』, 民俗民芸雙書.

柳田國男(1975),『先祖の話』, 筑摩書房.

迷信調査協議會編(1979),『俗信と迷信』, 復刻版洞史社.

＿＿＿＿＿＿＿(1980),『迷信の實態』, 復刻版洞史社.

＿＿＿＿＿＿＿(1980),『生活慣習と迷信』, 復刻版洞史社.

小學図書(1982),『故事俗信辞典』, 小學館.

瀬下三男(1982),『俗信』, 秋田文化出版社.

鈴木棠三(1982),『日本俗信辭典―道・植物編―』, 角川書店.

樋口淸之(1982),『禁忌と日本人』, 講談社.

高麗大學校民族文化硏究所編(1982),『韓國民俗大觀』6, 高麗大學校民族文化硏究所.

大田市敎育委員會(1983),『大田市三十年史』.

崔來沃(1983),「俗信語의 性格硏究」,『民族語文論業』, 啓明大學校.

國史大事典編集委員會(1984), 『國史大事典』, 吉川弘文館.

仁摩町ふるさと伝承錄刊行事業編集委員會(1984), 『かるりつぎ一仁摩町ふるさと伝承記
　　　　　　錄一』, 仁摩町.

大和隅雄編(1986), 『日本「架空・伝承」人名辭典』, 平凡社.

鈴木三(1987), 『日本俗信辭典』, 角川書店.

大田市教育委員會(1989), 『大田市文化財調査報告第一集野城の民俗』, 大田市.

小澤康則(1990), 「韓國の口頭伝承における禁止事項」, 『論文集第23集』, 韓國外國語大學校.

＿＿＿＿＿(1992), 「日本と韓國における俗信の比較研究一動物の事例を中心に」, 『論文集第
　　　　25集』, 韓國外國語大學校.

金宗澤(1992), 「俗諺의 意味機能」, 『國語意味論』, 增補版螢雪出版社.

몽골 금기어의 원리와 몇 가지 특징

장 장 식

1. 머리말

이 글은 입에서 입으로 전해오는 언어 형태 중에 짧은 한두 문장으로 고정된 언어 표현법에 주목하고자 한다. 여기에는 물론 속담·수수께끼를 비롯한 민간신앙어 등이 속한다. 이들 언어표현법은 몽골민족의 문화라는 토양 위에서 긴 역사적 전통을 가지고 내려온 생명력 있는 구비물(口碑物)이다. 따라서 여기에는 몽골민족의 독특한 문화 의식과 신앙 및 나름대로의 논리 구조가 들어 있다. 여러 가지 제약상 이 글에서 주로 다루고자 하는 민간신앙어, 그중에서 금기어는 언어 속에 내포된 신앙의 일면과 풍습, 언중(言衆)들의 언어생활, 사고 의식, 인간관계 등에 대한 합리적이고 논리적이며 신앙적인 측면의 독자적 체계가 들어 있다고 하겠다. 그것은 인간 외부 세계와 사물 및 인간이 처할 수 있는 존재론적 차원의 상황에 대한 의미 해석인 동시에 행위 규범의 약호 체계(略號體系)이기 때문이다.

민간신앙어라는 용어는 필자가 사용하고자 하는 의도적인 용어이긴
하다. 그 이유는 논의를 진행하는 가운데 밝혀질 것이다. 민간신앙어는
민속학·구비문학·언어학·종교학·사회심리학 등의 연구 대상이 될
만한 자질이 있는데도 체계적인 연구가 미비한 편이다. 따라서 이 글에
서는 민간신앙어의 연구를 위한 디딤돌을 제공하는 시도로서 몽골의
민간신앙어에 대한 분류 문제를 검토하고 용어를 확정하고자 한다. 아
울러 몽골의 금기어가 어떤 양상으로 나타나는가를 검토하는 데에도
목적을 둔다.

현재(1999년 10월부터 2000년 5월 현재) 필자가 조사한 몽골 금기어는 약
300구가 된다. 필자가 몽골 사람을 직접 만나 대면 조사에 의해 수집된
금기어를 중심으로 하면서 <몽골인의 금기 풍습 단해(短解)>[1]에 실린
금기어를 비교·인용하고자 한다. 아울러 몽골 금기어 전체를 검토 대
상으로 삼아야 하나 필자의 역량과 시간 제약상 '유목 생활과 세시(설달
그믐날) 및 과부(홀아비)'와 관련된 금기어만으로 한정하고자 한다.

2. 민간신앙어의 세목 — 예조어, 금기어, 주술어

한국의 경우, 이들 언어표현법에 대한 명칭으로 금기담(禁忌談)[2]·속
언(俗諺)[3]·토속어(土俗信)[4]·징크스(Jinks)[5]·금기언(禁忌言)[6]·금기구(禁忌

---

1) 혜 남보·체 나차크도르지, 몽골인의 금기 풍습 短解(울란바타르, 1993).
2) '금기담'이란 용어를 사용한 연구자는 다음과 같다. ① 심재기, "금기 및 금기담의 의미론
   적 고찰", 인문과학 2집(서울 : 서울대교양과정부, 1970), ② 이석재, "한국어 금기담의 가
   치 의식에 관한 연구", 교육논총 7집(부산 : 부산대사대, 1982), ③ 김만곤, "전북 임실 필
   봉리의 금기담 고", 월산임동권 박사 송수기념논문집 국어국문학편(서울 : 동 간행위원회,
   1986).

句)7) · 속신어(俗信語)8) · 민간신앙어9) 등이 있다. 대체적으로 논자의 주관에 따라 임의대로 지칭한 면이 있어10) 필자는 이를 '민간신앙어(民間信仰語)'라 통칭하고 그 하위 항에 '금기어 · 예조어 · 주술어'를 두었다. 아울러 이들이 민속문화 내지 전통문화 속에서 기초적인 믿음의 한 의식 표출이라는 긍정적 관점과 민중들이 믿고 실천해왔던 언어 형태로서의 의미를 부여하고자 하는 조작적인 뜻도 담았다.

특히 '○○語'라고 한 까닭은 다음과 같다. '○○談'이라 할 때 '이야기'라는 어감이 들며, '○○語'라 할 때는 '단어'라는 뜻이 느껴진다. 그러나 '語'자에는 '말 · 이야기 · 語句 · 문구 · 속담'이라는 의미11)가 들어있다. 따라서 민간신앙어라는 용어를 '민간인[민중]들이 향유해왔던 금기 · 예조 · 주술의 대상과 그 행위를 지시하는 관용어구나 관용문구'라는 뜻으로 사용한다.

민간신앙어는 조건 부분과 결과 부분의 두 구문으로 되어 있는 것이

3) 김종택, "속언의 의미 기능", 국어의미론(서울 : 형설출판사, 1979). 이 책에서 저자는 속담에 대한 상대적 명칭으로 썼다고 언급하고 있으나 그 성격이 명확하지 않다.
4) 김형주, "부안지방의 토속신", 전라문화연구창간호(전주 : 전북향토문화연구회, 1979). 土俗信이라는 개념 아래 '吉兆信 · 凶兆信 · 來世信'으로 분류했다.
5) 최학근, "전북지방의 Jinks의 유형적 연구", 위 책.
6) 최현섭, "경기도 팔달면의 금기언", 기전문화연구 특집호(인천 : 인천교육대학, 1983).
7) 최근무, "전승자료에 관한 일 연구", 전주교대논문집 5집(전주 : 전주교육대학, 1970).
8) 최래옥, "속신어의 성격 연구", 민속어문논총(대구 : 계명대출판부, 1983). 최래옥은 이 방면의 연구를 더욱 심화시켜 한국속신어사전(서울 : 집문당, 1996)을 낸 바 있다.
9) 장장식, "민간신앙어의 분류 방법", 봉죽헌 박붕배박사 회갑기념논총(서울 : 동 간행위원회, 1986). 이 글에서 필자는 민간신앙어를 '금기어 · 예조어 · 주술어'로 하위분류하여 그들을 제시한 바 있다.
10) 이에 대한 자세한 논의는 윗글에서 필자에 의해 이루어진 바 있다.
11) ① 말 · 이야기 : 僕以口語 遭遇此禍(漢書) ② 어구 · 문구 : 聞人誦伊川語(宋史) ③ 속담 : 語曰脣亡則齒寒(顏氏家訓).

특징이다. 조건 부분은 X라 하고 결과 부분을 Y라 할 때, 전체적인 기본 틀은 X±Y로 나타낼 수 있다. +는 좋은[긍정적인] 결과를, -는 나쁜[부정적인] 결과를 뜻한다.[12]

① 문지방에 앉으면 곡식이 거꾸로 핀다[한].[13]   : X-Y
② 대보름에 부럼을 깨면 부스럼이 생기지 않는다[한].   : X+Y
③ 아랫눈까풀이 떨리면 울 일이 생긴다[몽].   : X-Y
④ 손바닥이 가려우면 선물을 받는다[몽].   : X+Y

예문에서 보듯, 조선 부분은 '……하면, ……할 때'로, 결과 부분은 '……한다……하라.'의 구조로 서술된다. 이것은 조건절과 결과절이 합쳐진 복문형으로 민간신앙어의 기본형이 된다. 기본형에서 결과적 Y가 생략된 경우도 있다.

⑤ 장사치가 마수걸이를 했을 때, 그 돈으로 물건을 가볍게 두드린다
   [몽].   : X+∅
⑥ 숫돌을 주고받을 때 땅 위에 놓아라[몽].   : X+∅
⑦ 모자를 다른 사람과 바꿔 쓰지 마라[몽].   : X-∅

여기서 ∅는 물론 결과절 Y의 생략을 뜻하는데, 다음과 같은 문형으로 변형시킬 수 있다.

⑤' 장사치가 무수걸이를 했을 때 그 돈으로 물건을 가볍게 두드리
   면…

---

12) 최래옥, 앞 글, 21~217쪽.
13) [한]은 한국의 민간신앙어를, [몽]은 몽골의 민간신앙어를 각각 가리킨다. 이하 같다.

⑥' 숫돌을 주고받을 때 땅 위에 놓으면……

⑦' 모자를 다른 사람과 바꿔 쓰면……

Y가 생략된 이런 문형(⑤~⑦)을 축약형이라 부를 수 있다.

그러면 이들이 어떤 차이가 있는지 서로 비교해 보자.

⑧ 강을 보고 '작다'고 말하면, 홍수가 난다[몽].　　　 : X-Y

⑨ 잠잘 때에는 부스를 말아서 놓아라[몽].　　　　　 : X+Y

⑩ 개가 늑대처럼 울면, 가까운 친척 중의 한 사람이 죽는대[몽].

　　　　　　　　　　　　　　　　　　　　　　　 : X-Y

⑪ 길을 가다가 물동이를 들고 가는 사람을 보면, 재수가 좋다[몽].

　　　　　　　　　　　　　　　　　　　　　　　 : X+Y

　먼저 위 예문을 결과절의 내용에 따라 ⑧, ⑩과 ⑨, ⑪로 나눌 수 있다. 그리고 조건절의 조건에 따라 ⑧, ⑩과 ⑨, ⑪로 2분할 수 있다. ⑧은 '행위-Y'이고, ⑨는 '행위+Y'인 반면, ⑩은 '징조-Y', ⑪은 '징조+Y'이기 때문이다.[14] 이렇게 본다면 민간신앙어는 기본적으로 조건절에 따라서 또는 결과절에 따라서 나눌 수 있는 셈이다.[15]

　알란 던데스(Alan Dundes)는 민간신앙어를 '속신(俗信, Folk belief)'이라는 개념 하에 '징조(徵兆, signs) · 주술(呪術, magic) · 전환(轉換, conversion)'으로 3분한 바 있다. 이에 대해 마란다(E. Maranda)는 레비스트로스(C. Levistrauss)가 내세운 '대립과 갈등의 중재과정 공식[Fx(a) : Fy(b)≃Fx(b) : Fa-1(y)]'[16]을

---

14) 여기서 '조짐(兆朕)'이란 어떤 일이 일어날 징조를 가리키는 말이다. 조짐은 '행위'와는 달리 인간의 의지가 반영될 수 없는 초월적이고 탈인격적인 특성을 지닌다.

15) 결과절의 전망 내용에 따라 ⑧=⑩=X-Y, ⑨=⑪=X+Y로 구별되고, 조건절의 양상에 따라 ⑧=⑨=행위, ⑩=⑪=현상[조짐]으로 구별됨을 뜻한다.

단순화시켜 '원인과 결과'의 공식을 다음과 같이 설정한다.

> QS : QR :: FS : FR
> QS = 상황(Condition)
> QR = 결과(Result)
> FS = 대응행위(Counteraction)
> FR = 대응행위의 결과(The Result of the Counteraction)[17]

위의 공식에서 FS는 중재자(Mediator)의 기능을 말하는데, 마란다는 중재자의 성격에 따라 네 개의 모델로 유형화하였다.

> Model Ⅰ : 중재자가 없는 경우
> Model Ⅱ : 중재자가 실패하는 경우
> Model Ⅲ : 중재자가 성공하는 경우 → 처음 충격의 무화(無化)
> Model Ⅳ : 중재자가 성공하는 경우 → 처음 충격의 전환(轉換)

Model Ⅰ은 중재가 존재하지 않는 것을, Model Ⅱ는 중재가 QR(최초의 결과)을 변화시키지 못하고 계속 그 효력이 지속되는 것을, Model Ⅲ은 중재를 성공시켜 QR의 효력을 무화(無化)시키는 것을, Model Ⅳ는 QR을 더 나은 다른 상황의 것으로 전환시키는 것을 말한다.

이 공식을 몽골의 민간신앙어에 적용시켜 그 구조를 분석해 보자.

---

16) C.Levistrauss, Strutural Anthropology(New York, Penguin Books, 1963), p.228. 여기서 a와 b는 항목을, x와 y는 기능을 뜻한다. 항목이란 사회 역사적 맥락에서 주어진 상징들로서 작중인물이나 주술적 물건처럼 행동할 수 있고 역할을 수행할 수 있는 어떤 주체들이며, 기능은 이러한 상징들에 의해 수행되는 역할을 뜻한다.

17) E. Maranda & P.Maranda, Strutural models in folklore and transformational essays(The Hague : Mouton, 1971), p.81.

1) Model Ⅰ

이 경우는 QR의 가치 판단에 따라[좋음과 나쁨, 선과 악, 긍정적과 부정적]
두 가지로 나뉜다. 먼저 QR이 좋은[긍정적인] 경우를 보자.

⑪ 길을 가다가 물동이를 들고 가는 사람을 보면, 재수가 좋다[몽].

QS : 길을 가다가 물동이를 들고 가는 사람을 보면
QR : 재수가 좋다
FS : ∅
FR : QR의 유효[지속]

QS는 나타난 현상이다. 인간은 이를 변화시키거나 무화시킬 중재 능
력이 없다. 중재가 없으니 FS는 존재하지 않는다. 단지 QR의 실현 가
능성과 전망에 대한 기대감이 작용할 따름이며, QR의 효력이 인간의
의지와는 무관하게 여전히 지속된다.
그러나 다음은 QR이 나쁜[부정적인] 경우이기 때문에 전망에 대한 가
치는 다르다.

③ 아랫눈까풀이 떨리면 울 일이 생긴다[몽].

QS : 아랫눈까풀이 떨리면
QR : 울 일이 생긴다.
FS : ∅
FR : QR의 유효[지속]

QS는 나타난 현상이기 때문에 인간은 이를 무화시킬 중재 능력이 없

다. 따라서 FS는 존재하지 않는다. 이 경우, 부정적인 결과에 대한 거부
감과 불안감을 불러오는데, 근신이나 조신과 같은 소극적 행위만이 있
을 따름이다. 그러나 QR의 효력이 인간의 의지와는 무관하게 지속된다.

2) Model Ⅱ

QR의 내용이 좋지 않고 FS의 효과가 없어지지 않는다고 믿어지는
경우를 말한다. 즉, QR에 대한 중재가 아무런 효과를 나타내지 못하는
경우이다. 그러나 중재가 실패한다고 해서 QR에 대한 초래된 결과가
중요하지 않다는 말은 아니다. 다만 초래한 결과가 인간에게 미칠 뿐
이에 대해 구체적으로 표현된 민간신앙어가 없을 따름이다.

3) Model Ⅲ·Ⅳ

Model Ⅲ과 Model Ⅳ를 문형적으로 구별하기는 어렵다. 다음 예문을
비교해 보자.

⑧ 강을 보고 '작다'고 말하면, 홍수가 난다[몽].
⑫ 문지방[문턱]을 밟으면, 복이 달아난다[한].

	⑧	⑫
QS	강을 보고 '작다'고 말하면	문지방을 밟으면
QR	홍수가 난다.	복이 달아난다.
FS	QS를 하지 않으면	QS를 하지 않으면
FR	QR이 일어나지 않는다.	QR이 일어나지 않는다.

⑬ 내 준 음식은 반드시 맛을 보아라[몽].

⑭ 출산할 때, 잉어비늘을 왼발에 붙이면 순산(順産)한다[한].

	⑬	⑭
QS	*내 준 음식을 맛보지 않으면	*출산할 때 잉어비늘을 왼발에 붙이지 않으면
QR	*귀신이 먼저 먹게 된다.	*난산(難産)한다.
FS	내 준 음식은 반드시 맛보아라.	출산할 때 잉어비늘을 왼발에 붙여라.
FR	귀신이 맛보지 못한다.	순산을 한다.

예문 ⑧과 ⑫는 예견되는 QR이 부정적인 경우이면서 QS가 인간의 의지가 개입되어 행위화할 수 있는 것이기 때문에 FS라는 구체적인 행위를 수반하여 QR을 무화시킬 수 있다. 그러나 '구체적인 행위'는 금지의 행위이므로 이를 금기라 할 수 있다.

예문 ⑬과 ⑭는 그 양상이 다소 다르다. 예상되는 행위의 결과가 선험적 사건과 관련된 주술적 행위로 표현된 경우다. ⑬과 ⑭의 문형을 조작적으로 변형해 보면 분명해진다.

⑬ 내 준 음식은 반드시 맛을 보아라[몽].

QS : 내 준 음식을 맛보지 않으면
QR : 귀신이 먼저 먹게 된다.
FS : 내 준 음식을 맛보면(맛보아라.)
FR : QR의 무효화

⑭ 출산할 때, 잉어비늘을 왼발에 붙이면 순산한다[한].

QS : 출산할 때, 잉어비늘을 왼발에 붙이지 않으면
QR : 난산(難産)한다.

　　　FS : 출산할 때, 잉어비늘을 왼발에 붙이면(왼발에 붙여라.)
　　　FR : QR의 무효화

　이렇게 보면 ⑬과 ⑭는 본디부터 QS와 QR이 생략되어 고정된 문형
이라 할 수 있다. 아울러 ⑬과 ⑭의 문형은 Model Ⅲ·Ⅳ에 해당하다
⑧, ⑫ 문형과는 차이가 나는 것을 알 수 있다. 귀신을 물리치거나 순
산을 위한 능동적 행위 모델이라 할 수 있고, 이를 ⑧, ⑫와 구별시켜
주술(Magic)이라 할 수 있다. 이런 점에서 주술과 금기는 미세하긴 하지
만 본질적인 차이를 드러낸다. 무엇보다도 주술은 불안한 현재상과 미
래 전망을 제거하려는 공감률(共感律, Law of sympathy)[18]에 인식론적 근거
를 두는 적극적인 행위 양식이라 하겠다.

　이상의 논의를 정리하면 다음과 같다.

　첫째, QS에 대한 QR을 변화시킬 수 있는 능력 여하에 따라 Model
Ⅰ과 Model Ⅲ은 구별된다. Model Ⅰ은 인간의 의지가 작용할 수 없는
징조나 조짐 등의 '현상(現象)'과 관계하고, Model Ⅲ(Ⅳ)은 QS : QR에
대한 중개 능력을 작용할 수 있는 '행위'와 관련한다.

　둘째, Model Ⅰ은 QR의 내용에 따라 나눠진다. Model Ⅲ(Ⅳ)은 QS :
QR : FS : FR의 문형에 따라 나누어지는데, 구체적으로 QS : QR가 언
표(言表)되는 경우와 그렇지 않은 경우다. QS : QR이 언표되는 경우는
결과절이 -인 경우이며, 행위의 금지를 뜻한다. 이는 예견되는 나쁜 결
과를 무효화하는 소극적 행위이며 수동적 행위라 하겠다. 이와는 달리

---

18) Frazer의 연구에 의하면, 주술은 공감률에 바탕을 두는데, 유사율(類似律, Law of
similarity)과 접촉률(接觸律, Law of contact)로 나뉜다. 전자의 경우는 유사한 것이 유사
한 것을 부른다는 법칙이며, 후자는 감염과 접촉에 의해 효과가 발생한다는 법칙이다.
cf. Frazer, 위 책, pp. 256~345.

QS : QR가 언표되지 않고 FS : FR만 나타나는 경우는 결과절이 +인
경우이며, 행위의 적극성을 권장한다. 이는 예견되는 좋은 결과를 얻으
려는 적극적 행위이며 능동적 행위라 하겠다.

이러한 결과를 토대로 이름을 붙여 보면 다음과 같다.

민간신앙어 (民間信仰語)	Model Ⅰ	예조어(豫兆語)	길조어(吉兆語)	(결과절 +)
			흉조어(凶兆語)	(결과절 -)
	Model Ⅲ	금기어(禁忌語)		(결과절 -)
		주술어(呪術語)		(결과절 +)

3. 금기와 금기어의 원리

금기어는 일정한 사물에 대한 접근, 접촉의 금지나 그 행위를 기피하
도록 하는 언어 진술이다. 좋은 결과와 전망을 유도하기 위해 행위에
관한 금지를 주로 나타낸다. 금기는 인간의 가장 원초적이고 지속적인
본성(本性) 가운데서 발생한다고 할 수 있으며, 심리학적으로 불가지(不可
知) · 불가능(不可能)한 힘에 대한, 이를테면 공포 · 외경의 반응이라 하겠
다. 금기는 인간의 생래적인 종교 심성에서 발생하는 까닭에 집단이나
신앙의 대상에 대해서 피할 수 없는 구속력을 가지게 된다.

금기의 종류를 행위 · 인물 · 사물 · 언어의 대상으로, 크게 범주화할
수 있는데,[19] 이는 인간 심성의 보편적 행위 양식과 관련이 된다. 이러
한 행위 양식은 크게 두 가지로 구별할 수 있는데. 그 하나는 행동이나
표시로써 하는 것이며, 또 하나는 말로써 하는 것이다.[20] 전자는 부정

19) Frazer, Golden Bough(London, 1963), pp. 256~345.

한 것들의 출입을 금기하는 표시나 역신(疫神)을 물리쳐 병을 막기 위한
표시 등을 뜻한다. 후자는 일상생활에서 언어를 중심으로 한 금기를 뜻
하는 것으로서, 후자는 결국 전자의 행위 양식을 언어로 고정한 형태라
하겠다.

> ㉠ 섣달 그믐날에는 다른 집에 놀러가지 마라. 그렇지 않으면 복을
>   받지 못하고, 위험에서 벗어날 수 없기 때문에 조심해야 한다. 또
>   그런 사람은 새해에도 돌아다니게 된다(몽).
> ㉡ 섣달 그믐날에 다른 사람의 집에서 잠을 자면 영혼이 길을 잃어버
>   린다(몽).
> ㉢ 섣달 그믐날 밤에는 갓난아이의 이름을 부르지 마라. 그렇게 하면
>   귀신이 사람(아이)을 죽이거나 홀리게 된다(몽).
> ㉣ 섣달 그믐날 밤에 땅에 물이나 지저분한 물을 버리지 마라. 그렇
>   게 하면 몸에 상처가 생긴다(몽).[21]

위의 예문들은 어떤 필연적 또는 심리적·종교적 이유나 근거로 발
생한 금기로서, 예측 가능한 부정적인 결과를 사전에 방지하기 위해 경
계와 주의를 주고 금지나 기의(忌意)를 일으켜 행동을 못하게 하는 말들
이다. 조건절의 행위가 결과절의 부정적 전망을 불러일으키기 때문에

> ㉠′ 섣달 그믐날에는 다른 집에 놀러가지 마라.
> ㉡′ 섣달 그믐날에 다른 사람의 집에서 잠자지 마라.
> ㉢′ 섣달 그믐날 밤에는 갓난아이의 이름을 부르지 마라.
> ㉣′ 섣달 그믐날 밤에 땅에 물이나 지저분한 물을 버리지 마라.

---

20) 김성배, 앞 책, 222~224쪽.
21) 혜 냠보·체 나차크도르지, 몽골인의 금기 풍습 短解(울란바타르, 1993). 이 책에는 약
   920수의 금기어가 실려 있다.

와 같은 금지문형으로 단순화할 수 있다. 이는 예견되는 결과절이 생략된 경우이다. 금기를 내포한 많은 문형이 이 형태로 진술되는 것은 바로 이런 까닭이다. 물론 이들은 다음과 같은 완전문형으로 진술될 수도 있다.

> ㉠" 섣달 그믐날에는 다른 집에 놀러 가면 복을 받지 못하고 위험에서 빠지거나 새해에도 돌아다니게 된다.
> ㉡" 섣달 그믐날에 다른 사람의 집에 잠을서 자면, 영혼이 길을 잃어버린다.
> ㉢" 섣달 그믐날 밤에는 갓난아이의 이름을 부르면, 귀신이 아이를 죽이거나 홀리게 된다(몽).
> ㉣" 섣달 그믐날 밤에 땅에 물이나 지저분한 물을 버리면 몸에 상처가 생긴다.

이는 조건절의 행위와 그 결과를 진술한 금지문으로, ㉠'~㉣'과 의미 차이를 드러내지 않는다. 이러한 문형적 특성을 지닌 것이 바로 금기어이며, 이런 금지문의 형태를 지니지 않은 민간신앙어는 금기어의 범주에 포함되지 않는 셈이다. 예컨대, 다음과 같은 문형은 금기어가 아니다.

> ㉤ 어린아이가 머리를 내려 양쪽다리 사이로 보면, 동생이 생긴다(몽).
> ㉥ 오른쪽 눈썹이 떨리면 어렸을 때의 동무가 나를 생각하는 것이고, 왼쪽 눈썹이 떨리면 사랑하는 사람이 나를 생각하는 것이다.
> ㉦ 아랫눈까풀이 떨리면, 울 일이 생긴다.

왜냐하면 이들 문형을 다음과 같은 금지문이나 권유문의 형태로 바꿀 수 없기 때문이며, 아울러 조건절의 양상이 특정한 현상과 관련되어 인간의 의지와는 무관하게 존재하는 것이기 때문이다.

ⓜ' 어린아이가 머리를 내려 양쪽다리 사이로 보게 하지 마라.*// 또는
보게 하라.*/

ⓑ' 눈썹이 떨리게 하지 마라. /또는 떨리게 하라.*/

ⓢ' 아랫눈까풀이 떨리게 하지 마라*/

금기는 일반적으로 '신성성 · 고유한 신비의 힘 · 초월성에 감염되어
얻은 신비한 힘 · 더러움과 위험성 · 출산, 결혼, 성적 기능의 방해 제
거 · 도둑의 침입이나 위해(危害) 방지' 등의 속성을 지닌다.22) '신성성 ·
고유한 신비의 힘 · 초월성에 감염되어 얻은 신비한 힘 · 더러움과 위험
성'에서 비롯된 금기는 금기가 지닌 속성에서 가능한 것이며, '출산, 결
혼, 성적 기능의 방해 제거 · 도둑의 침입이나 위해 방지'는 금기의 신
앙적 기능에서 가능한 일이다. 바꿔 말하면 전자는 초월적인 존재의 상
정과 그 능력을 인지하는 데서 발생한 관념이고, 후자는 전자의 관념에
서 파생된 기능적 차원의 속성이라 할 수 있다.

위에 열거한 예문들의 경우(ⓐ~ⓔ) '섣달 그믐날의 일정한 행위'를 금
지하게 하는 것도 바로 이런 까닭이다. 결과절의 전망들은 모두 특별한
존재에 대한 인식에서 비롯된 것들이다. '복을 주고 위험에 빠지게 하
며, 영혼이 길을 잃게 되며, 죽거나 상처를 입게 되는' 상황은 바로 신
성성과 신비의 힘을 지닌 초월적 존재를 전제로 한 인식 결과이기 때문
이다. 이런 까닭에 금기 및 금기어는 원초적 종교 심성과 관련이 있고,
모든 종교의 출발점이기도 한 것이다. 금기어가 지닌 원리가 바로 여기
에 있으며, 이는 결국 인간 외부 세계와 사물 및 인간이 처할 수 있는

---

22) M. Leach. "Standard Dictionary of Folktale", *Mythology and Legend* (Funk & Wangnals 1972), pp. 1098.

존재론적 차원의 상황에 대한 의미 해석인 동시에 행위 규범의 약호 체계(略號體系)가 되는 것이다.

4. 몽골 금기어의 몇 가지 특징

몽골민족이 상용해 왔던 금기어를 기준으로 개별적인 분석이 이루어지지 않은 상태에서 그 특징을 기술하는 것은 사실 어려운 일이다. 각각의 금기어를 분석하고 그 공통점을 찾아 귀납적인 결론을 이끌어내야 하는 지난한 일이기 때문이다. 다만 이 글에서는 일반적인 특징 두 가지를 언급하면서 몽골 금기어 연구의 실마리를 잡고자 한다.

형태적으로 볼 때 몽골의 금기어는 세 가지 문형으로 진술된다.

① …하지 마라.23)
② …하지 마라. 그렇게 하면 …하게 된다.24)
③ …하지 마라. 왜냐하면, …하기 때문이다.25)

이 가운데 가장 보편적인 문형은 두 번째 문형이다. 그러므로 '② …하지 마라. 그렇게 하면 …하게 된다.'를 몽골 금기어의 기본 문형으로 간주할 수 있다. ①을 ②, ③과 비교할 때, 의미 차이가 있는 것은 아니

---

23) 이런 유형의 예문으로 '신부는 화덕 오른쪽을 함부로 지나지 마라.'를 들 수 있다. 경우에 따라서는 '…하면 안 된다. (그렇게 하면 …하게 된다.)'의 문형도 발견되나 이 경우 역시 동일한 문형으로 볼 수 있기 때문에 굳이 구별하지 않았다.

24) 이 문형 외 예문으로 '빗방울을 손으로 받지 마라. 그렇게 하면 하늘이 화를 내어 비를 많이 내리고 홍수가 난다.'를 들 수 있다. 이 문형은 '…하지 마라. 그렇게 하면 …하게 된다.'로 전환할 수도 있다.

25) 이 유형의 예문으로 '신부는 3년 동안 문밖에 나갈 때에는 <u>등을 보이지 마라, 왜냐하면</u> 엉덩이를 보이는 것은 예의가 없고 공손하지 못한 행동<u>이기 때문이다</u>.'를 들 수 있다.

고, 다만 ①의 경우 결과절이 생략된 상태다. 이 경우는 이유나 결과의 설명이 생략된 단정적 진술이기 때문에 전달 과정에 불명확성이 있을 수 있다. 실제로 담화(談話) 현장에서 ①이 발화되었을 때 '왜 그런가?'라는 후속 질문이 나올 수 있다. 이런 개연적인 상황을 지니고 있기 때문에 ①은 불안정한 문형이기는 하다. 반대로 이런 점에서 ②와 ③문형은 비교적 안정적이다.

아울러 아직 전반적인 조사와 비교를 하지 못한 상태이긴 하지만 한국의 금기어에서 일반적으로 나타나는 다음과 같은 문형을 찾을 수 없다는 점이다.

> ㉠ 돼지가 새끼를 낳을 때, 검정 옷을 입으면 어미가 새끼를 잡아먹는다(한).
> ㉡ 화로를 보고 '불 좋다.'고 하면, 욕을 먹는다(한).

이들은 '…하면 …한다./ …게 된다.'는 문형인데, '② …하지 마라. 그렇게 하면 …하게 된다.'라는 문형과는 형태적 차이를 보인다. 물론 의미 차이가 있는 것은 아니다.

> ㉠' 돼지가 새끼를 낳을 때, 검정 옷을 입지 마라. 그렇게 하면 어미돼지가 새끼를 잡아먹는다.
> ㉡' 화로를 보고 '불 좋다.'고 하지 마라. 그렇게 하면 욕을 얻어먹게 된다.

이것이 몽골어와 한국어의 언어 습관 내지 문장 진술 형태에서 비롯된 일인지는 엄밀한 연구가 필요한 것이지만, 중요한 것은 금기어의 진

술 형태상 차이가 난다는 점이며, 이것이 곧 몽골 금기어의 문형적 특
징이라 지적하고 싶다.

내용면에서 볼 때 몽골의 금기어는 몽골민족의 생활양식을 반영하는
한편 몽골 민족의 자연관과 신앙성을 강하게 드러내고 있다는 점이다.

　　ⓒ 초원에서 풀을 뜯고 있는 가축(양이나 염소 등)을 놀라게 하거나
　　　 말을 타고 그 가운데를 지나가지 마라. 그렇게 하면 가축들에게
　　　 해가 된다(몽).
　　ⓔ 거세하지 않는 낙타가 발정기일 때, 빨간 옷을 입고 낙타 근처에
　　　 가거나 보이지 마라(몽).
　　ⓜ 하늘이 흐린 날에는 땀이 난 말을 말뚝에 매어 놓지 마라. 이는 벼
　　　 락에 맞서는 것이다(몽).
　　ⓗ 뜨겁게 끓인 물과 불이 있는 재를 땅에 버리지 마라. 그렇게 하면
　　　 죄 없는 벌레와 식물 및 짐승을 죽이는 죄악이 된다(몽).
　　ⓢ 봄철에 떠나가는 철새를 손가락질하거나 세지 마라. 그렇게 하면
　　　 손가락질한 사람이 여행할 때에 고난을 많이 받고 행운이 사라지
　　　 게 된다(몽).26)
　　ⓞ 곰의 털을 발털이용 깔개로 쓰지 마라. 그렇게 해서 오래 되면 눈
　　　 이 나빠지거나 눈먼 사람이 된다(몽).

ⓒ~ⓜ은 유목 생활과 밀접한 관계가 있는 금기어들이며, ⓗ~ⓞ은
삼라만상에 대한 자연관을 담은 금기어들이다. 이런 종류의 금기어는
몽골의 생활사를 반영하는 한편 몽골민족과 가축의 관계[가축관]을, 나
아가서 자연관을 읽을 수 있는 독특한 것이라 아니 할 수 없다. 이는

---

26) '손가락질 하는 것'에 대한 한국의 금기어로 다음과 같은 것이 있다. '열매가 맺힌 과일
　　나무에 손가락질 하면 과일이 여물지 않는다.'

수천 년의 유목 생활사에서 축적된 삶의 지혜인 동시에 생활 원리라 할 수 있다.

설달 그믐날에 다한 금기가 유독이 많이 있는 것도 하나의 특징이라 하겠다. 이는 새해를 맞이하는 경건성에서 비롯된 일이기도 하거니와 다른 민족의 경우도 마찬가지일 수 있다. 그러나 '차강 사르'라는 세시에 대한 몽골 민족의 남다른 관심과 이를 맞는 태도가 신앙적으로 집약된 것이 바로 설달 그믐날 금기이며, 이것이 다른 항목에 비해 많은 것도 몽골민족이 지닌 특별한 의식 때문이다.27)

> ㉽ 설달 그믐날에는 다른 집에 놀러가지 마라./ 음식을 씹으면서 밖에 나가지 마라./ 밤에 잠자지 마라./ 집안을 어둡게 하지 마라./ 밖에 옷을 걸어 두지 마라./ 굶은 채로 밤을 새지 마라./ 말다툼하거나 큰소리를 하지 마라./ 빈 그릇을 밖에 내놓지 마라./ 두 사람이 집 바깥과 안에서 이야기하거나 서로를 부르지 마라….

한편으로 과부나 홀아비에게 부과한 금기가 상대적으로 많다는 점을 들 수 있다. 이는 몽골민족의 역사를 개관할 때 정복과 피정복의 역사라 할 수 있고 이런 과정에서 발생한 금기로 추정된다. 물론 이는 상장례(喪葬禮) 풍속과도 관련이 있는 금기어들이므로 몽골민족의 사생관(死生觀)과 영혼관의 일단을 엿볼 수 있는 실마리가 되기도 한다.

> ㉾ 과부가 결혼식장에 먼저 가거나 신방을 지키지 마라[신부의 문(베

---

27) 물론 이는 한국민족의 경우도 마찬가지다. 그러나 한국의 경우 다른 세시에 대한 금기어도 공존하는 한편 설달 그믐날(밤)에만 집중적으로 나타나지 않는다는 점에서 약간의 차이를 찾을 수 있다. 따라서 설달 그믐날(밤)에 대한 두 민족의 금기어만을 대상으로 하여 비교하는 것도 상당히 실증적인 작업이라 하겠다.

링 우드)을 지키지 마라.] 그렇게 하면 재수가 없어진다(몽).

◎ 과부나 홀아비가 되었을 때에는[남편이나 부인의 상을 당했을 때] 다른 안부를 묻지 말고, 결혼식에 가거나 잔치를 하지 마라(몽).

ⓩ 과부나 홀아비가 되었을 때에는 머리카락·수염·손톱을 깎지 말고, 경마하지 마라(몽).

ⓧ 과부나 홀아비가 되었을 때에 남자는 목단추를 채우지 말고, 여자는 머리를 꾸미지 마라. 그것이 과부와 홀아비의 풍습이다(몽).

ⓚ 과부나 홀아비가 되었을 때에 자기 집에 항상 사람이 있도록 하고, 다른 집에 놀러가거나 이성과 잠자리를 하지 마라. 그렇게 하면 죄악이 되고, 죽은 사람의 영혼이 상처를 입거나 화를 내어서 귀신이 되게 된다(몽).

5. 결론

이 글에서 다루고 있는 민간신앙어란 '민중들이 향유해 왔던 예조·금기·주술의 대상과 그 행위를 지시하는 관용어구나 관용문구'를 말한다. 이들은 민속학을 비롯하여 구비문학·언어학·종교학·사회심리학 등의 연구 대상이 될 수 있는 귀중한 문화유산이기도 하다. 몽골의 민간신앙어 전반을 다루기에 앞서 이 글은 민간신앙어의 한 갈래인 금기어를 분석하고 그에 대한 원리와 특징 몇 가지를 살펴보았다. 논의의 결과를 다음과 같이 제시하면서 결론에 갈음하고자 한다.

첫째, 민간신앙어는 예조어·금기어·주술어로 3분할 수 있다. 이는 조건절과 결과절의 속성에 따른 기본적 분류를 염두에 두는 한편, 마란다의 QS : QR : FS : FR의 공식을 적용한 결과이다.

둘째, 민간신앙어는 조건절과 결과절을 기본 문형으로 진술되는 언어 형태인데, 문형상 약간의 변화가 이루어진다.

셋째, '일정한 사물에 대한 접근·접촉의 금기나 그 행위를 기피하도록 하는 언어 진술'로 정의할 수 있는 금기어는, 초월적인 존재의 상정과 그 능력을 인지하는 데서 발생한 관념과 그 관념에서 파생된 기능적 차원의 속성을 담고 있다. 그렇기 때문에 금기 및 금기어는 원초적 종교 심성과 관련이 있고, 신앙과 종교의 기층을 이룬다.

넷째, 몽골의 금기어는 '…하지 마라. 그렇게 하면 …하게 된다.'의 문형을 기본으로 한다. 이것이 몽골어의 문법 구조적 특징에서 비롯된 일인가는 차후의 과제로 남긴다.

다섯째, 몽골의 금기어는 몽골민족의 역사와 생활상 및 신앙성을 내포하고 있다. 이는 비록 연역적이고 보편적인 결론이기는 하나하나의 문제 제기로 삼아 차후의 연구 과제로 남기고자 한다.

이와 같은 일련의 작업은 시간과 노력이 투여되어야 하는 작업임이 분명하다. 몽골민족이 사용하고 있는 모든 민간신앙어를 조사하는 한편 예조어·금기어·주술어라는 전체적인 맥락 속에서 분류 작업이 명쾌하게 이루어져야 할 것이고, 그에 따라 각 항목의 세목까지 세분하고 분석해야 할 일이기 때문이다. 민간신앙어 전반이 그렇듯이 특히 금기어의 경우 '유목 생활상·일반생활상·통과의례(출생-결혼-喪葬禮)' 등 구체적인 세목을 제시하고 분석할 때 몽골민족이 지닌 의식과 신앙성의 심층을 밝힐 수 있을 것이다. 이런 의미에서 필자의 작업은 이제 작은 시작에 불과할 따름이다.

필자 소개(원고 게재순)

심재기	서울대학교 국어국문학과 명예교수
남기심	전 연세대학교 국어국문학과 교수
허재영	단국대학교 교육대학원 교육학과 교수
연호택	가톨릭관동대학교 관광스포츠대학 교수
박영준	전 부경대학교 국어국문학과 교수
최상진	전 중앙대학교 심리학과 교수
양병창	충남대학교 국가전략연구소 정치외교학과 강의교수
박정열	서울과학종합대학원대학교 경영학과 교수
김효창	숭실사이버대학교 상담학과 겸임교수
강희숙	조선대학교 국어국문학과 교수
장웨이	조선대학교 국어국문학과 대학원 박사과정
왕 뢰	조선대학교 국어국문학과 대학원 박사과정
가와무라 마치코	경희대학교 국어국문학과 대학원 박사
장장식	국립민속박물관 전시운영과 연구관

아시아금기문화연구총서 2

언어와 금기

초판 인쇄 2015년 7월 17일
초판 발행 2015년 7월 27일

지은이 조선대학교 BK21+ 아시아금기문화전문인력양성사업팀
펴낸이 이대현
편 집 이소희
디자인 이홍주
펴낸곳 도서출판 역락
서울 서초구 동광로 46길 6-6 문창빌딩 2층
전화 02-3409-2058(영업부), 2060(편집부)
팩시밀리 02-3409-2059
이메일 youkrack@hanmail.net
역락블로그 http://blog.naver.com/youkrack3888
등록 1999년 4월 19일 제303-2002-000014호

I S B N 979-11-5686-214-7 94710
979-11-5686-212-3 (전3권)
정 가 26,000원

* 파본은 구입처에서 교환해 드립니다.